Piper Sozialwissenschaft Band 24

Texte und Studien zur Politologie
Herausgegeben von Professor Klaus von Beyme
und Professor Kurt Sontheimer

Klaus von Beyme

Interessengruppen in der Demokratie

R. Piper & Co. Verlag München

Theodor Eschenburg
zum 65. Geburtstag gewidmet

ISBN 3–492–02050–X
4., umgearbeitete und ergänzte Auflage, 10.–11. Tausend 1974

Gesetzt aus der Linotype-Aldus
Gesamtherstellung Clausen & Bosse, Leck/Schleswig
Umschlagentwurf Gerhard M. Hotop
Printed in Germany

Inhalt

Vorwort 9

I. Begriffe der Verbandsforschung 11

II. Interessen und Gemeinwohl 14

III. Die Entstehung von Interessengruppen 21

IV. Typologie der Interessengruppen 27
1. Ideelle Förderverbände (promotional groups) 32
2. Wirtschaftliche Interessengruppen 36

V. Faktoren des Einflusses von Interessengruppen 39
1. Verbandsinterne Faktoren 39
a) Die Ideologie der Interessengruppen 39
Das politische Mandat von Verbänden 44
b) Die Organisation der Verbände 49
c) Der repräsentative Charakter der Interessengruppen 52
d) Die Finanzkraft der Verbände 58
e) Die Qualität der Führung der Interessengruppen 59
2. Äußere Faktoren 62
a) Die Stellung der Verbände in der Rechtsordnung 62
Die Tarifpartner 62
b) Die Struktur des Regierungssystems 67
Repräsentative Demokratien 67
Politische Systeme der Entwicklungsländer 73

Sozialistische Systeme 76
c) Die politische Kultur 83

VI. Adressaten des Einflusses 87
1. Parlamente 91
Wahlkreis-»pressure« und Massenpetitionen 93
Berufslobbyisten 96
Die Ausnutzung parlamentarischer Einrichtungen durch Interessengruppen 104
Kontrolle des legislativen Lobbyismus 106
2. Regierung 110
Regierungsbildung und »Verbandsherzogtümer« 112
Zusammenarbeit zwischen Regierung und Verbänden auf Einladung 114
3. Bürokratie und Planung 116
4. Justiz 120
5. Parteien 125
Interessengruppen als Partei 127
Verbindungen der Verbände mit allen Parteien 128
Spezialisierung der Verbände auf die Kooperation mit einer Partei 130
Parteifinanzierung 141
Wahlunterstützung 146
Kandidaten der Interessengruppen 148
Unterstützung von Kandidaten durch Verbände 151
Referenden 154
6. Öffentliche Meinung 155
7. Internationale Organisationen 157

VII. Methoden der Interessengruppen 160
1. Korruption und Bestechung 161
2. Überzeugung, freundschaftliche Kontakte 163
3. Drohung, Nötigung, Gewalt 163
4. Gewaltloser Widerstand 167
5. Alternative Strategien 168

VIII. Institutionalisierte Interessenrepräsentation 170
1. Institutionalisierung der Anhörung im Referentenstadium der Gesetzgebung 170
2. Ausbau von Hearings in Parlamentsausschüssen 173
3. Institutionalisierung der Mitwirkung in Beiräten und Kommissionen 176
4. Die Einrichtung von Sozial- und Wirtschaftsräten 178
5. Ersetzung des Parlamentarismus durch andere Repräsentationssysteme, wie Rätesystem oder Korporatismus 188

IX. Innerverbandliche Demokratie 193

X. Interessenpluralismus im Lichte der politischen Theorien der Gegenwart 203
1. Liberale Pluralismuskonzeptionen 203
a) Gruppentheorie 203
b) Systemtheorie 206
c) Pluralismuskritik 212
Theorie der repressiven Toleranz 212
Theorie der Machtelite und des militärisch-industriellen Komplexes 213
Kritik der Verteilungs- und Sozialstaatlichkeit 214
Theorie des Staatsmonopolistischen Kapitalismus 215
d) Neuansätze zu einer kritischen Theorie der pluralistischen Systempolitik 217
Theorie der pluralistischen Systempolitik 217
Theorien des Staatsinterventionismus 220
e) Sozialismus und Pluralismus 221

Bibliographie 225
Register 241

Vorwort

Seit es zu starken Kommunikationsstörungen im politischen System der Bundesrepublik gekommen ist, wird die Verbesserung der politischen Partizipation der Bürger und ihrer Gruppen stark diskutiert. Es werden einerseits restriktive Maßnahmen gegen den Einfluß der Verbände erwogen – wie Registrierpflicht für Lobbyisten und Kontrolle der finanziellen Ausgaben für politische Zwecke –, andererseits werden im Zusammenhang mit dem Ausbau der längerfristigen Planung positive Maßnahmen zur verstärkten Mitarbeit gesellschaftlicher Gruppierung in Hearings, Beiräten und eventuell sogar in einem Sozial- und Wirtschaftsrat diskutiert. Einzelne Publizisten bieten eine Fülle von Heilmitteln zur Verbesserung der Kommunikation im System an, und nicht selten werden die Einrichtungen und Verhaltensweisen anderer Länder – vor allem der USA, der Schweiz, Schwedens oder Hollands – als Vorbild gepriesen. Es fehlt jedoch an Untersuchungen, welche die Einrichtungen und Organisationsformen im Zusammenhang der politischen Systeme dieser Länder analysieren und alle Bereiche der Verbandsforschung in die Betrachtung einbeziehen. Die institutionalisierten Formen der Interessenrepräsentation und vor allem die Möglichkeit zur Verbesserung der Demokratie in gesellschaftlichen Organisationen sind in den vorliegenden Überblicken meist zu kurz gekommen.

Trotz der Fülle der Einzeluntersuchungen – bei denen sich die deutsche Politikwissenschaft mit allen Ländern außer den USA messen kann – fehlt es an zusammenfassenden Darstellungen in diesem Forschungsbereich. Das Buch von Schneider (69)* beschränkt sich vorwiegend auf die Bundesrepu-

* Die in Klammern gesetzten Zahlen – gegebenenfalls mit folgender Seitenangabe – verweisen auf die durchnumerierte Bibliographie am Schluß des Bandes. In

blik, andere Abhandlungen, wie die von Ehrmann (30) oder Hürten (75), wählten den country-by-country approach, ohne eine alle Einzelbeiträge integrierende Methode und Fragestellung. Amerikanische Einführungen orientieren sich überwiegend an den USA. Wo ein Blick über die Grenzen geworfen wird, geschieht es meist punktuell und unsystematisch, wie in dem sonst sehr nützlichen Überblick von Holtzman (318, S. 40 ff.), wo der Zufall der Existenz einiger guter Bücher in englischer Sprache dazu führte, daß ohne zusätzliche Motivation Großbritannien und Italien einer Behandlung gewürdigt wurden.

Dagegen ist es mein Bestreben gewesen, die europäische Literatur zur Verbandsforschung in vollem Umfang zu berücksichtigen. Am geeignetsten als Vorbild ist die Studie von Stanislaw Ehrlich (73). Ehrlichs Buch behandelt vornehmlich das Verhältnis der Pressure-groups zu den Adressaten des Einflusses und begreift ihre Tätigkeit als Ausdruck der Machtverhältnisse im Spätkapitalismus, während ich mich bemühte, den funktionalen Äquivalenten des Gruppeneinflusses in allen politischen Systemen (auch den sozialistischen) nachzugehen. Stanislaw Ehrlich verdanke ich aus Gesprächen in Heidelberg im Jahre 1966 einige wichtige Anregungen.

Der vorliegende Versuch ist Theodor Eschenburg gewidmet, der einer der ersten Politikwissenschaftler in Deutschland war, die Untersuchungen auf dem Gebiet der Verbandsforschung vornahmen (52, 122) und anregten. Eschenburg hat mir in einer konfliktreichen Zeit in Tübingen – als Lehrende und Lernende zunehmend dazu neigten, ihre sachlichen Meinungsverschiedenheiten zum Anlaß persönlicher Feindseligkeiten zu nehmen – gezeigt, daß man unterschiedliche Auffassungen in Wissenschaft, Politik und Hochschulpolitik offen und sogar scharf diskutieren und dennoch in Toleranz und Loyalität zusammenarbeiten kann. Eschenburgs Offenheit und Fairneß sind gelebter Pluralismus, der glaubwürdiger ist als die Lippenbekenntnisse vieler Pluralismustheoretiker.

Tübingen, April 1969 Klaus von Beyme

den Fußnoten wird nur die Literatur angeführt, die sich nicht primär mit Interessengruppen befaßt.

I Begriffe der Verbandsforschung

»Verbände« und »gesellschaftliche Organisationen« sind die allgemeinsten Begriffe, die in der Erforschung politischer Gruppen angewandt werden. Der Begriff »gesellschaftliche Organisationen« steht in der Tradition der begrifflichen Trennung von Staat und Gesellschaft im 19. Jahrhundert. Das Wort »Verbände« (welches um die Mitte des 19. Jahrhunderts das früher gebräuchlichere Fremdwort »Assoziationen« ablöste) ist genossenschaftlichen Gedankengängen verpflichtet. Das zentrale Anliegen der Verbandsforschung ist die Erhellung des Einflusses, den die Gruppen der Gesellschaft auf Prozesse politischer Willensbildung nehmen. Der politische Aspekt der Verbandstätigkeit wurde terminologisch durch die Begriffe »Interessengruppen«, »Pressure-groups«, »Lobbies« wiederzugeben versucht. »Interessengruppen« (oder sprachlich richtiger: Interessentengruppen) wird von vielen Forschern dem Ausdruck »Pressure-groups« vorgezogen (292, S. 38 f.), da »pressure« bereits eine Verengung auf eine bestimmte Methode politischer Einflußnahme bedeutet, die überdies mit einem negativen Beiklang belastet ist. Einige bekannte amerikanische Werke haben den Ausdruck »pressure groups« verbreitet (263, 284, 276).

Bei älteren europäischen Theoretikern, die Politik durch Gruppen und ihre Aktionen zu erklären suchten, wie der Gildensozialismus, G. D. H. Cole oder Sidney und Beatrice Webb, tauchte der Ausdruck »pressure group« noch nicht auf. Er wurde erst unter amerikanischem Einfluß rezipiert (9, S. 248). Im Französischen und Italienischen haben sich Übersetzungen des Wortes »pressure group« weitgehend durchgesetzt (»groupes de pression«, »gruppi di pressione«), obwohl Meynaud (67, S. 5) darauf hinweisen konnte, daß die französische Wiedergabe des angelsächsischen Begriffs grammatisch nicht ganz korrekt ist. Im Deutschen ist der Begriff dagegen ein Fremdwort geblieben. »Interessengruppen« oder »Interessenverbände« herrschen in der Terminologie vor. In einer Beziehung ist der Ausdruck »pressure group« der allgemeinere. Eckstein (172, S. 9) und Potter (173, S. 25) unterteilen daher die Pressure-groups in »interest groups« (deren Mitglieder sich durch gemeinsame objektive Charakteristika auszeichnen) und »attitude groups« (die sich an bestimmten immateriellen Werten ausrichten). Die Gruppen, die vorwiegend nach materiellen Vorteilen für ihre Mitglieder streben (Interessenverbände im engeren Sinne), und die Verbände, die ideologische, moralische oder philanthrophische Ziele fördern wollen (»promotional groups«), lassen sich nicht immer trennen (vgl. S. 32 ff.).

Die Bezeichnung »Lobby« hat eine noch engere Bedeutung als die bisher erwähnten Begriffe. Sie wurde von »Wartezimmer«, »Vorhalle« (speziell: Wandelhalle des Parlamentsgebäudes) abgeleitet und deutet auf einen speziellen Zweig der Verbandstätigkeit hin: die Beeinflussung der parlamentarischen Gesetzgebung. Der Ausdruck »gesellschaftliche Organisationen« schließlich wird vornehmlich von der marxistischen Wissenschaft für die Verbände sozialistischer Staaten benutzt. Er ist farblos genug, um eine wertneutrale Verwendung zu garantieren. Sein Ursprung aus der begrifflichen Trennung von Staat und Gesellschaft deutet auf eine Zukunftshoffnung der marxistischen Soziologie hin: die Zurückdrängung des staatlichen zugunsten des gesellschaftlichen Bereichs im sozialistischen Staat, der sich auf dem Wege zum Kommunismus befindet.

Zur Bezeichnung der Verbände in kapitalistischen Staaten werden in der marxistischen Literatur dagegen die Termini der westlichen Forschung meist in Anführungsstrichen übernommen. Das Wort »pressure groups« wurde sogar ins Russische mit »gruppy davlenija« übersetzt.

Alle diese Termini sind Bezeichnungen des beobachtenden Wissenschaftlers. In ihrem Eigenverständnis verdienen die meisten Interessengruppen die Bezeichnung nicht. Bei ihrer Selbstbezeichnung kommt selbst die neutrale Bezeichnung »Verband« nicht oft vor, sondern die Gruppen nennen sich – je nach Organisationstyp, Repräsentationsbedürfnis oder ideologischen Zielen – »Arbeitsgemeinschaft«, »Ausschuß«, »Bund«, »Gemeinschaft«, »Gesellschaft«, »Institut«, »Kammer«, »Kreis«, »Kuratorium«, »Rat«, »Ring«, »Tag«, »Vereinigung«, »Zentrale« (69, S. 16).

Mit der deduktiven Methode geriet auch die Neigung der älteren Wissenschaft außer Übung, eine Definition des Untersuchungsgegenstandes an den Anfang zu stellen. Wenn man auf sie nicht verzichten möchte, so ist die bekannteste und noch immer brauchbarste die von Max Weber[1]: »Verband soll eine nach außen regulierend beschränkte oder geschlossene soziale Beziehung dann heißen, wenn die Innehaltung ihrer Ordnung garantiert wird durch das eigene auf deren Durchführung eingestellte Verhalten bestimmter Menschen: eines Leiters und, eventuell, eines Verwaltungsstabes, der gegebenenfalls normalerweise zugleich Vertretungsgewalt hat.« Den soziologischen Kriterien des Verbandes im Verhältnis zu seinen Mitgliedern im allgemeinen muß jedoch zur Umschreibung des Interessenverbandes als Forschungsgegenstand der Politikwissenschaft noch das Merkmal des Strebens, Einfluß auf politische Entscheidungen zu nehmen, hinzugefügt werden. Die Ausdrücke »Interessenverband« und »Interessengruppe« werden hier synonym gebraucht. Um dem international verbreiteten Sprachgebrauch Rechnung zu tragen, wird jedoch vornehmlich von »Interessengruppen« gesprochen.

1 Max Weber: Wirtschaft und Gesellschaft. Tübingen 1956, 1. Halbbd., S. 26.

II Interessen und Gemeinwohl

Die weitverbreitete Abneigung gegen die Interessengruppen resultiert aus einer Abwertung des Begriffes »Interesse«. Interessen werden häufig mit dem Streben nach materiellen Vorteilen gleichgesetzt, obwohl in der Philosophie auch moralische und geistige Werte oder Ideen im Begriff des Interesses enthalten sein können[2]. Folgt man der Dreiteilung von Typen der Herrschaft bei Max Weber, so bekommt der Begriff des »Interesse« in seiner Zuordnung zur Zweckrationalität[3] eine ausgesprochen positive Bedeutung. Das Bekenntnis zur zweckrationalen Leistungsgesellschaft wird jedoch bis heute von vielen Gruppen der Gesellschaft verweigert. Nur selten kam es vor, daß sich Politiker offen zur Verteidigung ihrer speziellen Interessen hervorwagten, wie Churchill einmal im britischen Parlament sagte: »We are not supposed to be an assembly of gentlemen who have no interests of any kind and no association of any kind. That is ridiculous. That might apply in Heaven, but not, happily, here ...« (178, S. 46 f.).

Zu Recht rechnet Kaiser (7, S. 9) das Interesse zu den »Archetypen menschlicher Bewußtseinsinhalte« wie »Ehre« oder »Tugend«. Dem Interesse wurde jedoch in der politischen Philosophie geringerer Wert beigemessen als anderen Begriffen. Seit Aristoteles[4] galt es den meisten Philosophen als Glaubenssatz, daß »jeder Staat uns als eine Gemeinschaft entgegentritt ..., die ein bestimmtes Gut verfolgt«.

Das »Gemeinwohl« (bonum commune), das alle anderen erstrebenswerten Güter umschloß, wurde höchster Orientierungspunkt der Staatszwecklehre.

2 Ostermann: Das Interesse. ^{2}1912; G. Lunk: Das Interesse. 2 Bde., 1926/27.
3 Weber, a. a. O. (Anm. 1).
4 Aristoteles: Politica, 1252 a.

Die philosophische Ethik hat das Problem der Gruppenethik stark vernachlässigt. Sie beschränkt sich weitgehend noch immer auf die Gliederung der Lebensbereiche Familie – Beruf – Staat, wie sie ihr aus der älteren Philosophie überliefert wurde (80, S. 5).

Auf den verschiedensten philosophischen Grundlagen wurden Staatszwecklehren aufgebaut, und nicht wenige von ihnen machten den Begriff des Gemeinwohls zur Leerformel. Der Inhalt des Gemeinwohls war schwerer als das individuelle Interesse gemeinverbindlich zu definieren. Mit der begrifflichen Trennung von Staat und Gesellschaft wurde das »Interesse« bei Lorenz von Stein zur Grundlage der Gesellschaft: »Das Interesse, indem es den Mittelpunkt der Lebenstätigkeit jedes einzelnen in Beziehung auf jeden anderen, mithin der ganzen gesellschaftlichen Bewegung abgibt, ist daher das Prinzip der Gesellschaft.«[5] Der Staat erschien daher nicht selten als die Inkarnation des Strebens nach Einheit, welches die desintegrierende Vielfalt der Gesellschaft sammelte und zusammenhielt. »Interesse« wurde von Hegel nahezu mit »Kampf« identifiziert, »denn Interesse ist nur vorhanden, wo Gegensatz ist«[6]. Nur der »allgemeine Stand« konnte nach Hegels Rechtsphilosophie (§ 205) auch »allgemeinen Interessen« dienen.

Das Privatinteresse mußte nach Hegel in der »Arbeit für das Allgemeine« seine Befriedigung finden. In der konservativen Staatslehre spielte bis in unsere Zeit der Gedanke eine wichtige Rolle, daß der Staat berufen sei, das Volk und seinen Willen vor der Mediatisierung durch die »potestas indirecta« der Gruppen zu schützen. Gegen den Anspruch des Staates und der Schicht, die ihn beherrschte, das Gemeinwohl jeweils autoritativ zu definieren, hatten bereits die radikale und die liberale Staatslehre des späten 18. und des frühen 19. Jahrhunderts gekämpft. Einflußreich war die utilitaristische Kritik an der Lehre vom Gemeinwohl. Für Bentham war die »community« nur eine fiktive Körperschaft, deren Interessen nur durch die Analyse der Interessen der Individuen erforscht werden konnten, aus denen sie sich zusammensetzt. Das Gemeinschaftsinteresse war für Bentham nur »die Summe der Interessen der verschiedenen Glieder, die sie (die community) bilden«[7]. Für diese additive Konzeption des Gemeinwohls gab es in England sogar ältere Vorbilder. Harrington schrieb in der ›Oceana‹[8]: »Whereas the people ta-

5 Lorenz von Stein: Geschichte der sozialen Bewegung in Frankreich. Darmstadt 1959, Bd. I, S. 43.

6 Hegel: Vernunft in der Geschichte. Hrsg. J. Hoffmeister. Hamburg 1955, S. 68.

7 Jeremy Bentham: The Principles of Morals and Legislation. (1780), Kap. I, IV.

8 James Harrington: Oceana. Ed. Liljegren. Lund/Heidelberg 1924, S. 141 f.

ken apart, are but so many private interests, but if you take them together, they are the publick interest; the publick interest of a Commonwealth (as hath been shewn) is nearest that of mankind.« Neu war bei Bentham eine vereinfachte Bedürfnispsychologie und seine quantitative Addition der Individualinteressen. Sie wurden zwar nur von seiner Schule gebilligt, aber die Höherwertigkeit der Interessen des Individuums gegenüber einem durch Spekulation gewonnenen Begriff des Gemeinwohls wurde zu einer weitverbreiteten Überzeugung der Liberalen.

Noch immer spielt der Begriff des Gemeinwohls (»public interest«, oder in der Außenpolitik der des »nationalen Interesses«) eine große Rolle in der politischen Theorie. Für einige harmonisierende Gleichgewichtstheorien ergibt sich das »allgemeine Interesse« mehr oder weniger automatisch aus dem Ringen der Gruppen in den Bahnen eines parlamentarisch geregelten Konfliktaustrags (14, S. 633). Während der Sozialdarwinismus des 19. Jahrhunderts häufig das »Recht des Stärkeren im Gruppenkampf« verherrlicht hatte, ist die moderne Gruppentheorie der Politik um das Gleichgewicht der Interessen besorgt. Eine einflußreiche Gruppe amerikanischer Wissenschaftler hat in der Schule Arthur F. Bentleys die gesamte Politik aus Interessen- und Gruppenkämpfen erklärt. Bentley (3, S. 260) lehrte: »Government is the process of the adjustment of a set interest groups in a particular distinguishable group or system.« Die Balance der Interessen war in diesem Bild vom »Kampf aller Gruppen gegen alle« nur durch die Verschränkung der Gruppenzugehörigkeiten in zahlreichen wichtigen Persönlichkeiten als theoretische Möglichkeit postuliert (292, S. 535). Diese Auffassung des Staates kommt ohne eine Lehre vom Gemeinwohl aus und leugnet notwendigerweise die Existenz einer »volonté générale«. Soweit der Mythos des Gemeinwohls noch ernstgenommen wird, gilt er gleichsam nur noch als Metapher für die Resultante im Kräfteparallelogramm der Gruppen[9]. Mit Recht wird von anderen Theoretikern vor dieser Gemeinwohlkonzeption gewarnt, weil Gemeinwohl eine Leerformel ist, die man aus dem wirtschaftlichen Denken bereits auszuklammern versucht, um sie auf dem Umweg über eine politische Pluralismustheorie wieder einzuführen (146, S. 94).

Die sozial schwachen Gruppen auf der rechten wie auf der linken Seite des Parteienspektrums sind zu allen Zeiten am wenigsten geneigt gewesen, einer harmonisierenden Pluralismustheorie Glauben zu schenken. Der konservative Ideologe von Sonderrechten der amerikanischen Südstaaten, John

9 P. Herring: The Politics of Democracy. New York (1940), 1965, S. 424 f.

C. Calhoun, hat in seinem Werk ›A Disquisition of Government‹[10] den Gemeinwohlbegriff ebenso abgelehnt wie den der Mehrheit, zumal der Mehrheitsentscheidung (als Ersatz für Einstimmigkeit) immer auch die Vorstellung zugrunde liegt, die Mehrheit werde das Gemeinwohl bei ihren Entscheidungen im Auge behalten. Calhoun dagegen war der Ansicht, der beste Weg, das Gemeinwohl zu fördern, sei, die Einzelinteressen zu fördern, und wichtige Entscheidungen wollte er nur der sogenannten »konkurrierenden Mehrheit« (der einzelnen Glieder oder Staaten) und nicht der bloßen »numerischen Mehrheit« überlassen. Ebensowenig glauben die geistigen Anwälte der sozial Schwachen in der Linken an die Fiktion eines Gemeinwohls, solange die Gesellschaft kapitalistisch ist. Um so fester glauben sie allerdings an die egalitäre Konzeption des Gemeinwohls für die sozialistische Gesellschaft. Theorien des Gemeinwohls in kapitalistischen Staaten sind daher vornehmlich von der liberalen Mitte entwickelt worden.

Wo man mit dem Begriff des Gemeinwohls arbeitet, wird nur selten noch ein Wert mit diesem identifiziert, sondern es werden mehrere Werte in diesem Begriff zusammengefaßt, ohne daß immer unterstellt wird, daß sie als die »letztlich richtigen« beweisbar wären (6, S. 23). Je nach fachlicher Ausrichtung oder ideologischer Bindung werden andere Wertklassifikationen und höchste Werte angenommen, die das Gemeinwohl ausmachen: Freiheit, Rationalität, Demokratie, subjektive Gleichheit, Sicherheit, Fortschritt (6, S. 25 ff.), Aufrechterhaltung des internationalen Friedens (Tinbergen), ökonomischer Fortschritt (Boulding).

Die von der Ökonomie beeinflußte politische Theorie hat ein etwas differenzierteres Gemeinwohlkonzept entwickelt als die ältere Gruppentheorie. Auch die Theorie der »Sozialen Wohlfahrt« geht davon aus, daß ein »allgemeines Interesse« unabhängig von den Einzelinteressen besteht. Der soziale Wandel muß sich nach dieser Theorie *pareto-optimal* vollziehen, d. h. keine Gruppe darf in ihrem Nutzen stark benachteiligt sein. »Jeder Wandel, der einhellige Unterstützung findet, ist eindeutig ›wünschbar‹, und wir können sagen, daß ein solcher Wandel im ›öffentlichen Interesse‹ sei.«[11] Diese Regel hat jedoch ihre Nachteile, da die täglichen Entscheidungen keineswegs mit einstimmiger Billigung fallen und nur sehr fundamentale Änderungen nach dieser Regel zustande kommen. »Public interest« – selbst in der addi-

10 John C. Calhoun: A Disquisition of Government. New York 1953, S. 53.

11 J. M. Buchanan – G. Tullock: The Calculus of Consent. Ann Arbor 1965, S. 285.

tiven Form verstanden – kann zudem nicht bei Einzelentscheidungen, sondern nur bei einer ganzen Serie von Entscheidungen abgeschätzt werden.

Methodisch bietet die Untersuchung einer Reihe von Entscheidungen zum Zweck der Analyse von Einflüssen oder gar der Verifizierung, daß sich im ganzen die Interessen gleichgewichtig durchsetzen, drei Schwierigkeiten:

1. Schon die Auswahl der »Hauptentscheidungen« in einem bestimmten Zeitraum (etwa einer Legislaturperiode) ist nicht leicht, da jede Gruppe und jedes Individuum je nach Wertvorstellung und Gemeinwohlkonzeption andere Entscheidungen für die wichtigsten hält.

2. Entscheidungen werden (wie auch in der Elitenforschung) oft in dem Augenblick als abgeschlossen angesehen, da ein Gesetz zustande gekommen ist. Aus dessen Text und Entstehungsgeschichte glaubt man dann Einflüsse herausarbeiten zu können, die bei der Gestaltung am stärksten zum Tragen gekommen sind. Zu kurz kommt bei diesem Verfahren die Frage, ob sich eine solche legislative Entscheidung auch durchsetzt. Etwa der Vergleich zweier wichtiger amerikanischer Entscheidungen in Gesetzesform – des ›Lobby Regulation Act‹ von 1946 und des ›Taft Hartley Act‹ von 1947 –, die schon im Ausmaß der Bedeutung, die sie für die betroffenen Gruppen haben, schwer abzuschätzen sind, droht schief zu werden, wenn man nicht zugleich berücksichtigt, daß der ›Lobby Regulation Act‹ verhältnismäßig erfolglos und der ›Taft Hartley Act‹ verhältnismäßig effizient war.

3. Das Studium der Einflüsse anhand großer Entscheidungen unterstellt oft, daß der Einfluß sich in erster Linie an positiven Entscheidungen erweist. P. Bachrach und M. S. Baratz[12] haben darauf aufmerksam gemacht, daß auch die »Nicht-Entscheidung« mit in die Analyse einbezogen werden muß. Das ist für die Interessengruppenforschung noch wichtiger als für die Elitenforschung, besonders dort, wo die Verbände nicht *akquisitiv* sondern *protektiv* tätig werden, das heißt, meist zu schwach sind, um eine Entscheidung in ihrem Interesse durchzusetzen, aber stark genug, um als Vetogruppe eine Entscheidung zugunsten eines anderen Interesses abzuwehren.

Selbst wenn die Frage nach dem Gemeinwohl anhand vieler Entscheidungen verläßlich geklärt werden könnte, erscheint das Konzept durch die Verbindung mit einem harmonisierenden Gleichgewichtsmodell diskreditiert.

Der Begriff »public interest« ist daher für viele moderne Sozialwissenschaftler eine Fiktion ohne wissenschaftlichen Wert (36, S. 224). In zahlreichen idealistischen Philosophien spielt der Begriff jedoch weiterhin eine ge-

12 P. Bachrach – M. S. Baratz: Decisions and Nondecisions. An Analytical Framework. APSR, 1963, S. 632–642.

wichtige Rolle, und auch einige Wissenschaftler bekennen sich zum »normative concept or standard« im Begriff des »public interest« (74, S. 192). In der politischen Ethik kann der Suche nach dem Gemeinwohl nicht jede Berechtigung abgesprochen werden, auch wenn der Begriff als analytisches Modell für die empirische Forschung nicht brauchbar ist (45, S. 45 f.). Idealistische politische Philosopheme haben jedoch die Tendenz, den Begriff des Gemeinwohls vom Entscheidungsprozeß zu lösen und an überzeitlichen Werten zu orientieren. Die Gefahr ist dabei nicht ausgeschlossen, daß die Definition des Gemeinwohls einer herrschenden Elite überlassen wird, auf deren höhere Einsicht man vertraut. Günstigenfalls kommen bei der Anwendung des Begriffs »Gemeinwohl« jedoch moralische Ermahnungen heraus, deren Grundlagen nur von jeweils einem Teil der Gesellschaft gebilligt werden.

Die Befürworter einer pluralistisch-inkrementalistischen Prozeßpolitik in der angelsächsischen Sozialwissenschaft (Ch. Lindblom u. a.) sind jedoch seit dem Ende des Optimismus der Wiederaufbauphase nach dem zweiten Weltkrieg und der Zunahme von Steuerungskrisen in kapitalistischen Systemen in die Defensive geraten. Die Advokaten einer rational-komprehensiven Systempolitik (L. C. Gawthrop u. a.) gewinnen an Einfluß. Selbst in der älteren Literatur wurde die Suche nach Standards für ein »public interest« für wichtig gehalten, aber noch überwiegend der nichtempirischen Sozialphilosophie überlassen. Der Begriff »public interest« wurde für die empirische Forschung als unbrauchbar angesehen (45, S. 45 f). Ontologische Werttheorien haben in der Tat immer wieder die Tendenz entwickelt, den Begriff des Gemeinwohls vom sozialwissenschaftlich-empirisch zu untersuchenden Entscheidungsprozess zu lösen und an überzeitlichen Werten zu orientieren, die meist von den herrschenden Eliten im Sinne ihrer spezifischen und historisch wandelbaren Interessen definiert werden. Anthropologisch orientierte Bedürfnistheorien, wie sie in der Soziologie des 19. Jahrhunderts fast von jedem Theoretiker einer allgemeinen Soziologie angeboten wurden und auch im 20. Jahrhundert von den psychoanalytischen Triebtheorien bis zu den Klassifikationen der Grundbedürfnisse (von Maslow bis Etzioni) haben ähnliche Mängel. A. Etzionis Typologie einer tentativen Liste der Grundbedürfnisse (Bedürfnisse nach Solidarität, Anerkennung nach Konsistenz, nach Synthese und Totalität und das Bedürfnis nach wiederholter Gratifikation (vgl. The Active Society. New York 1968, S. 624 f) sind der eklektische Versuch, gewisse Grundbedürfnisse in den Zielvorstellungen kapitalistischer wie sozialistischer Länder zu entdecken, mit einem deutlichen Vorurteil zugunsten der ersteren, und lassen sich in der konkreten Analyse materieller Politiken kaum operationalisieren.

Nicht weniger essentialistisch gehen einige marxistische Geschichtsteleologien vor, die den Klassencharakter des bestehenden Systems zur Prämisse erheben, die bis in relativ dogmatisch festgelegte Details der Schichtungs- und Gruppenanalyse auf Grund dieser Prämissen kaum noch falsifizierbar wird, ebenso wenig wie die meist relativ global definierten Grundbedürfnisse der Klasse, die »berufen« erscheint, die sozialistische Gesellschaft durchzusetzen. Vergleichsweise am positivsten ist ein normativ-analytisches Vorgehen zu beurteilen, wenn es nicht in die konventionalistischen Vorurteile der älteren liberalen Pluralismustheorie zurückfällt, oder den mangels aktiv artikulierten Dissenses unterprivilegierter Gruppen schlicht als Konsens unterstellte Bejahung existierender Wertvorstellungen auffaßt, der sich dann ebenfalls als gruppen- und schichtbedingt erweisen kann. Das advokatorische Modell der Kritik, das sich nicht am Gewissen des Autors, sondern am artikulierten Interesse empirischer Konfliktgruppen orientiert, – wie es Habermas und Offe skizzierten – erscheint gegen solche Gefahren am besten gefeit (112, S. 159, 110, S. 86 f). Der »advokatorisch durchgeführte Diskurs« (Habermas), der immer nur zu einer hypothetischen Einigung auf Zielbündel für die gesellschaftliche Veränderung führen kann, wird von Dogmatikern des Klassenkampfes oder Ontologen des Konfliktes nicht selten als neue »liberale Illusion« belächelt, und zweifellos ist in bestimmten Situationen manifesten violenten Konfliktes die Basis für einen Diskurs nicht gegeben und die Tendenz der Konfliktpartner wächst, die Macht als aus den »Läufen der Gewehre« kommend zu definieren, die der täglichen rationalen Begründung ihrer ideologischen Voraussetzungen entraten kann. Die empirisch beobachtbare Neigung der meisten Individuen und Gruppen in hochkomplexen Gesellschaften, in denen manifeste direkte Gewalt als Herrschaftsmittel nicht vorherrscht, den Mitteln des Diskurses systematische Priorität vor denen der Gewalt einzuräumen, kann jedoch kaum auf bloß manipulativ-quietistische Pazifizierungsideologien zurückgeführt werden, sondern ist selbst Teil dieses jeweils transitorischen und hypothetischen Konsenses. Ein solcher Konsens über die Basis des Konfliktaustrags kann jedoch nur so lange erhalten werden, als die politischen Systeme die Artikulation und Bewußtmachung latenter Interessen wie der aufbrechenden manifesten Interessen ermöglichen, die von den vorherrschenden Zielvorstellungen abweichen, Bereiche in denen die Look-out-Institutionen des gelehrten Sachverstands und die Langzeitplaner in kapitalistischen Ländern bisher kaum weniger versagt haben als die Herrschenden selbst.

III Die Entstehung von Interessengruppen

Interessengruppen werden meist als typische Erscheinung der kapitalistischen Gesellschaft angesehen, und ihre Blütezeit fällt in die Epochen, in denen der Staat stärker in die Wirtschaft eingriff. Das funktionale Äquivalent der Pressure-groups gab es jedoch auch in vorkapitalistischen und absolutistischen Gesellschaften in den verschiedenen »Cliquen« und »Kamarillen« des Adels und den Bittstellern der anderen Stände, die bei Hofe um etwas baten. Die »Petition« war eine der frühesten Versuche von Gruppen oder Ständen, Einfluß auf Entscheidungen zu nehmen (262). Im Kreml in Moskau kann man noch heute die Stelle sehen, an der ein »langer Kasten« stand, in dem die Petitionen – oft unbeachtet – verschwanden. An ihm hat sich die russische Redewendung »otkladyvat' v dolgij jaščik« (wörtlich: in den langen Kasten legen; übertragener Sinn: auf die lange Bank schieben) herausgebildet. In anderen autokratischen Staaten wurden jedoch die Petitionen gewissenhafter behandelt und führten oft zu politischer Einflußnahme.

Die Entstehung eines kapitalistischen Wirtschaftssystems hat das Verbandswesen gefördert. Wenn der unpersönliche Konkurrenzmechanismus das Verteilungsergebnis bestimmt, fühlen sich die sozial schwachen Interessen benachteiligt und schließen sich zusammen, um gegen die »Ungerechtigkeit« des Marktmechanismus zu kämpfen, was in der Regel zur Bildung von Gegenorganisationen unter den sozial starken Gruppen führt (16, S. 187). Handel und Gewerbe mit starken ständischen Relikten in ihrem Verhalten knüpften nicht selten beim Aufkommen der mächtigen Industrie- und Handelsinteressen aus Statusfurcht an ältere ständische Organisationstraditionen an. Wo im 19. und 20. Jahrhundert berufsständische Ideologien – vor allem in konservativen und klerikalen Kreisen – politische Relevanz erlangten, waren sie vornehmlich von diesen Gruppen des Kleinbürgertums getragen. Mit der Ausdehnung des Wahlrechts und der Verbreiterung der politischen Partizipation im allgemeinen sahen die Wirtschaftsverbände eine Chance, die (im Vergleich zu den wirtschaftlichen Verhältnissen) größere politische Gleichheit zu ihren Gunsten zu mobilisieren, um Nachteile auf dem wirtschaftlichen Sektor durch Zuhilfenahme politischen Einflusses und Anrufung der staatlichen Organe auszugleichen.

Die Entstehung der Interessenverbände ist eng mit der Verkündung der Koalitionsfreiheit im Rahmen der Grundrechte verbunden. Es erwies sich jedoch, daß die Freiheit, sich in Verbänden zusammenzuschließen, noch schwerer durchzusetzen war als andere Grundrechte, weil der Staat sich in absolutistischer Zeit an die Kontrolle aller politischen und sozialen Regungen der Gesellschaft gewöhnt hatte. Nicht nur der monarchische Staat war den Parteien und Verbänden feindlich gesonnen. Der Ausschließlichkeitsanspruch der Jakobiner ließ in der ersten französischen Republik die Realisierung voller Koalitionsfreiheit kaum zu, und sogar die amerikanischen »Foundingfathers« warnten immer wieder vor den »Faktionen«, wie z. B. Washington in seiner Abschiedsadresse. Madison definierte den Begriff »faction« – der in der politischen Theorie seit der Antike zur Brandmarkung angeblich staatsfeindlicher Gruppierungen benutzt worden war – als »a number of citizens who are united and actuated by some common impulse of passion, or of interest, adverse to the rights of others citizens, or to the permanent and aggregate interests of the community« (Federalist, Nr. 10). Die Definition bezog sich noch stärker auf die Verbände als auf die Parteien. Die Gruppenfeindschaft herrschte in der politischen Theorie Amerikas, obwohl Charles Beard und andere nachwiesen, daß auch die amerikanische Verfassung nur als Kompromiß großer Interessentengruppen zustande kam. 1789 wird von manchen Forschern als das Geburtsjahr des amerikanischen Lobbyismus angesehen, der sich – bei der Verabschiedung des ersten Zollgesetzes – die Beeinflussung des Kongresses zum Ziel setzte. Anfang des 19. Jahrhunderts organisierten sich die Interessen erstmalig, so in der ›Philadelphia Society for the Promotion of National Industry‹, die von Alexander Hamilton geleitet wurde und damit bereits ihren mächtigen Einfluß vermuten ließ (281, S. 6). Die klassische Zeit des Lobbyismus in Amerika war die Zeit des Eisenbahnbaus (310, S. 20). Das goldene Zeitalter des Lobbyismus war zugleich das düsterste Kapitel seiner Geschichte. Die damals weit häufiger als heute angewandten unsauberen Praktiken (vgl. S. 161 f) beeinflussen bis in unsere Zeit das oft negative Bild der Verbände in der öffentlichen Meinung.

In Ländern mit ständischen Traditionen versuchte der absolutistische Staat, die ständischen Assoziationen abzuschaffen. Selbst die Innungen erwerbsständischer Gruppen mit starken Relikten von Standesbewußtsein hatten daher in manchen Ländern nur eine unterbrochene Kontinuität. Die ›Loi Le Chapelier‹ von 1791 in Frankreich und der ›General Combination Act‹ von 1799 in England verboten ständische und berufliche Vereinigungen. Die ›Loi Le Chapelier‹ richtete sich gegen Parteien (clubs) und Verbände in gleicher Weise, es sollte nach Chapelier keine intermediären Organe zwischen dem individuellen Interesse und dem Volkswillen geben[13]. Die neue Welle der Feindschaft gegen gesellschaftliche Organisationen führte auch zur Abschaffung der Handelskammern, deren erste 1599 in Marseille gegründet wurde und die im 17. Jahrhundert zu gemischten Kommissionen von Kaufleuten und Beamten geworden waren (135, S. 11). Der Kampf gegen die »corps intermédiaires« geriet unter anderem deshalb so scharf, weil er in die Zeit des Kampfes um die *freie Repräsentation* und gegen das *gebundene Mandat* fiel. Er fußte also keineswegs in erster Linie auf Rousseauschem Gedankengut, zumal dieses in der ersten Phase der Nationalversammlung keineswegs den Einfluß hatte, den man zuweilen unterstellt (abweichend: 73, S. 13).

In Großbritannien wurden die Zwischengewalten Ende des 18. Jahrhunderts ebenfalls gesetzlich geächtet. 1799 wurden politische Vereinigungen durch den ›Seditious and Treasonable Societies Act‹ verboten, und es wurde bestimmt, daß »every person who, from and after the passing of this Act, shall directly or indirectly maintain Correspondence or Intercourse with any such Society, or with any Division, Branch, Committee, or other select Body, President, Treasurer, Secretary, Delegate, or other Officer, or Member thereof as such, or who shall, by Contribution of Money or otherwise, aid, abet, or support such Society, or any Members or Officers thereof as such; shall be deemed guilty of an unlawful Combination and Confederacy«[14]. Dieser Text ist vor allem deshalb interessant, weil er bereits alle möglichen Organisations- und Unterstützungsformen zu antizipieren trachtete, deren sich unerwünschte politische Gruppierungen bedienen konnten. Aber auch primär nicht politisch agierende soziale Gruppen wurden durch Gesetze von 1799 und 1800 verboten. Arbeitervereinigungen mit dem Ziel, höhere Löhne und kürzere Arbeitszeit zu erkämpfen, wurden für gesetzwidrig erklärt, und den Unternehmern wurde die Freiheit gewährt, Arbeiter, die sich an solchen Vereinigungen beteiligten, zu entlassen. Erst der ›Trade Union Act‹ von 1825

13 Maurice Deslandres: Histoire constitutionnelle de France de 1789 à 1870. Paris 1932, Bd. I, S. 181.

14 W. C. Costin – J. St. Watson: The Law and the Working of the Constitution. Documents. 1660–1914. London 1964, Bd. II, S. 19.

widerrief die Regelung der früheren ›Combination Acts‹ und ächtete nicht mehr jeden Arbeitnehmerverband als solchen, sondern nur bestimmte Praktiken wie »forcing or inducing such Person to belong to any Club or Association, or to contribute to any common Fund ...«[15], was die Werbung dieser Gruppen noch immer stark behinderte, zumal einzelne Vereinigungen nach dem »Common Law« als Beeinträchtigungen von Handel und Verkehr (»restraint of trade«) für unzulässig erklärt werden konnten[16]. Die Entwicklung von Interessengruppen hat keines dieser Gesetze nennenswert aufhalten können. Die Chartistenbewegung, die freihändlerische Bewegung zum Widerruf der Korngesetze, die Bewegungen zur Parlamentsreform und Wahlrechtserweiterung haben in der britischen Geschichte als machtvolle Pressure-groups gewirkt und manches ihrer politischen Ziele erreicht.

Selbst in den USA wurden ältere Anschauungen des englischen »Common Law« über »Konspiration« bei Gerichtsverfahren übernommen. Im Cordwainer-Fall wurde noch 1806 in Philadelphia entschieden, daß eine Preisabsprache der Schuhmacher eine »Verschwörung« sei. Erst 1842 wurde in einer wichtigen Entscheidung des ›Supreme Court‹ in Massachusetts von Chief Justice Shaw entschieden, daß Gewerkschaften und ähnliche Vereinigungen nicht gesetzwidrig seien, wenn ihre Ziele »unschuldig« und ihre Methoden »legal« waren. Ähnliche Entscheidungen anderer Gerichte konnten jedoch die faktische Diskriminierung der Gewerkschaften im 19. Jahrhundert noch lange nicht beheben (285, S. 577).

In Deutschland lebten ständische Formen der Assoziation nach 1815 wieder auf, und eine Reihe von deutschen Ländern kannten kein grundsätzliches Verbot alter und neuer Korporationen (130, S. 131). Historische Studien (155, S. 247 ff.) setzen die Entstehung der Interessenverbände in Deutschland um 1820 an. Im Gegensatz zu früheren Ansichten läßt sich kein Urverband (etwa die Handelskammern) nachweisen, von denen sich die übrigen Gruppen nach und nach abspalteten. Eine Vielzahl von Faktoren waren für die Entstehung maßgeblich.

In allen europäischen Ländern sind die Assoziationsverbote am schärfsten gegen die Verbände des »vierten Standes« angewandt worden. Daher wurde der *Geheimbund* zur weitverbreiteten Organisationsform der Arbeiterbewegung.

Die politische Wirksamkeit des Verbandswesens im 19. Jahrhundert war

15 Costin–Watson (Anm. 14), S. 40.

16 Karl Loewenstein: Staatsrecht und Staatspraxis in Großbritannien. Berlin 1967, Bd. II, S. 331.

unterschiedlich stark. In Deutschland erfolgt die Politisierung der Verbände im allgemeinen später als in den großen westeuropäischen Ländern. Die Ansätze zu einem Verbandswesen, dessen Vertretungen sich in Wirtshäusern um die Frankfurter Paulskirche 1848 ansiedelten, blieben eine Episode wie das allgemeine deutsche Parlament. Nach 1871 nahm der Einfluß der Verbände auf die Politik in Deutschland zu. Das allgemeine Wahlrecht spielte dabei eine gewichtige Rolle, da die Wahlbeteiligung durch die Tätigkeit der Interessengruppen stark gestiegen war. Mit dem Einfluß der Verbände verstärkte sich die Verwirtschaftlichung der Politik auch in Deutschland, und die Aktivität der Interessengruppen veränderte die deutsche Parteistruktur. Die ideologischen Elemente in den Parteien wurden zugunsten konkreter Interessenausrichtung abgebaut (129, S. 278). Je stärker das Parlament in Fragen der Gesetzgebung wurde und je mehr sich der Staat zum Verteiler des Sozialprodukts machte, um so stärker wurde auch der Drang der Interessen, in organisierter Form Einfluß auf die Politik zu nehmen. Die Wehklage über die »Macht der Verbände« geht häufig noch heute von der Annahme aus, daß im konstitutionellen Staat des kaiserlichen Deutschland mit seinem hochqualifizierten Beamtentum die Interessengruppen einen geringeren Einfluß in Personal- und Sachpolitik gehabt haben (52, S. 14). Die neuere Forschung dagegen kommt mehr und mehr zu dem Ergebnis, daß gerade die obrigkeitsstaatliche Politik, die keinen so entwickelten Meinungs-, Interessen- und Parteienkampf kennt wie die parlamentarische Demokratie, besonders anfällig für Verbandseinflüsse gewesen ist (137, S. 128). Besonders enge Beziehungen gab es zwischen den Spitzenfunktionären der landwirtschaftlichen Verbände und den der Landwirtschaft nahestehenden industriellen Interessenten der Zucker- und Spiritusindustrien einerseits und den beiden Häusern des preußischen Landtags und der konservativen und freikonservativen Partei andererseits (155, S. 253). Untersuchungen über die Rolle der Unternehmer in der deutschen Politik haben zwar wenig originelle politische Konzeptionen, dafür aber einen durchaus verhängnisvollen überproportionierten Einfluß von Industrieinteressen in der Politik des Wilhelminischen Staates zutage gefördert (150, S. 312).

Im Vergleich zu früheren Epochen verliert die moderne Demokratie immer mehr von der einstigen »Verbandsprüderie«, obwohl die Klagen über den »Neofeudalismus der Verbände« noch nicht ganz verstummt sind (18, S. 5). Die rechtliche Anerkennung der Verbände macht Fortschritte – wie einst die rechtliche Integration der Parteien in das Regierungssystem.

Der liberale Verfassungsstaat entzieht sich einer Reglementierung des wirtschaftlichen und sozialen Lebens, wie sie der absolutistische Obrigkeitsstaat gekannt hatte. Viele der Aufgaben, die nach liberaler Doktrin den produzierenden Individuen und den Mechanismen des freien Konkurrenzkampfes überlassen werden sollten, fielen jedoch nicht dem einzelnen, sondern den Verbänden zu. E. Gruner (239, S. 340) führt als Beispiel für diese Entwicklung in der Schweiz an, daß derselbe Staat, der 1874 die alten kantonalen Preisvorschriften aufgehoben hatte, zuließ, daß sie sich auf privater Basis durch Abmachungen der Verbände erneut bildeten. Einziger Unterschied war, daß es keine Zwangsgewalt zur Durchsetzung solcher Abmachungen gab, obwohl der soziale Druck und die Solidarität der Unternehmer durchaus Kontrollmechanismen entwickelten. Nachdem die Verbände in den meisten Ländern immer mehr Aufgaben übernommen hatten und den Staat auf diese Weise entlasteten, sanktionierte er sogar seine »Stellvertreter«, indem er die Erfüllung öffentlicher Aufgaben durch Verbände mit direkter Hilfe unterstützte. Gruner (239, S. 343) hat das Paradoxon festgestellt, daß die Verbände, die den Staatsinterventionismus zunächst überflüssig zu machen schienen, diesen nun gerade herausforderten, indem sie dazu beitrugen, daß die staatliche Tätigkeit auf wirtschaftlichem und sozialem Gebiet intensiviert wurde.

Selbst im Laisser-faire-Kapitalismus des 19. Jahrhunderts war die wirtschaftliche Sphäre mit dem dominanten Prinzip des Tausches niemals denkbar ohne »flankierende« Subsysteme wie das »politische Subsystem« als Garant des Rechtssystems, das durch seine Normen und den Schutz der Eigentums- und Produktionsverhältnisse das Funktionieren des wirtschaftlichen Subsystems mitbedingte. Im organisierten Kapitalismus wird das wirtschaftliche Subsystem zunehmend von den anderen überlagert und der Staat wird einerseits immer stärker selbst zum Wirtschaftssubjekt, andererseits tritt er eine ganze Reihe von Funktionen an die Organisationen der Gesellschaft ab. Er zieht einerseits die Interessengruppen in die staatliche Sphäre hinein, wird andererseits aber immer stärker der Gefahr ausgesetzt, von den dominanten Interessen und ihren Organisationen »kolonisiert« und zum Schutz dieser Interessen (insbesondere zum Schutz der Grundlagen der kapitalistischen Produktionsweise) eingespannt zu werden. Weder schlichte Agenturtheorien, die den Staat in spätkapitalistischen Systemen in die Rolle eines fast »reellen Gesamtkapitalisten« hineinwachsen sehen, noch konservative Modelle, die die Mediatisierung des Staates durch die Verbände bedauern, und die Klassengesellschaft von einer »Verbandsgesellschaft« abgelöst sehen (43, S. 163), werden der vollen Widersprüchlichkeit der beiden komplementären Prozesse im Verhältnis von Staat und Gesellschaft heute mehr gerecht.

IV Typologie der Interessengruppen

Die »Gruppe« war ein Grundbegriff der Soziologie, längst ehe sich die Politikwissenschaft für die Gruppentheorie zu interessieren begann. Manche Forscher hätten das aus zwei Sprachen zusammengesetzte Fremdwort »Soziologie« am liebsten als Gruppenwissenschaft verdeutscht. In der spekulativen Anfangsphase der Soziologie setzte jeder Systematiker seinen Ehrgeiz ein, um eine neue Einteilung menschlicher Gruppen zu finden. Dabei versuchten einige Soziologen Verbände von unstrukturierten Aggregaten abzusondern. W. Sombart sprach – in Anlehnung an andere wertende Klassifikationen – von »Pseudo-Gruppen« und »unechten Verbänden«, denen er echte Verbände im soziologischen Sinne gegenüberstellte, zu denen er die »idealen Verbände« (familiäre, politische und religiöse), »finale« und »intentionale Verbände« rechnete. Die finalen Verbände, unter die sich die meisten Interessengruppen subsumieren ließen, mußten nach einer Vielzahl von Kriterien gesondert werden: nach räumlicher Ausdehnung, zeitlicher Begrenzung, Zahl der Teilnehmer, Art des Zustandekommens, Beschaffenheit der Mitglieder, Art der Verfassung, Zweck (Inhalt). In der amerikanischen Soziologie wurden noch eine Fülle von Antithesen herausgearbeitet, die zur Einteilung und Charakterisierung von Gruppen dienen konnten:

sanctioned – unsanctioned (Ellwood)
öffentlich – privat (Giddings)
disjunctive – overlapping (Bogardus)
sichtbar – unsichtbar (Chapin)
vertikal – horizontal
in-group – out-group (Summer)
primary – secondary (Cooley)
informelle – formelle (Ross).

Die Unterscheidung von Primärgruppen (»face to face groups«) und Sekundärgruppen (in denen die Kontakte der Mitglieder nur mittelbar bestehen) wird für die Intensität eines Interesses in der Industriegesellschaft immer bedeutungsloser. Gemeinsame wirtschaftliche und soziale Interessen von Menschen, die sich größtenteils untereinander nicht persönlich kennen, sind heute bindender als nachbarschaftliche oder familiäre Gemeinsamkeiten (292, S. 35), so sehr sich auch traditionale dörfliche Ideologien und konservative Konzeptionen in der Urbanistik darum bemühen, der »Vereinzelung des Menschen« entgegenzuwirken und die »face to face«-Kontakte des Menschen zu verbessern. Die wichtigste Funktion der Städteanlagen (wie sie heute vorherrschen) für die Gruppenbildung ist jedoch, daß sie in Vororten und Residenzvierteln soziale Gruppen nach Klassen, Rassen, Alter, Berufen und sozialen Status sondern (64, S. 145). Weitere Kriterien der Gruppenklassifikation sind:

Verflechtung (Vorhandensein von Untergruppen)
Mitgliedschaft (freiwillig – unfreiwillig)
Zugänglichkeit (Offenheit – Geschlossenheit)
Reichweite der Interessen
Organisationsstruktur (hierarchisch – egalitär)
Zentralisationsgrad (Einheitlichkeit – Dezentralisation)[17].

Alle diese Begriffe und der wichtige Terminus »Bezugsgruppe (reference group)« spielen bis heute in der Terminologie der Verbandsforschung eine Rolle.

Die politologische Interessengruppenforschung mußte jedoch (ohne den Ausgang der immer neuen Kontroversen um eine korrekte Einteilung der Gruppen und Verbände in der Soziologie abzuwarten) zur Einteilung politisch relevanter Gruppen kommen, die nur einen kleinen Ausschnitt der Vielzahl von Gruppen in der Gesellschaft ausmachen. Sie hielt sich meist an eine formale Definition des Verbandes, wie sie Max Weber (vgl. S. 13) gegeben hatte, nach der bestimmte Organisationsmerkmale und Personen vorhanden sein müssen, welche die Ordnung von Verbänden respektieren und seine Ziele durchzusetzen trachten, wobei es für die Kennzeichnung eines Aggregates als »Verband« auch für Weber gleichgültig war, ob diese Einstellung der Mitglieder »auf traditionaler oder affektueller oder wertrationaler Hingabe ... oder auf zweckrationalen Interessen beruht«[18].

17 W. Bernsdorf – F. Bülow: Wörterbuch der Soziologie. Stuttgart 1955, S. 193 ff.
18 Weber, a. a. O. (Anm. 1).

Es existieren eine Fülle von Klassifikationsschemen für Interessengruppen. Ein erster Impuls zu solchen Einteilungen ging von der Kritik an idealistischen Staatstheorien (vor allem den deutschen) aus, als Pluralisten entdeckten, daß der Staat keineswegs alle Loyalitäten absorbiert. Für englische Pluralisten der zweiten Hälfte des 19. Jahrhunderts wie Figgis, Maitland und des 20. Jahrhunderts wie G. D. H. Cole und H. Laski war der Staat nur eine Gruppe unter vielen, ohne höheres Recht, alle anderen Gruppen zu beherrschen (4, S. 7). Bei der Absonderung der Interessengruppen drohte jedoch die gleiche Gefahr wie bei der allgemeinen Gruppentheorie. Ein zu weit gefaßter Begriff beraubte den Terminus »Interessengruppe« jeden spezifischen Inhalts. Bei Bentley und seiner Schule war »Interessengruppe« potentiell jede Gruppe, und noch Meynaud hat in einer empirischen Studie über Belgien die Ansicht vertreten: »Jeder Sektor der menschlichen Aktivität transformiert sich automatisch in eine *groupe de pression*« (118, S. 371). Beim Versuch, solchen vagen Abgrenzungen zu entgehen, wurde meist ein Merkmal der Interessengruppe besonders herausgestellt: *die organisierte Struktur.* D. Truman hat jedoch auch die »latenten Interessen« und die »potentiellen Gruppen«, zu denen diese führen, mit in die Betrachtung einbezogen. Dabei erwies es sich als außerordentlich schwierig, nicht bloße statistische Gruppen, die in einem Punkt ein gemeinsames Merkmal haben, schon zu einer potentiellen Gruppe zu erklären, wie Alkoholiker, Analphabeten, Blonde oder Mütter. Obwohl Bentley, der geistige Ahnherr der Gruppentheorie in der Politikwissenschaft allen übertriebenen definitorischen Bemühungen abhold war (»who likes may snip verbal definition in his old age, when his world has gone crackly and dry«; 3, S. 199), mußte die Gruppentheorie sich um einige Definitionen bemühen. Nach Truman (292, S. 24) sollten nur solche Gruppen betrachtet werden, in denen ein Minimum an »Interaktion« besteht. Potentielle Gruppen sind nach dieser Definition solche »Konglomerate« von »Individuen«, die einige Haltungen gemeinsam haben, ohne bereits zu interagieren. Kritiker haben auf die Vagheit dieses Konzepts hingewiesen, da Truman die Rollenanalysen der modernen Soziologie nur sporadisch und inkonsequent übernahm. Ähnlich wie in der Klassenanalyse ist zudem selten klargestellt, welches Gruppenmerkmal Priorität hat. Bei Truman konstituieren gemeinsame »attitudes« zuweilen die Gruppen, zuweilen soll eines aus dem anderen folgen.

Bentley wurde zu einem der Vorkämpfer des Behaviorismus durch die Annahme, daß »Interesse« letztlich mit »Verhalten« gleichzusetzen sei, da er die subjektiven Inhalte von Ideologien (als Rationalisierung von Interessen) und den als Interessen der Gruppe ausgegebenen Zielen für irrelevant erklärte. Erst recht hätte er keinerlei Maßstäbe anerkannt, um Interessen und Gruppenverhalten zu bewerten (33, S. 959). Das komplizierte Problem der »latenten Interessen« und »potentiellen Interessengruppen« oder »Quasigruppen«, die für die Absteckung der Zahl von potentiell Organisierbaren eine wichtige Rolle spielt, hat Bentley nur in ein paar Andeutungen berührt. Das Problem der »latenten Interessen« ist bis heute nicht zufriedenstellend gelöst. Die empirische Forschung ist jedoch durch die Vernachlässigung dieser Frage zu einer Überschätzung des Einflusses organisierten Druckes gekommen und ist auf ihre Weise einem neuen Institutionalismus verfallen, so groß auch ihre Verdienste im Kampf gegen den alten institutionalistischen Ansatz in der Politikwissenschaft und der älteren Staatslehre der Juristen waren.

Die Theorie der *virtuellen Repräsentation* versuchte in der Zeit des Honoratiorenparlamentarismus unter Ablehnung des Proporzwahlrechts, den Glauben zu suggerieren, nicht nur die organisierten Einzelinteressen, sondern auch die nichtorganisierten virtuellen Interessen seien durch freie Mandate mitrepräsentiert. Diese Fiktion wird jedoch heute kaum noch geglaubt.

Buchholz (59, S. 93) hat nicht nur die Sonderung von »latenten« und »manifesten« Interessen vorgenommen, wie sie in der amerikanischen Soziologie weitverbreitet ist, sondern unterschied vier Interessenstufen:

1. *Potentielles Interesse.* Das Interesse ist weder erkannt noch bewußt. Die objektiven Bedingungen für das Zustandekommen von Interessen sind aber vorhanden.

2. *Latentes Interesse* ist ein Interesse, das »erkannt«, aber nicht bewußt ist und nicht aktiviert wird.

3. *Manifestes Interesse* ist erkannt und bewußt, wird aber nicht aktiviert.

4. *Aktiviertes Interesse* ist erkannt, bewußt und aktiviert.

Die Gruppenforschung beschränkt sich vornehmlich auf die Analyse der vierten Interessenstufe; die Sonderung der drei anderen Stufen dürfte auch in der sozialen Wirklichkeit recht willkürlich ausfallen. In der deutschen Soziologie übernahm Dahrendorf[19] von M. Ginsberg u. a. den Begriff der »potentiellen Gruppe« in seiner Klassenanalyse. Als ihr konstitutives Merkmal stellt er die Gemeinsamkeit gewisser latenter Interessen heraus, sie sind *fiktive Einheiten* oder *Rekrutierungsfelder* für organisierte Gruppen. Die Unterscheidung von »Interessengruppen« und »Quasigruppen« vergleicht Dahrendorf mit den marxistischen Begriffen der »Klasse an sich« und »Klasse

19 Ralf Dahrendorf: Soziale Klassen und Klassenkonflikt. Stuttgart 1957, S. 171.

für sich«[20]. Buchholz (59, S. 204) übernimmt diese Begriffe von der Klassen- für die Verbandsforschung, weitet jedoch den Begriff der Quasigruppe aus. Jeder »bloß gedachte Organisationszweck« reicht ihm für die Absteckung einer Quasigruppe aus. Die Fiktion, daß jedem Organisationszweck eine Quasigruppe entspricht, ist für die empirische Forschung wenig erhellend. Viele sinnvolle Organisationszwecke werden nie von Gruppen aufgenommen (88, S. 141). Wie die Begriffe »Klasse an sich« und »Klasse für sich« drohen auch die Begriffe »Quasigruppe«, »potential group« und »Gruppe« immer wieder zu Mystifikationen zu verleiten, die vor allem dann bedenklich werden, wenn Organisationszwecke, die von einzelnen Ideologen magisch in ihrer Bedeutung überhöht wurden, mit großem Aufwand an Propaganda und Organisation in eine institutionalisierte Interessengruppe umgeformt werden sollen, eventuell sogar unter Zugrundelegung einer Geschichtsmetaphysik, nach der eine angeblich notwendige Entwicklung zu immer größerer Bewußtwerdung eines »latenten Interesses« und zu immer größerer Stärke einer Quasigruppe führen muß.

Die terminologische Abgrenzung von Gruppen und potentiellen Gruppen ist jedoch nicht ohne Bedeutung für die empirische Verbandsforschung. Jede Interessengruppe wendet sich in ihrem Programm und in den ideologischen Äußerungen ihrer Führer an eine bestimmte Quasigruppe. Aus Gründen der Propagandawirksamkeit wird diese meist zu weit gefaßt. Gewerkschaften geben gern »die Arbeiterschaft« insgesamt als ihr Rekrutierungsfeld aus. Die meisten Gruppen übersehen die konkurrierenden Gruppen, die oft (mit geringen Verschiebungen) die gleiche potentielle Gruppe ansprechen. Erst bei der Ausarbeitung einer realistischen Strategie, welche eine kühle Abschätzung der Mobilisierbarkeit von potentiellen Mitgliedern erfordert, wird die Quasigruppe dann etwas bescheidener abgesteckt.

Die politische Wirksamkeit der Verbände ist wichtig für die Gruppentypologie. »Interesse« wird nicht mehr nur als die vage gemeinsame Haltung verstanden, sondern als der bewußte Wille, Werte und politische Zielvorstellungen durchzusetzen. Interesse in diesem spezifischen Sinn beinhaltet eine bestimmte Einstellung zur Politik (224, S. 16). Interessengruppen benutzen daher die staatliche Macht, um für sich selbst Vorteile herauszuholen, ihre Mitglieder zu schützen und ihre Feinde in Schach zu halten (318, S. 8). Bei aller Kritik, die organisierte Interessen ihrem Staat und der Gesellschaft entgegenbringen, ist ihr Verhältnis (auch bei gelegentlicher Anwendung de-

20 Ebd., S. 173.

struktiver oder gar systemfeindlich erscheinender Methoden) vorwiegend *affirmativ*. Sie erkennen die bestehende Ordnung an, indem sie ihre Organe für ihre Sonderziele auszunutzen versuchen. Gemeinsame Interessen und Verhaltensweisen, Organisation und der Wille, politische Wirksamkeit zu erlangen, machen allein noch keine Interessengruppen aus. Im Unterschied zu den Parteien suchen Interessengruppen in der Regel keine direkte politische Betätigung, die politische Verantwortung nach sich zieht, sondern machen ihren Einfluß indirekt geltend.

1. Ideelle Förderverbände (promotional groups)

Die allgemeinste Einteilung der Verbände, die fast in der ganzen Literatur (z. T. widerstrebend) übernommen wurde, ist die Sonderung der materiell interessierten oder in engerem Sinne »ökonomischen Gruppen« von den nicht ökonomischen oder »sozialen Gruppen«, zu denen vor allem Verbände mit politischen (soweit sie nicht mit Parteien verbunden sind), religiösen oder humanitären und kulturellen Zielen gehören. Letztere werden im Englischen oft »promotional groups« genannt, während der Ausdruck »attitude groups« zum Teil auch für materielle Interessengruppen verwandt wird. Manche Forscher wollen als Interessengruppen im engeren Sinn nur die materiell-ökonomisch interessierten ansprechen, eine Sprachregelung, die noch auf einem allzu engen Begriff des Interesses, das als materialistisch diskriminiert wird, beruht. Der logische Gegensatz zu »materiell interessiert« wäre »materiell nicht interessiert«. Es ist jedoch bezeichnend, daß kein Gruppenforscher diese konsequente Gegenüberstellung gewagt hat. Man wich lieber in vage, nicht ganz aufeinander bezogene Begriffe (wie ökonomisch und ideell) aus.

Schon angesichts der Terminologie wird klar, daß ideelle Förderverbände auch materielle Ziele haben. Marx hat selbst von fortschrittlichen politischen »promotional groups« seiner Zeit einmal bissig bemerkt: »Die ›Idee‹ blamierte sich immer, soweit sie von dem ›Interesse‹ unterschieden war« (MEW, Bd. II, 1959, S. 85). Die ideellen Förderverbände und ihre Ideologien zehren noch immer von der Diskriminierung des Begriffs Interesse und versuchen sich nicht selten höhere Dignität durch den Anschein der materiellen Uninteressiertheit zu geben. Trotz dieses Dilemmas sind die »promotional groups« von den ökonomischen zu scheiden, da ihre materiellen Interessen erst durch ideologiekritische Arbeit zutage gefördert werden können, häufig aber nicht im erklärten Zentrum ihrer Intentionen stehen. Daher haben auch marxistische Gruppenforscher, wie St. Ehrlich (73, S. 40), die besonderen Grund hätten, einer solchen Zweiteilung von ihrer Ideologie her zu mißtrauen, diese Einteilung übernommen. Konsequenter, aber nicht befriedigender erscheint der Versuch Keys, die promotional groups als »other interest groups« neben die agrarischen, Arbeiter- und Business-Gruppen zu stellen, oder der Potters (173, S. 47 ff.), einzelne »promotional groups« wie Kirchen, Freizeitverbände u. a. in einer langen Aufzählung mit vorwiegend materiell interessierten Gruppen nebeneinander zu stellen, um keinen grundsätzlichen Unterschied zwischen ideellen und materiellen Interessen konstruieren zu müssen.

Eine besondere Scheu besteht – vor allem in Europa – bei manchen noch immer, auch die Kirchen unter die Interessengruppen zu reihen. Breitling (121) hat aus dieser Scheu heraus die Glaubensgemeinschaften neben den politischen und den wirtschaftlichen Verbänden in einer höchsten Klassifikation berücksichtigt, um Anfeindungen zu entgehen. In Europa scheinen die Kirchen schon deshalb nicht ohne weiteres mit anderen Verbänden auf einer Stufe zu stehen, weil sie häufig mit »eigenen und ursprünglichen Hoheitsfunktionen ausgestattete Rechtsgemeinschaften« sind (133, S. 20). Darin unterscheiden sie sich aber nur graduell von anderen Verbänden. Auch die Tarifpartner setzen echte, die Arbeitsbedingungen unmittelbar gestaltende, Rechtsregeln (TVG § 1). Im Bereich ihrer Autonomie hat der Staat den Tarifpartnern die Möglichkeit eingeräumt, durch ihr Zusammenwirken Recht zu setzen. Für Deutschland haben einige Verbandsforscher die Einreihung der Kirchen unter Interessengruppen mit dem Einwand abgelehnt, daß es sich dabei um ein »agnostisches Etikett« handele, welches das Selbstverständnis der Glaubensgemeinschaften nicht berücksichtigt (27, S. 63). Von seinem Selbstverständnis her gesehen ist jedoch kaum ein Verband eine »pressure group«.

Da in den USA eine Vielzahl von Kirchen existieren, die alle vom Staat völlig unabhängig sind und keine Hoheitsfunktionen ausüben, entfallen auch die juristischen Bedenken, die Kirchen zu Interessenverbänden zu zählen. In ihrem Selbstverständnis sind die amerikanischen Denominationen sich in der Regel viel bewußter, daß sie mit bestimmten Interessen der Gesellschaft stärker verbunden sind als mit anderen. Auch bekannte Theologen wie Reinhold Niebuhr[21] geben zu, daß die Aufrechterhaltung der Trennung

21 Reinhold Niebuhr: The Social Sources of Denominationalism. New York [5]1960, S. 26.

von Kirchen, die sich in dogmatischen und kultischen Fragen nur geringfügig unterscheiden, auf ökonomische Schichtung und soziale Differenzen zurückgeht, auch wenn diese Trennung einst Glaubensgründe gehabt hat. Die amerikanischen Konfessionen haben sich daher auch mit besserem Gewissen und wesentlich unverhohlener der Mittel von Interessengruppen zur Durchsetzung ihrer Ziele bedient. Aber selbst in den USA, wo man sich im allgemeinen nicht scheut, die vom Staat strikt getrennten Denominationen auch als »pressure groups« zu klassifizieren, gibt es zuweilen Einteilungsschwierigkeiten mit politischen Folgen: Die Kirchen fallen nicht unter den ›Federal Regulation of Lobbying Act‹, der für Individuen und Organisationen gilt, zu deren Hauptfunktionen Lobbying zählt (280, S. VIII). Alle Einteilungen können nicht die Intensität wiedergeben, mit der eine Gruppe versucht, ihre Ziele durch Einfluß auf den politischen Willensbildungsprozeß durchzusetzen.

Alle Gruppenklassifikationen laufen darüber hinaus Gefahr, sich vom Namen der Verbände und von ihren propagandistisch in den Vordergrund gestellten Zielen über die wahren Interessen und Einflußschwerpunkte täuschen zu lassen. Namen und Ideologien erschweren auch die Abgrenzung von vorwiegend materiell und nichtmateriell orientierten Gruppen. P H. Odegard (263, S. 266) hat in seiner für die Pressure-group-Forschung bahnbrechenden Studie über die ›Anti-Saloon League‹ geschildert, wie sich die Lobbies, welche die materiellen Interessen der Brauereien und Schnapsbrennereien gegen die Prohibitionsbewegung organisierten, hinter »sweet sounding names« tarnten wie: »Civic Liberty League«, »Manufacturing and Business Associations«, »Manufacturers and Dealers Club«, »Liberty League« usw. Hinter einigen dieser Bezeichnungen mußte der Uneingeweihte ideelle Förderverbände vermuten, obwohl sie handfeste materielle Interessen hatten und nur durch die Tarnung versuchen mußten, den ideologischen Vorteil, den eine »promotional group« wie die ›Anti-Saloon League‹ hatte, nicht einseitig ihren Gegnern zu überlassen.

Das deutsche Vereinsrecht kann bis heute irreführende Namen von Verbänden nicht verhindern. Es gibt kein Pendant zu § 18 Abs. 2 HGB, der von einem Handelsunternehmen *Firmenwahrheit* verlangt und zur Pflicht macht, daß der Firmenname nichts enthält, was falsche Vorstellungen von Art und Umfang eines Unternehmens erweckt. Ein Verein mit 100 Mitgliedern kann sich »Zentralverband ... Deutschlands« nennen, und noch immer wird von regional beschränkten Organisationen mit wohlklingenden Namen Mißbrauch getrieben (128, S. 78).

Wenn ein ideeller Förderverband keine materiellen Interessen hat, so können auch die ideellen Ziele nicht frei von »persönlichem Interesse« sein. Die amerikanische ›National Campaign for the Abolition of Capital Punishment‹ war ganz von Leuten getragen, die kein direktes persönliches Interesse an dem durchzusetzenden Ziel hatten, sondern aus humanitären Gründen dafür eintraten. Aber schon die ›Divorce Law Reform Union‹ enthielt viele Geschiedene, die sich aus eigenen Erfahrungen und Interessen heraus für eine Reform des Scheidungsrechts einsetzten. Für die ›Abortion Law Reform Association‹ (ARLA) haben Befragungen ergeben, daß die Mehrheit zwar persönlich »desinteressiert« war, aber ungefähr ein Sechstel der Mitgliedschaft hatte selbst Abtreibungen hinter sich und suchte zum Teil eine moralische Rechtfertigung früherer Taten durch diese Aktivität in einem ideellen Förderverband zu gewinnen. Interesse mit ökonomischem Interesse gleichzusetzen ist einer der häufigsten Fehler der Gruppenforschung (328, S. 281).

Selbst wenn eine »promotional group« zunächst vorwiegend ideelle Ziele hat, muß sie sich mit dem Wachsen ihrer Organisation und in der Auseinandersetzung mit materiell Interessierten meist *nolens volens* auch um die Wahrnehmung sehr materieller Interessen kümmern. Das gilt auch für die Glaubensgemeinschaften (z. B. steuerliche Absetzbarkeit von Kirchenspenden). Außerdem sind die politischen Machtziele einer solchen Gruppe unter Umständen genauso »materiell« und können beim Erfolg ökonomische Folgen mit sich bringen. Der Kampf der ›Anti-Saloon League‹ ist nicht umsonst als letzter gigantischer Versuch der protestantischen Glaubensgemeinschaften gedeutet worden, die alte Kirchenautorität über Individuum und Gesellschaft wiederherzustellen (307, S. 6). Der Feldzug der Kirchen gegen *liquor, war and sin* war in dieser Kombination ohne die Verfechtung materieller Interessen nicht denkbar (280, S. 176). Das wurde deutlich, als 1915 Lloyd George für sein Wort: »We are fighting the Germans, the Austrians and Drink, and the deadliest of these is drink« ein begeistertes Echo bei der Prohibitionsbewegung in Amerika fand. Da die USA noch nicht in den Krieg eingetreten waren, war es zu früh, den Handel mit Alkohol als »pro-deutsch« hinzustellen, Anzeichen für eine solche Identifizierung hat Odegard (263, S. 157) jedoch gefunden. Ideelle, materielle und sogar außenpolitische Zielsetzungen begannen sich hierbei zu einem schwer entwirrbaren Knäuel zu verdichten.

Auch für Europa hat sich die Unterscheidung von ideellen und materiellen Interessen in der Forschung als problematisch erwiesen. Der Einfluß der Freimaurer in der Radikalen Partei Frankreichs und der Einfluß der politischen »promotional groups« wie ›Ligue de l'Enseignement‹, ›Ligue des Droits de l'Homme‹ oder die ›Ligue de la République wurden manchmal – ohne förmliche »syndicats professionnels« zu werden – Interessengruppen im materiellen Sinne (191, S. 227). Auch von italienischen Intellektuellen-Verbänden mit Organen wie ›Nord e sud‹ und ›Il Mulino‹ hat man sagen können, daß sie eine »Interessengruppe in jedem Sinn des Wortes darstellen« (224, S. 187). Die jährlichen, zum Teil militanten Kampagnen der ›Azione Cattolica‹ in Italien haben die Bürger in ständige Mobilisierung versetzt und neben den religiösen auch handfeste politische und wirtschaftliche Ziele gefördert (216, S. 420). Interessengruppen im engeren Sinn und ideelle Förderverbände lassen sich nur schwer sondern, und die Einteilung muß *cum grano salis* behandelt werden. Einziger Trost des Forschers, der um terminologische Klarheit ringt, ist, daß die Typologie die qualitative Analyse der Verbände nicht ersetzen kann und will. Nur die Juristen kann dies nicht trösten, wenn sie bei der Anwendung von Lobby-Gesetzen feststellen müssen, ob eine Organisation primär lobbyistisch ist und ob sie vorwiegend ideelle oder materielle Ziele hat.

2. Wirtschaftliche Interessengruppen

Die Unterteilung der materiell-ökonomisch interessierten Gruppen stößt auf ebenso große Schwierigkeiten wie die Suche nach einer obersten Klassifikation für alle Verbände. Die meisten Forscher stellen die verschiedenen Einflußgruppen nebeneinander. Einige marxistische Gruppenforscher haben sich jedoch gegen diese Klassifikation mit der Befürchtung gewandt, daß die Aneinanderreihung wirtschaftlicher Einflußgruppen die Klassengegensätze in der kapitalistischen Gesellschaft verschleiere. Ehrlich (73, S. 40) unterscheidet daher »grundlegende« (Arbeitgeber-, Arbeitnehmerverbände) und »nicht-grundlegende« Gruppen (landwirtschaftliche, kleinkapitalistische, freie Berufe, Genossenschaften, Verbraucher), um der marxistischen Klassendichotomie Rechnung zu tragen. Man könnte in der Absonderung grundlegender Gruppen einen Anklang an Theodor Geigers Herausarbeitung einer »dominanten Schichtung« (der Klassenschichtung im Gegensatz zu vielen anderen Schichtungsmerkmalen) sehen. Arbeitgeber und Arbeitnehmer gehören in den meisten westlichen Ländern zu den einflußreichsten Verbänden. Als grundlegende Gruppen kann man sie jedoch nicht in allen Ländern bezeichnen. In schwach industrialisierten Ländern oder in Ländern mit starken nationalen oder religiösen Spannungen können Bauernverbände, Nationalitätenorganisationen oder Glaubensgemeinschaften durchaus den Charakter einer grundlegenden Gruppe annehmen. Allenfalls für das Gros der hochindustrialisierten Staaten ist Ehrlichs Einteilung brauchbar. Die wirtschaftlich interessierten Verbände hat man in »wirtschaftliche Interessengruppen« im engeren Sinn, in »Berufsverbände« und »Verbraucherorganisationen« eingeteilt. Manche Forscher sprechen auch (statt von Berufsverbänden) von »erwerbsständischen Gruppen«, ein Ausdruck, der durch mittelstandsideologische Nebenbedeutungen belastet erscheint. Zu den Berufsgruppen gehören vor allem die Gewerkschaften der Arbeiter, Angestellten und Beamten, die Arbeitgeber- und Industriegruppen (die nach verschiedenen Branchen in den verschiedenen Ländern sehr unterschiedlich eingeteilt werden), die Bauernverbände, Handwerkerorganisationen und die Verbände der freien Berufe. Daneben gibt es – je nach sozialen Umständen einzelner Länder – eine Fülle von Organisationen, die nicht in das erwerbsständische Schema passen und dennoch machtvolle materielle Interessen anmelden: die Veteranen, die Vertriebenen, die Pensionäre, die Steuerzahler, die Hausbesitzer und die Verbraucher. In manchen Klassifikationen erscheinen sie unter der Rubrik »sonstige Gruppen«, da ihre Zuordnung auf Schwierigkeiten stößt (z. B. 284, S. 122 ff.).

Schwierigkeiten bereitete auch die Einordnung der Betriebszusammenschlüsse, die an Umfang und Einfluß durchaus das Gewicht mittlerer Verbände erreichen. E. Grochla (22, S. 37, 46 ff.) hat aus betriebswirtschaftlicher Sicht die Unterscheidung von »Betriebsverband« und »Verbundbetrieb« vorgeschlagen. Im Betriebsverband sind nur Teile der Gesamtaufgaben der selbständigen Betriebe zur gemeinsamen Erfüllung delegiert. Im Verbundbetrieb dagegen wird die Selbständigkeit der zusammengeschlossenen Betriebe aufgehoben (»Konzerne« und »Truste«). Diese Einteilung weist eine deutliche Analogie zur Klassifikation von Staatenbünden und Bundesstaaten in der älteren Staatslehre auf. Als Zwischenform ist die »Interessengemeinschaft« zu werten, die sich nicht eindeutig in eine der beiden Gruppen einordnen läßt (87, S. 105 ff.). Wichtiger als die formalen Kriterien, wie sie die Betriebswirtschaftslehre erarbeitet hat, sind für die Interessengruppenforschung die Versuche solcher Wirtschaftsgebilde, politischen Einfluß zu nehmen. In der Verbandsforschung ist der direkte Einfluß der Wirtschaftsgiganten oft vernachlässigt worden. Forscher, die vom marxistischen Zweiklassenmodell ausgehen, sehen den Einfluß dieser Giganten und der Schicht der Produktionsmittelbesitzer als den wichtigsten an, vernachlässigen dafür andererseits die politische Aktivität der übrigen Wirtschaftsinteressenten, vor allem derer, die nicht recht in das Schema des »Monopolkapitalismus« passen. Eine ausgewogene Forschung wird sich der »pressure«, die von Großfirmen direkt ausgeht, ebenso annehmen müssen wie der durch einen Verband artikulierten und vermittelten. Einen neuen heute vielbeachteten Zweig der Forschung im Rahmen der internationalen Politik stellen die multinationalen Korporationen dar, die durch den nationalstaatlich verengten Blick der älteren Interessengruppenforschung lange übersehen wurden. Multinationale Korporationen, die zum Teil in ihren finanziellen Ressourcen mit den Budgets kleinerer Staaten wie der Schweiz konkurrieren können, und durch ihre internationale Pressure-group-Tätigkeit eine der staatlichen Diplomatie nicht unähnliche Einflußpolitik ausüben, haben im Zeitalter der Entwicklung zunehmend monopolistischer Wirtschaftsmacht die ältere Einordnung der Interessengruppenforschung in die Innenpolitik fragwürdig gemacht.

Die Typologie der Wirtschaftsverbände versuchte man nach weiteren Kriterien zu verfeinern. Dabei überwiegen dichotomische Einteilungsschemata: etwa nach juristischen Kriterien autonome Verbände und Zwangsverbände, nach ökonomischen Kriterien Marktverbände oder Firmenverbände und Verbände von Erwerbspersonen (142, S. 11).

Es erweist sich als zweckmäßig, die »politischen Verbände« gesondert zu klassifizieren. Zu ihnen gehören vor allem Körperschaften wie Länder und Kommunen. Die Länder der Bundesrepublik zum Beispiel unterhalten wie private Verbände eine »Verbindungsstelle in der Bundeshauptstadt« (121, S. 64). Ferner sind die halbstaatlichen Verbände ihnen zuzuzählen, wie die wissenschaftlichen Verbände, Akademien, das Rote Kreuz, Verbände der Staatsfunktionäre und Staatsbürgerverbände. Zu ihnen gehören auch die nach dem Krieg in vielen europäischen Ländern einflußreichen Verbände geschädigter Staatsbürger. Die Tatsache, daß öffentlich-rechtliche Verbände, die Träger von Herrschaftsfunktionen sind, häufig als Pressure-groups auftreten, zeigt, daß ein der Gesellschaft gegenübergestellter Staat eine abstrakte Fiktion ist. Der Staat hat keineswegs immer ein von allen seinen Gliederungen geteiltes einheitliches Interesse (291, S. 88). Die Einteilung der Verbände nach den Wirtschaftssektoren oder Berufsgruppen, die sie vertreten, ist die gebräuchlichste, aber nicht die einzig mögliche. Einteilungen nach dem Organisationstypus, den Ideologien, dem bevorzugten Adressaten des Einflusses müssen daher berücksichtigt werden.

V Faktoren des Einflusses von Interessengruppen

Die Fähigkeit von Interessengruppen, ihre Wünsche durchzusetzen, hängt von einer ganzen Reihe von Faktoren ab, die teils in ihrer eigenen Struktur und Selbstauffassung, teils in dem politischen System und der Gesellschaft liegen, in der die Gruppen handeln.

Zu den wichtigsten Faktoren gehören:

1. Verbandsinterne Faktoren:
   - a Ideologie der Verbände
   - b Organisation der Verbände
   - c Der repräsentative Charakter der Verbände
   - d Finanzkraft der Verbände
   - e Qualität der Führung
2. Äußere Faktoren:
   - a Die Stellung der Verbände in der Rechtsordnung
   - b Das Regierungssystem
   - c Die politische Kultur des Landes

1. Verbandsinterne Faktoren

a) Die Ideologie der Interessengruppen

In der Interessengruppenforschung wird häufig zunächst vom Selbstverständnis einer Gruppe (oder genauer gesagt: des Samples der Mitgliedschaft oder der Führung, das befragt wurde) ausgegangen. Dabei legt man oft qualitative Analysen der Verbandsprogramme, der Stellungnahmen der Vorstände, der Reden der Verbandsführer und Leitartikel der Verbandszeitschriften zugrunde. Quantitative semantische Untersuchungen liegen noch kaum vor, ähnlich wie bei den Studien zur Parteiideologie. Umfragen lassen jedoch vermuten, daß selbst eine quantitative Analyse der Programme kein verläßliches Bild der Verbandsideologie ergäbe. Eine Umfrage in Deutschland zeigte, daß politische und unpolitische Zielsetzungen in der Selbsteinschätzung der Verbände in ihrer Bedeutung nebeneinander stehen. Die befragten ökonomischen Verbände gaben als wichtigste Aufgaben an (142, S. 61):

Aufgabe	als Hauptaufgabe genannt	als Haupt- oder Nebenaufgabe genannt
Unterrichtung der Mitglieder über die wirtschafts- und sozialpolitische Entwicklung der Branche (und allgemein)	81 %	89 %
Interessenvertretung gegenüber Ministerien und Parlament	71 %	85 %
Individuelle Beratung und Betreuung der Mitglieder (z. B. technisch, betriebswirtschaftlich, steuerrechtlich, arbeitsrechtlich oder auch vor Gerichten)	63 %	82 %
Öffentlichkeitsarbeit für das Verständnis der Interessenlage	62 %	74 %
Zusammenarbeit im Spitzenverband	60 %	73 %

Die erste Stelle nimmt die Betreuung der Mitglieder ein, die zweite jedoch bereits die Tätigkeiten, die oft unter der Bezeichnung Lobbyismus zusammengefaßt werden. Bei den Wirtschaftsverbänden (im Gegensatz zu den Industrieverbänden) rückt die Mitarbeit an europäischen Organisationen mehr und mehr in den Rang einer Hauptaufgabe. Die Umfrageergebnisse aus den Jahren vor 1965 sind heute in diesem Punkt vermutlich schon wieder überholt. Diese Zahlen können jedoch nicht für alle Verbände verallgemeinert werden. Bei Kirchen und Körperschaften des öffentlichen Rechts spielen die nach außen gerichteten Tätigkeiten im Selbstverständnis eine geringe Rolle. Bei ideellen und kulturellen Förderverbänden wird die Öffentlichkeitsarbeit, die bei den materiell interessierten Verbänden erst an vierter Stelle rangierte, vermutlich zum Teil auf den ersten Platz rücken. Selbst zwischen Industrie- und Wirtschaftsverbänden haben Schmölders und seine Mitarbeiter bereits gewichtige Unterschiede in der Rangfolge dieser Aufgaben festgestellt. Die Großhandelsverbände betonen häufig Gegensätze zu anderen Interessen. Die Auseinandersetzung mit Verbänden, die entgegengesetzte Interessen vertreten, rangiert hier vor dem Lobbyismus und der Öffentlichkeitsarbeit. In Einzelhandels- und Handwerkerverbänden nimmt die Selbsthilfe eine zentrale Stellung ein, während bei den Verbänden der freien Berufe teilweise die Interessenvertretung gegenüber Parlament und Ministerien in der Selbsteinschätzung am höchsten angesetzt wird (142, S. 66 f.). Für die Handels- und Landwirtschaftskammern wies man noch größere Abweichungen in der Einstellung nach. Darüber hinaus ergibt eine qualitative Analyse immer gewichtige Abweichungen von der Realität der untersuchten Aktivitäten in der Selbsteinschätzung. Auch die Verbandsführung macht sich häufig kein zutreffendes Bild von dem Rang einzelner Tätigkeiten des Verbandes, nicht einmal in quantitativer Hinsicht – etwa der Zeit und der Mittel, die sie für einzelne Bereiche aufwendet –, geschweige denn in qualitativer Hinsicht. Politisch orientierten Lobbyismus und Mitgliederbetreuung in ihrem »Erfolg« gegeneinander aufzurechnen, stößt auf unüberwindliche Bewertungsschwierigkeiten.

Die Selbsteinschätzung der Verbände und die immer wieder festgestellten Fehleinschätzungen ergeben sich zum Teil aus der Verbandsideologie. Verbände suchen wie Individuen die Spannungen, die sich aus den unterschiedlichen Erwartungen ergeben, zu mindern und die Rollenunsicherheit (»role strain«, W. Goode) einzudämmen und auf einen Ausgleich der divergierenden Erwartungen hinzuwirken. »Sie formen ein Selbstbild, arbeiten am stärksten an der Bestimmung ihrer Rolle mit, weil sie am meisten daran interessiert sind« (53, S. 33). Die Verbandsideologie erfüllt dabei eine doppelte Funktion für die Interessengruppen:

1. Sie dient der Integration der Mitglieder, deren Interessen keineswegs von vornherein immer identisch sind.
2. Sie dient der Propagierung der Gruppeninteressen in der Öffentlichkeit. Dabei wird versucht, die Wichtigkeit des Sonderinteresses für das »Gemeinwohl« oder für die Interessen anderer Gruppen herauszustellen.

In der Verbandsforschung wird noch häufig von der unideologischen politischen Kultur der USA gesprochen (318, S. 55). Die hoch-pragmatische und stark persönlichkeitsbezogene Eigenart amerikanischer Politik mag auch der Entstehung von Verbandsideologien weniger entgegenkommen als die ideologischere – und häufig noch am dichotomischen Zweiklassenmodell orientierte – Gruppenauffassung einiger kontinentaleuropäischer Länder. Auf Ideologie können jedoch auch amerikanische Pressure-groups nicht verzichten, und das Beispiel der Gegner der Prohibitionsbewegung zeigte, daß die materiellen Interessen sich besonders dann mit einer Ideologie aufwerten mußten, wenn sie gegen einen Förderverband zu Felde zogen, dessen Ziele die höheren Weihen christlicher Ethik zu haben schien. Die Unterscheidung Daniel Bells[22] von »Symbolgruppen«, die mit »ideologischen Abzeichen« agieren, und den »Interessengruppen«, die sich nur auf die Verteidigung materieller Interessen konzentrieren, ist daher nur beschränkt brauchbar. Das »Ende der Ideologie« ist auch in Amerika nicht gekommen. Gerade die Erfahrungen mit neuaufkommenden Protestgruppen und der periodisch wiederkehrenden Statusfurcht (»status anxieties«[23]) muß die Forschung davor gewarnt haben, den Entideologisierungsprozeß und die Entwicklung hin zu pragmatisch-unideologischer Politik als eine unilineare Entwicklung zu sehen.

Die Theorie des kollektiven Verhaltens hat die Regelmäßigkeiten der Entstehung von Glaubenshaltungen in sozialen Krisenlagen herausgearbeitet. Glaubenshaltungen und Ideologien dienen dazu, die Individuen zur kollektiven Aktion bereit zu machen. In schweren Krisenfällen kann die Reaktion bis zur kollektiven Hysterie gehen, die der Nährboden für autoritäre Heilslehren ist. Dann entstehen neue norm- und wertorientierte Glaubenshaltungen, welche die Entstehung politischer Ideologien bei sozialen Gruppen fördern (48, S. 82 f.). Für die Interessengruppenforschung noch wichtiger sind die partiellen Krisen für einzelne wirtschaftliche Sektoren oder erwerbsständische Gruppen, die der Re-ideologisierung des Denkens Vorschub leisten. Besondere Gruppen, die sich in ihrem Status bedroht fühlen, beginnen ihre Berufsrolle zu ideologisieren. Die Weinbau-Verbände werben für den Wein in fast sakralem Ton. Wein wird als »heiliges Getränk« gepriesen, das nicht wie andere Waren behandelt werden dürfe, und der Handel gilt als »Profanierer«, auf den man fast verächtlich herabsieht (162). Naschold (151, S. 104) hat gezeigt, welche wichtige Rolle etwa die Psychosomatik für die Ideologiebildung des sich um seinen Status sorgenden praktischen Arztes in Deutschland spielte. Die romantisierende Verherrlichung des alten Hausarztes fand mit der neuen Forschungsrichtung ein Fundament für seine »alte und jetzt nur neudefinierte Tätigkeit als »Haus- und Seelenarzt«. Der Hausarzt hoffte, mit Hilfe der neuen psychosomatischen Richtung die Entwicklung vom unabhängigen freiberuflichen Arzt zum Arzt, der immer stärker

22 Daniel Bell: The End of Ideology. New York/London [3]1966, S. 224.
23 Ebd., S. 225.

in eine bürokratische Gesundheitspflege hineingezogen wird, besser überstehen zu können. In »archaischen« Sozialbewegungen mit geheimbündischen Organisationsformen spielt neben der Ideologie – noch mehr als bei anderen Verbänden – ein rigoroses Zeremoniell eine Rolle als Bindemittel der Gruppen. Die Schwäche der Gruppe wird durch Demonstration ihrer Einheit und durch Androhung von Sanktionen, die sie gegenüber dem Ungetreuen hat, kompensiert. Das jährliche Auswechseln der Mitgliedskarten bei kommunistischen Gruppen hat meist größere Bedeutung als die bloße Übernahme eines neuen Pappstückchens[24].

Hondrichs (53, S. 127 ff.) Untersuchung über die Verbandsideologien des BDA, des BDI und des DGB gelangte zu einer förmlichen »Dramaturgie der Verbandsideologien«. Als Methoden der Inszenierung von Verbandsideologien ließen sich unabhängig von den Zielen im einzelnen bei Arbeitgeber- wie bei Arbeitnehmerverbänden zeigen:

1. Entlarvung des Gegners durch den Versuch eines Nachweises, daß er die Dinge »losgelöst von größeren Zusammenhängen« darstellt. Als typisches Beispiel für diese Argumentation kann der Satz des BDA-Jahresberichts von 1960 gelten: »Wir wissen und müssen uns der aus diesem Wissen zu ziehenden Folgerungen bewußt sein, daß zwischen Freiheit und Eigentum ein unlösbarer Zusammenhang besteht.«
2. Die Entstellung der gegnerischen Äußerungen, so daß sie vereinfacht und zugespitzt erscheinen. Dabei wird gern mit der Montage von Klassikerzitaten gearbeitet, vor allem wenn es um den Kampf gegen angebliche oder vermeintlich marxistische Organisationen geht.
3. Eklektizismus der Methode und Weglassen von Fakten. In diesen Bereich gehört auch das »Frisieren« von Statistiken.
4. Propaganda zur Suche von Verbündeten.
5. Versuch des Nachweises der Identität des allgemeinen Interesses mit dem Sonderinteresse. Der krasseste Fall war wohl die Äußerung eines führenden Mannes im General-Motors-Konzern, Wilson: »Was gut ist für General Motors – ist gut für Amerika.« Diese nicht von Zynismus freie Äußerung hat dazu beigetragen, daß im Senat seine spätere Ernennung zum Staatssekretär durch Eisenhower auf großen Widerstand stieß.
6. Die Propagierung falscher Alternativen: Sachlichkeit gegen Macht.
7. Das Operieren mit *self-fulfilling prophecies*. Ideologien werden mit Hilfe harter Aktionen in die Wirklichkeit umzusetzen versucht. Wenn schließ-

24 E. J. Hobsbawm: Sozialrebellen. Neuwied 1962, S. 198 ff.

lich der Erfolg eintritt, den man immer prophezeit hat, wird daraus auf die Richtigkeit der eigenen Annahmen und auf die Unsinnigkeit ex tunc der alternativen Konzeptionen anderer Gruppen geschlossen. Vor allem radikale Gruppen bedienen sich dieser Methode immer wieder zur Polarisierung der Bevölkerung, um das Zweiklassenmodell zu realisieren.

Das Ideal der Sachlichkeit erweist sich oft nur als Aktualisierung überkommener Tugendvorstellungen. Mit Recht hat man vor den ideologischen Implikationen dieses Ideals gewarnt: »Sachlichkeit kann keineswegs normativen Charakter im Hinblick auf Ziele und Zwecke haben, sondern nur in der Anwendung der Mittel in Frage kommen. Ziele setzen kann oder sollte nur der sachüberlegene Mensch mit Normen, die nicht aus dem Bereich der Sachen stammen. Andernfalls führt Sachlichkeit zu einer distanzlosen Hörigkeit, die die Reaktionen auf Umweltssignale zum Lebensprinzip und Lebensinhalt erhebt« (80, S. 28). Man macht sich nicht gleich der schematischen Trennung von Sein und Sollen im Neukantianismus schuldig, wenn man anerkennt, daß nicht alle Normen einfach von den Fakten deduziert werden können, zumal auf Gebieten, wo unsere Kenntnis der Fakten und die Methoden zu ihrer Erforschung noch lückenhaft sind. Im Namen der »Sachlichkeit« werden noch immer alle ideologischen Elemente verketzert, und dabei wird nicht selten unterstellt, daß alles Denken dann ideologiefrei ist, wenn es sich an der augenblicklichen Wirklichkeit orientiert und sich jeden utopischen Vorgriffs auf eine Sollensvorstellung enthält. So wichtig die Rolle der Ideologiekritik auch in der Verbandsforschung ist, um die Interessengebundenheit selbst der höchsten Ideale nachzuweisen, so wenig kann der bloße Nachweis von Korrelationen zwischen Ideen und materiellen Interessen die Funktionen der Ideologien für die einzelnen Gruppen wie für den sozialen Wandel der Gesamtgesellschaft erhellen.

Das politische Mandat von Verbänden

Die Ideologien von Verbänden, welche die sozial und politisch stärkeren Interessen repräsentieren, sind häufig auf die Aufrechterhaltung des Status quo in der Rechtsordnung und des institutionalisierten Konfliktaustrags gerichtet. Die Ideologien der sozial schwächeren Verbände versuchen dagegen, diese Rechtsordnung als »formal« und »inhaltsleer« abzuklassifizieren, und fordern, das Recht und die Regeln des sozialen Konfliktaustrags in den Dienst der Realisierung ihrer sozialen Forderungen zu stellen. Da sie davon ausgehen, daß der formale Willensbildungsprozeß des gegenwärtigen politischen

Systems partiell versagt, fühlen sie sich als Wahrer »demokratischer Interessen« und berufen sich auf ein spezielles *politisches Mandat.* In den Gewerkschaften geschah dies überall, wo es keine übermächtige trade-unionistische Tradition gab, die sich bewußt auf soziale und wirtschaftliche Forderungen beschränkte. Der Soziologe Alfred Weber vertrat diese Auffassung anläßlich eines Europäischen Gesprächs 1952: »Die Aufgabe der Gewerkschaften ist das Vorwärtstreiben des allgemeinen demokratischen Lebensprozesses, so wie das auch die Aufgabe des Staates sein soll. Sie haben deshalb unaufhörlich darauf hingewiesen, daß sie die Demokratie vervollständigen wollen: aus dem Wirtschaftsuntertanen einen Wirtschaftsbürger zu machen.«[25] Mit dieser Auffassung der Gewerkschaften als »Hüter der Demokratie« ist auch die Forderung nach der Rechtmäßigkeit des Streiks für politische Ziele verbunden, das schwache Relikt einer einstigen Generalstreiksideologie. Im Kampf gegen die Notstandsgesetze haben einige deutsche Gewerkschaften 1968 noch zögernd versucht, diese Aufgabe wahrzunehmen.

Die Wahrnehmung eines politischen Mandats hat man bei den Gewerkschaften jedoch dafür verantwortlich gemacht, daß die Organisationsbereitschaft der Arbeiter und die Legitimität des DGB gesunken scheint[26]. Man weist dabei gern auf den Österreichischen Gewerkschaftsbund hin, der 75 % der Beschäftigten organisiert hat, angeblich auf Grund seiner politisch neutralen Haltung. Untersuchungen über den Organisationsgrad haben dagegen ergeben, daß die Organisationsapathie von sehr vielen Faktoren abhängt (153, S. 94). Immerhin ist festzustellen, daß es im DGB eine starke Strömung gibt, die auf Zurückhaltung in der Ausübung des politischen Mandats dringt, um die dissentierenden Mitglieder nicht zum Austritt zu veranlassen. Neuerdings haben auch einige Intellektuellenverbände und vor allem die Studentenschaften und ihre Ausschüsse ein politisches Mandat gefordert. Mit der formalistischen Deduktion aus dem Unterschied von Zwangskörperschaften und freien Verbänden hat man dies Mandat in der deutschen Rechtswissenschaft mehrheitlich abgelehnt. Einige Studentenführer sehen daher heute keinen anderen Ausweg als die Aufhebung der Zwangskörperschaft und die Gründung freier Studentengewerkschaften, um ein politisches Mandat wahrzunehmen. Das politische Mandat von Zwangskörperschaften kann jedoch durch zwei Argumente gerechtfertigt werden:

1. Der Unterschied von »speziellen Interessen«, die solche Verbände wahr-

25 Gewerkschaftl. Monatshefte, 1952, H. 8, S. 480.
26 O. Stolz: Die Gewerkschaften in der Sackgasse. München 1959, S. 44.

nehmen sollen, und den »allgemeinen politischen Fragen«, die angeblich nicht zu ihren Aufgaben gehören, ist ähnlich schematisch und problematisch wie die Unterscheidung von Ideen und Interessen, von »Sachlichkeit« und »Ideologie«. In der pluralistischen Gesellschaft sind die speziellen Interessen der Gruppen untereinander so stark verflochten, daß eine Stellungnahme zu den speziellen Interessen häufig auch eine Analyse der größeren gesellschaftlichen Zusammenhänge erfordert.

2. Einige Staatsrechtler haben erkannt, daß auch die Wissenschaft (die das Hauptanliegen der Studentenverbände ist) nicht auf die keimfreie Sphäre des Ideellen beschränkt ist. Art. 5, Abs. 3 GG bindet die Freiheit der Lehre an die »Treue zur Verfassung« und erkennt damit die politischen Implikationen der Wissenschaft an. Daraus hat man auf strukturanaloge Zusammenhänge zwischen Wissenschaft und Demokratie geschlossen und die Legitimation der Hochschule hergeleitet, für elementare demokratische Freiheitsrechte einzutreten[27].

Wenn man so etwa den Kampf von Studentenverbänden gegen Notstandsgesetze rechtfertigen kann, wird es schwer sein, ihnen in anderen Fragen ein politisches Mandat abzusprechen. Ebendies wird jedoch versucht mit einer weiteren spitzfindigen Unterscheidung. Studentenverbände sollen nach dieser Ansicht a-parteiisch, aber nicht unpolitisch sein[28]. Diese Unterscheidung jedoch erscheint bar jeder Einsicht in die Zusammenhänge demokratischer Politik. Seit sogar in der Verfassung neuerer Demokratien anerkannt wird, daß die Parteien an der politischen Willensbildung mitwirken, widerspricht diese Unterscheidung nicht nur einer inhaltlichen Demokratieauffassung, sondern sogar den formellen Bestimmungen des Grundgesetzes.

Das eigentliche Problem des politischen Mandats in Zwangsverbänden betrifft die innerverbandliche Willensbildung. Ein Zwangsverband, aus dem das Mitglied nicht austreten kann, wird sehr viel vorsichtiger mit allgemeinen Stellungnahmen sein müssen als eine freie Vereinigung, weil er heterogener und die Gefahr der Vergewaltigung von Minderheiten in ihm größer ist.

Das politische und moralische Mandat braucht den Zwangskörperschaften nicht abgesprochen zu werden, aber es müssen erhöhte Anforderungen an demokratische Willensbildung bei seiner Ausübung und an den Schutz der überstimmten Minderheiten gestellt werden. Gut formulierte Minderheiten-

27 Knoke: DÖV, 1967, S. 546.

28 Walter Schmitt Glaeser: Die Rechtsstellung der Studentenschaft. Bad Homburg 1968, S. 17.

Stellungnahmen würden die politische Resolution von Ad-hoc-Mehrheiten um einen guten Teil ihrer Resonanz in der Öffentlichkeit bringen. Ein Verband, der einmal damit konfrontiert war, würde sich vermutlich hüten, politische Resolutionen mit allzu knappen Mehrheiten zu veröffentlichen.

Das politische und moralische Mandat, das die Glaubensgemeinschaften vor allem seit dem Kampf gegen den Faschismus für sich in Anspruch genommen haben, wird – nicht ganz konsequenterweise – in der Rechtswissenschaft sehr viel toleranter hingenommen, obwohl die Mitgliedschaft in den Kirchen für viele nur formal frei erscheint und der Austritt vielfach administrativ behindert wird. Die Identifizierung der Kirchen mit den moralisch höchsten Werten geht selbst in laizistischen Gemeinwesen erstaunlich weit (69, S. 89). Glaubensgemeinschaften und bestimmte ideelle und kulturelle Förderverbände haben weit größere Möglichkeiten als andere Gruppen, ihre Wertvorstellungen auf dem Umweg der staatlich geförderten Indoktrinierung ständig vor die Öffentlichkeit zu bringen bis hinein in die Lehrpläne und Schulbücher der öffentlichen Unterrichtsanstalten. Nicht nur ideelle Förderverbände haben oft einen propagandistischen Vorteil gegenüber rein wirtschaftlichen Interessengruppen, sondern auch vorwiegend materiell interessierte Gruppen haben – je nach der vorherrschenden Wertskala in einer Gesellschaft – Vorteile vor anderen Wirtschaftsinteressenten. Verbände, die von Rezessionen bedrohte Erwerbszweige vertreten, können einen Teil ihrer Schwäche durch Appell an traditionelle Residuen in den Wertvorstellungen der Gesellschaft kompensieren. Selbst bei Stadtmenschen verfehlt ein Teil der Propaganda der Bauernverbände, die auf die Wichtigkeit »wogender Kornfelder« für die Gesundheit der Städter, das Ansehen und den ästhetischen Reiz eines Landes hinweist, seine Wirkung selbst bei denen nicht, die an die bevorzugte Rolle des »Nährstandes« in der industriellen Gesellschaft nicht mehr glauben.

Die öffentliche Meinung, die durch Propagierung von Verbandsideologien angesprochen wird, ist keine Einheit. Jedes Interesse und seine geistige Umsetzung in eine Ideologie hat potentielle Gruppen hinter sich, die durch geschickte Propaganda mobilisiert werden können. Der Erfolg der Gruppen hängt nicht zuletzt von dem Ausmaß ab, in dem es einer Gruppe gelingt, ihr Interesse als in Übereinstimmung mit dem weiter Kreise der Gesellschaft hinzustellen (325, S. 41). Die Vorspiegelung einer Interessenkonvergenz von Teilen mit dem Ganzen gelingt um so besser, je stärker die Legitimität eines Interesses in den Verhaltensweisen der meisten Bürger eines Staates verankert ist. Wo Zusammenarbeit mit Gewerkschaften noch fast als »Konspiration« mit dem Feind der Gesellschaft oder des »Vaterlandes« angesehen wird, sind die Gewerkschaften bei der Darstellung ihrer Interessen ideologisch stark benachteiligt (172, S. 28). Je stärker die Arbeiterorganisationen als eine der wichtigen Interessenvertretungen anerkannt wurden, um so größer wurde auch die Bereitschaft, daran zu glauben, daß das Wohlergehen der Arbeiter mit den Interessen anderer Schichten konvergiert.

Das Sozialprestige eines Verbandes und seiner Ideologie hängt nicht nur von den Werten der übrigen gesellschaftlichen Gruppen ab, sondern zu einem Teil auch von dem Erfolg, den ein Verband bei der Durchsetzung seiner Interessen hat. Wenn Interessengruppen bei der Durchsetzung ihrer Interessen häufig Schiffbruch erleiden, so kann das zu Prestige-Einbußen führen. Dem »Gesetz der Erwartungen korrespondiert das Gesetz des Erfolges« (40, S. 257). Diese Einsicht führt in den meisten Interessengruppen zu einer Pragmatisierung der Konzeptionen. Sie schlägt sich auch in der Eingrenzung politischer Ziele nieder. Die Gruppen sind mehr an politischen Details als an großen Plänen interessiert. Die meisten Gruppen geben sich mit der Amendierung von Gesetzen oder der Verteidigung bestehender Regeln zufrieden. Nur selten versuchen sie, große Legislationsprogramme zu initiieren (170, S. 29). Aus der Einsicht, daß politischer Erfolg das Prestige von Verbänden erhöht, kann nicht der Umkehrschluß gezogen werden, daß jeder Mißerfolg automatisch zu immer größerem Prestigeverlust und damit zu weiteren Mißerfolgen führen muß. Es gibt Situationen, in denen Verbände, die Mißerfolge bei der Durchsetzung ihrer Interessen haben, sich in eine zunehmende Statusfurcht so hineinsteigern, daß sich ihre Ziele und Methoden radikalisieren und sie plötzlich durch Provokation und außerparlamentarischen Protest nach jahrelangen verbandspolitischen Schlappen erhört werden. Die Ärzte in Belgien und Italien, die zu bis dahin in Ärztekreisen verpönten Streikmethoden griffen, die Radikalisierung der Lehrer- und Studentenverbände in den meisten europäischen Ländern gegen Ende der sechziger Jahre sind Beispiele dafür.

Schließlich muß davor gewarnt werden, Verbandsideologien allzu statisch zu sehen, wie es obige Aufzählung der Propaganda-Taktiken der Verbandsideologen nahelegen könnte. Ideologien sind nicht unbeeinflußt von der Menge der Mitgliedschaft. Je größer diese wird, um so heterogener droht die Ideologie zu werden, die dann durch um so straffere Organisation und Zentralisierung zu kompensieren gesucht wird. Je länger ein Verband besteht, um so wahrscheinlicher wird es, daß er seine ursprünglichen Ziele erreicht (53, S. 13). Die Organisationen haben ein großes Beharrungsvermögen, wie vor allem die Vertriebenenverbände nach ihrer Integration in die westdeutsche Gesellschaft zeigen. Die Führungsapparate von Organisationen können das Absterben der »issues« durch ihre Betriebsamkeit noch eine Weile aufhalten. Wenn ein Verband nicht allzu spezialisiert ist (wie etwa die Gewerkschaften), gelingt es ihm häufig, die Ideologie dem sozialen Wandel anzupassen, neue Funktionen für den Verband zu finden und neue Interessen unter den Mitgliedern zu wecken. Die heute von der kritischen Theorie vielbesprochene »Manipulation der Interessen« – vor allem der Konsumenten – hängt aufs engste mit dem Funktionswandel von Verbandsorganisationen und Ideologien zusammen. Mit Recht warnt Hondrich (53, S. 12) vor einer »Einbahnsicht der Verbände«. Es werden nicht nur vorhandene Interessen organisiert und politisch durchgesetzt, sondern es werden auch Interessen erst geweckt, für die bereits Apparate und Verbandsbürokratien zur Verfügung stehen.

b) *Die Organisation der Verbände*

Die Organisationsform der Verbände ist eng verbunden mit ihrer ideologischen Zielsetzung und ihrer politischen Durchsetzungskraft. Je spezieller ein Interesse ist, um so weniger kann ein Verband versuchen, allgemeine Politik zu treiben (170, S. 29). Während das Verhältnis von Gruppenbewußtsein und Gruppenorganisation in der Literatur bis heute noch so umstritten ist wie das Verhältnis von Klassenbewußtsein und parteilicher Organisation von Klassen in der Stratifikationsforschung, ist unbestritten, daß Interessen sich politisch ohne Organisation nicht durchsetzen können. Schon Interessenaggregation und Interessenartikulation ist ohne Organisation nicht denkbar (318, S. 4).

Die Organisationsform ist eines der wichtigsten Einteilungskriterien in der Verbandsklassifikation. In Anlehnung an eine Typologie Max Webers wurden »Honoratiorenverbände« (die Mitglieder sind vom Verband nicht abhängig, der Verbandszweck ist begrenzt, die Struktur meist föderalistisch) und »Funktionärs«- oder »Kaderverbände« unterschieden, die von hauptberuflichen Experten mit bürokratischen Hilfsmitteln geführt werden (121, S. 55 ff.). Als Stärke des Honoratiorenverbandes gilt die ständige freiwillige Mitarbeit aller Mitglieder, die persönliche Initiative der Leiter, seine Elastizität und Wirtschaftlichkeit. Dem stehen als Mängel die uneinheitliche Willensbildung, der Mangel an Kontinuität der Arbeitsleistung und die zweckfreie Bindung der Mitglieder verbunden mit der Gefahr der Absplitterung gegenüber. Die meisten Interessengruppen im engeren Sinne weisen nach Breitling (121, S. 59) die Züge des Honoratiorenverbandes auf, da die Entscheidungsfreiheit der Firmen gewahrt bleiben soll. Die Glaubensgemeinschaften werden zu den »Funktionärsverbänden« gerechnet. Für zahlreiche amerikanische Sekten kann die Zuordnung jedoch nicht gelten. Die »erwerbsständischen« Verbände dagegen werden als Mischformen angesprochen. In Anlehnung an die Typen der Föderalismusforschung hat man die Organisationsformen auch nach dem Grad der Zentralisation in »unitarische«, »föderalistische« und »konföderalistische« Organisationen eingeteilt (318, S. 27) und mit den Anforderungen an die Führung in Beziehung gesetzt, wie sie der Einteilung von Honoratioren- und Funktionärsverbänden zugrunde liegt.

Es wird manchmal ein adäquater Kausalzusammenhang zwischen Organisation und politischem Durchsetzungsvermögen unterstellt. Aus mehreren Gründen besteht dieser nicht:

1. Die sozial schwachen Interessen müssen durch eine schlagkräftige Organisation ihre Schwächen kompensieren, die daraus resultieren, daß sie in der Statushierarchie der Gesellschaft niedriger rangieren als andere Interessen und finanziell schwächer sind. Durch Organisation der großen Zahl müssen solche Mängel ausgeglichen werden. Vor allem die Gewerkschaften waren dabei erfolgreich.

2. Die sozial stärksten Interessen sind gleichsam urwüchsig in der herrschenden Elite repräsentiert und brauchen meist den Umweg der Organisation in geringerem Maße. Die großen Konzerne üben ihren Einfluß nicht in erster Linie über Verbände aus und rufen ihre Verbandsorganisation erst zu Hilfe, wenn sie Verstärkung im Kampf um die Durchsetzung des Interesses brauchen. Der Einfluß der Konzerne und Trusts wird daher in der Elitenforschung weit mehr beachtet als in der Verbandsforschung. Je nach gesellschaftlicher Kommunikation der Eliten in verschiedenen Bereichen (besonders in Politik, Kirche und Militär) ist der erleichterte Zugang für nicht formell organisierte Interessen der wirtschaftlich und sozial Mächtigen beim Studium des Einflusses in Rechnung zu stellen. Blondel (175, S. 167) hat mit Recht darauf hingewiesen, daß ein realistischer Ansatz des Interessenstudiums in England nicht schematisch den T.U.C. und den F.B.I. gegenüberstellen darf, sondern auf der Seite der Arbeitgeber noch »the City« und die wichtigsten Wirtschaftsorganisationen mit in die Berechnungen einbeziehen muß. Starke Machtkonzentrationen in einzelnen Spitzenpositionen der Regierung (etwa im vielkritisierten Premierminister- und Kanzlersystem) erleichtern ebenfalls die direkte Kommunikation wirtschaftlicher und politischer Machthaber. Der Grad wirtschaftlicher Konzentration und das Regierungssystem sind dabei wichtige Variablen,

ohne daß man ein Zusammentreffen beider mit »spätkapitalistischen« Gesellschaften schematisch identifizieren kann, wie es oft in der marxistischen Literatur geschieht.

3. Die straffe Organisation kann gleichwohl keine großen politischen Erfolge zeitigen, wenn die Repräsentativität des Verbandes gering und der Organisationsgrad in einem wirtschaftlichen Sektor niedrig bleibt.

4. In Ländern mit alter Tradition des Lobbyismus, wie in den USA, sind hochspezialisierte Einzellobbyisten, die sich zeitlich befristet für einzelne Interessen einsetzen, oft den Funktionären der organisierten Interessen ebenbürtig oder überlegen (310, S. 9). Da sich bei der Beeinflussung staatlicher Organe persönliche Beziehungen oft als wesentlich erweisen, ist der erfahrene Routinier unter den Lobbyisten gegenüber den Verbandsbürokratien im Vorteil. Der Organisationsgrad einer Gruppe steht nicht in direktem Zusammenhang mit der Möglichkeit des Zugangs zu den Politikern, die entscheiden. Selbst die Einflußstrategie ist kaum von der Organisationsform mitbedingt, wie für Amerika nachgewiesen wurde (30, S. 190).

5. Die Organisationsform ist keine unabhängige Variable, die Verbände können sie nicht frei nach den Bedürfnissen ihrer Mitgliedschaft wählen, sondern müssen sich dem Hauptadressaten des gewünschten Einflusses in gewisser Weise anpassen. Wo die Bürokratie Hauptadressat ist, bürokratisiert sich auch die Verbandsorganisation zunehmend. Das gilt vor allem für Länder, wo Ministerien durch ihre Geschäftsordnung gehalten sind, nur mit den Spitzenverbänden zu verhandeln, was die Konzentration und die Hierarchisierung des Verbandswesens sehr gefördert hat (128, S. 28).

6. Der mangelnden Organisation loser Honoratiorenverbände, die unter den Typ »konföderalistisch« subsumiert werden können, braucht kein geringeres Durchsetzungsvermögen zu entsprechen. Geschickte Zusammenarbeit mit gleichgesinnten Verbänden und eine gute Bündnispolitik können Mängel an straffer Organisation kompensieren. Die diffuse Struktur der Prohibitionsbewegung in den USA und der Partikularismus der Arbeitgeberverbände in einigen europäischen Ländern haben Beispiele gegeben, wie auch Verbandskonföderationen effektiv arbeiten können. Auch nach dem Zweiten Weltkrieg haben die protestantischen Lobbies noch Formen intensiver Zusammenarbeit gefunden, etwa in der ›Joint Washington Staff of Church Legislative Representatives‹ (280, S. 97). Befragungen zum Selbstbild der Verbände haben ergeben, daß bei einigen der Zusammenarbeit mit anderen Verbänden oder in einem Dachverband eine überragende Bedeutung beigemessen wird. Umgekehrt haben Verbände, die äußerlich als kompakte Einheit wir-

ken, häufig sehr uneinheitlich gehandelt. Etwa in der Schweiz haben die Gruppen, die in Dachverbänden zusammengeschlossen sind, nicht selten eine sehr eigenwillige Politik betrieben (249, S. 200).

c) *Der repräsentative Charakter der Interessengruppen*

Der Erfolg einzelner Interessengruppen hängt unter anderem davon ab, wie repräsentativ eine Organisation für das Interesse ist, das sie vertritt. Neben das Studium der Organisation muß daher die Untersuchung des Organisationsgrades von Interessen treten. Dabei darf man nicht schematisch von einem idealen – möglichst hohen – Organisationsgrad ausgehen, sondern wird die Eigenarten der politischen Kultur der Länder in Betracht ziehen müssen. Die Amerikaner gelten als Volk von *joiners.* Schon Tocqueville[29] bemerkte: »Les Américains de tous les âges, de toutes les conditions, de tous les esprits, s'unissent sans cesse.« Dieses Urteil kann allenfalls im Vergleich mit anderen Ländern gelten. Empirische Untersuchungen des Organisationsgrades von Amerikanern brachten zum Erstaunen der Soziologen zu Tage, daß 47 % der Familien und 64 % der Befragten keiner freiwilligen Organisation angehörten (296, S. 286). Man muß sich davor hüten, den Organisationsgrad schlicht aus dem Nationalcharakter zu folgern, aber es läßt sich empirisch die Vorliebe einzelner Völker für bestimmte Organisationsformen nachweisen: zum Beispiel für Clubs bei den Engländern, für Vereine bei den Deutschen.

In der Neigung zum Zentralisationsgrad hat man Unterschiede selbst bei verwandten Völkern wie Engländern und Amerikanern festgestellt. In England trugen ältere korporative Vorstellungen dazu bei, daß die Organisationen sehr effektiv und gut organisiert sind. In den USA wirken (trotz der hohen Organisierbarkeit der Amerikaner) atomistisch-liberale Vorstellungen in der Organisation weiter und führen zu starker Dezentralisation des Verbandswesens (172, S. 28). Neben den nationalen Unterschieden bestehen jedoch Unterschiede der Schichtungen, welche die Organisationsformen bestimmter Gruppen in verschiedenen Ländern einander angleichen. Die Organisationsformen und der Organisationsgrad bei Arbeitern sind in vielen Ländern gewissen sozialistischen Grundvorstellungen ähnlicher als die Form, für die man dem jeweiligen Nationalcharakter eine Vorliebe nachsagt. Frag-

29 Alexis de Tocqueville: De la Démocratie en Amérique. Oeuvres complètes, Bd. I, 2. Paris 1961, S. 113.

würdig ist auch, ob man die hohe Organisierbarkeit der Bürger in direktem Zusammenhang zur Stabilität einer Demokratie bringen kann, wie das bei Kornhauser geschah. Hoher Organisationsgrad in bürgerkriegsähnlichen Situationen würde eher das Gegenteil von Stabilität bewirken. Der Organisationsgrad erweist sich auch wiederum als eine von vielen Faktoren abhängige Variable. Verläßliche quantitative Analysen des Organisationsgrades sind bei Verbänden, die Branchen und Erwerbszweige repräsentieren, leicht möglich. Bei »promotional groups« läßt sich die Gruppe, die ein gemeinsames Interesse hat (oder haben könnte), schwer abgrenzen, zumal das Problem der *latenten Interessen* auch theoretisch noch zu wenig gelöst ist (vgl. S. 30). Bei materiell interessierten Förderverbänden, die sich auf die moralische Pflicht berufen können, ein bestimmtes Interesse sozial Schwacher zu unterstützen, sind zuweilen auch Förderer Mitglieder, die nicht-materielle Interessen verfolgen. Exakte Zahlen zu ermitteln, ist jedoch bei ideellen und materiellen Verbänden um so schwerer, je geringer ihre Mitgliederzahl ist. Oft wird mit manipulierten Zahlen gearbeitet. Eine gesetzliche Handhabe dagegen gibt es in Deutschland nicht. Die Beamten, die das Vereinsregister führen, interessieren sich nicht für die Mitgliederzahl, sofern die erforderliche Mindestzahl von sieben Mitgliedern erreicht ist (127, S. 78).

Wenn schon die tatsächliche Mitgliederzahl oft schwer zu ermitteln ist, muß die potentielle Zahl der Vertretenen um so schwerer festzustellen sein. Selbst bei einer anscheinend leicht bestimmbaren Gruppe wie »Vertriebene« wird die Öffentlichkeit immer wieder mit manipulierten Zahlen irregeführt, wenn etwa Kinder von Vertriebenen, die bereits in Westdeutschland geboren wurden, als Vertriebene gerechnet werden und der Verband vorgibt, auch für sie zu sprechen. Bei diesem Vorgehen wird schlicht ein latentes Interesse für Vertriebenenpolitik bei den Kindern von Vertriebenen unterstellt, eine Annahme, die durch Umfrageergebnisse nicht bestätigt wird. Selbst die Partei der Vertriebenen, der BHE, war Meister in der Verschleierung seiner abnehmenden Mitgliederzahlen. Es wurde von allgemein »steigender Tendenz« der Mitgliederbewegung gesprochen, und die Zahlen und Tabellen wurden so diffus nach Jahren und Landesverbänden angelegt, daß man sich kein exaktes Bild machen konnte[30]. Allenfalls die sozialistischen Länder des Ostens glaubten aus propagandistischen Gründen an solche Zahlen.

Verallgemeinerungen über den Organisationsgrad einer ganzen Nation

30 Franz Neumann: Der Block der Heimatvertriebenen und Entrechteten. 1950–1960. Meisenheim 1968, S. 287.

sind nur *cum grano salis* zu verstehen. Generell gibt es Unterschiede der Organisierbarkeit in verschiedenen Lebensbereichen. Protektive Gruppen haben eine stärkere Chance als politische Parteien und ideelle Förderverbände, viele Bürger anzuziehen. Bei protektiven Gruppen hat man den höchsten Grad von sozialem Druck auf das Individuum festgestellt. Freunde, Nachbarn, Kollegen und Geschäftspartner üben einen sanften, aber effektiven Druck auf Individuen zum Beitritt zu protektiven Gruppen aus, der bei ideellen Förderer-verbänden kaum denkbar wäre (175, S. 174). Bei den Adressaten von Pressure-groups besteht die Neigung, lieber mit Gruppen in Verhandlungen zu treten, die im hohen Grad repräsentativ für ihr Interesse sind. Zur Erhöhung der Repräsentativität wird daher von Arbeitgeberverbänden immer wieder die Neigung der Industriegiganten beklagt, sich direkt in den politischen Prozeß einzuschalten. ›Confindustria‹ in Italien betrachtet etwa den direkten Einfluß von Fiat in der Politik mit Mißtrauen (224, S. 285).

Interessengruppen legen bei Berechnungen der Mobilisierbarkeit nicht selten den Begriff »potentielle Mitgliedschaft« zugrunde. Durch schlechte Erfahrungen gewitzt, wird meist ein gewisser Prozentsatz abgerechnet, von dem mit Sicherheit angenommen werden lann, daß er nicht »organisierbar« ist. Das Wirtschaftswissenschaftliche Institut der Gewerkschaften hat in einem Gutachten an den DGB-Vorstand vermutet, daß ein Viertel der männlichen und die Hälfte der weiblichen Arbeitnehmer für die gewerkschaftliche Mitgliedschaft nicht zu gewinnen sind (153, S. 82). Bei Frauen, Gelegenheits- und Gastarbeitern kann man von vornherein nicht den gleichen Organisationsgrad annehmen wie bei den übrigen Arbeitern. Die Angestellten erwiesen sich dem Werben des DGB gegenüber als relativ spröde, da der DGB am *Industrieprinzip* festhielt, das keine Unterschiede zwischen den Gruppen der »Dreieinigkeit der Arbeitnehmer« (Beamte, Angestellte, Arbeiter) dulden wollte. Die Angestellten fühlten sich daher mehr zu einer Organisation wie der Deutschen Angestelltengewerkschaft (DAG) hingezogen, die stärker berufsständische Wünsche ihrer Mitglieder berücksichtigte. Es hat sich jedoch gezeigt, daß auch sie an einer Grenze des Zuwachses an Organisationswilligen angelangt ist. Allen Gewerkschaften gemeinsam ist ein relativer Rückgang der Mitgliedermasse. Nur die Gewerkschaft der Eisenbahner Deutschlands meldete einen absoluten Mitgliederzuwachs bei fallender Beschäftigungszahl (153, S. 70).

Alle monokausalen Erklärungen dieses Trends haben einer eingehenden Nachprüfung nicht standgehalten. Man hat zum Teil die politische Aktivität des DGB für diese Entwicklung verantwortlich gemacht und ausländische

Gewerkschaften wegen ihrer politischen Neutralität gelobt. Gerade die Gewerkschaften, die stark parteilich sind, wie die schwedische Landesorganisation der Gewerkschaft, melden einen hohen Organisationsgrad von 55 % der Arbeitnehmer. Ähnlich ist die Lage in Australien mit einem Organisationsgrad von 59 %. Selbst England, dessen Gewerkschaften – wie die schwedischen – eng mit der Arbeiterpartei verbunden sind, liegt mit 49 % über der Bundesrepublik (35,8 %). Die gar nicht eindeutig parteilich orientierten Gewerkschaften der USA umfaßten dagegen 1962 nur 22,2 % (153, S. 96). Solche Zahlenvergleiche sind problematisch, selbst wenn sie die aufgestellten Thesen beweisen könnten, weil die soziale Lage und besondere Zwangsmechanismen, wie *closed shop* und *union shop* (vgl. S. 64 ff.), die Organisationsgradziffern unvergleichbar machen. Wo Gewerkschaften (wie auf Grund einiger bundesgerichtlicher Entscheidungen in den USA) auch von Nichtorganisierten Solidaritätsbeiträge einziehen dürfen (»agency fee clause«), wird der Anreiz zur direkten Teilnahme größer, und die Organisierbarkeit ist nicht mit Ländern zu vergleichen, in denen sie solche indirekten Abhängigkeiten der Nichtorganisierten nicht schaffen können.

Allen Ländern gemeinsam ist eine Stagnation der Mitgliederzahlen, ohne daß man daraus auf abnehmende Legitimierung dieser Gruppen schließen könnte, für die Arbeitnehmer zu sprechen. Umfragen und die Analyse von Streikbereitschaft und -beteiligung haben ergeben, daß in Deutschland die Mehrzahl der Nichtorganisierten die Tätigkeit des DGB positiv würdigen. Nur 1 % war der Meinung, daß die Gewerkschaftsvertreter in Deutschland ihre Aufgaben »schlecht«, und nur 26 %, daß sie sie »mittelmäßig« erfüllten. Es macht sich auch in den Gewerkschaften eine immer stärker werdende Konsumentenhaltung breit, seit der revolutionäre Elan der Kampfzeit verpufft ist. Wohlstand und Arbeitszeitverkürzung geben dem Arbeitnehmer immer weniger das Gefühl, daß die Arbeit wichtigster Lebens- und Organisationszweck ist. Wenn man nach einer positiven Deutung sucht, so kann man sagen, daß die Legitimation, für alle Arbeitnehmer zu sprechen, bei den Gewerkschaften immer weniger bloß aus der Quantität der Organisierten abgelesen werden kann, solange die nichtorganisierten »Trittbrettfahrer« die Vergünstigungen, die ihnen die Organisationen bieten, positiv würdigen und die Opfer, die sie verlangen, unenthusiastisch, aber loyal erbringen.

Untersuchungen der politischen Partizipation zeigen ferner, daß die Gruppenmitgliedschaft der Individuen abhängig ist vom Einkommen, der Beschäftigung, der Erziehung und anderen Indizes des sozialen Status. In den USA hat eine Umfrage ergeben, daß über die Hälfte der Befragten in *pro-*

fessional households drei oder mehr Gruppenmitgliedschaften angaben, während nur 5 % der Haushalte ungelernter Arbeiter eine Organisationsaffiliation angeben konnten. Im einzelnen ergaben sich folgende Zahlen:

Zahl der Mitgliedschaften	*professional*	*business*	Kleriker-Berufe	gelernte Arbeiter	ungelernte Arbeiter	Bauern
keine	19 %	25 %	32 %	35 %	43 %	41 %
eine	14 %	33 %	36 %	33 %	36 %	33 %
zwei	14 %	18 %	18 %	21 %	16 %	11 %
drei oder mehr	53 %	24 %	14 %	11 %	5 %	15 %

(Mit kirchlichen Organisationen, aber ohne Kirchenzugehörigkeit; 324, S. 502)

Selbst in einem Volk von *joiners* wie in Amerika ist die *potentielle Mitgliedschaft,* die nicht in ihre Interessenorganisationen eintritt, vergleichsweise hoch. Man hat versucht, eine Korrelation zwischen Statusbedrohung und Organisationsgrad herzustellen. Aber auch die Bauern, denen man in der Zeit der Industrialisierung und der immer größeren Bedrohung der kleinen Betriebe einen hohen Organisationsgrad nachsagt, sind nicht alle organisiert. Key schätzt, daß ein Drittel der Farmer-Haushalte in keiner Organisation sind. Der Wright-Hyman Report (296, S. 294) zeigte Korrelationen auf zwischen Organisationsgrad und Religion (den höchsten Organisationsgrad wiesen die Juden auf, den niedrigsten die Katholiken), zwischen Organisationsgrad und sozioökonomischem Status und städtischer Lebensweise (die höheren Statusgruppen und Stadtbewohner wiesen einen höheren Organisationsgrad auf) und zwischen Organisationsgrad und Familienstand (Familien mit Kindern hatten einen höheren Organisationsgrad als Ehepaare ohne Kinder oder Ledige). Es bestand nach allen Umfragen ein eindeutiger Zusammenhang zwischen Organisiertheit und politischer Partizipation. Die Mitglieder von Gewerkschaften bis zu Bauernverbänden partizipieren reger am politischen Leben, vor allem bei Wahlen. Auch der Umkehrschluß läßt sich ziehen: jede politische Gruppe mit höherem Einfluß war durch eine hohe Zahl der Gruppenmitgliedschaften gekennzeichnet (324, S. 508).

Europäische Verbandsstudien haben bisher meist nur die Verbandsmitglieder befragt. Die Messung des Organisierbarkeitsgrades für einzelne Organisationen müßte jedoch nach amerikanischem Vorbild sich stärker den Umfragen bei der nichtorganisierten Bevölkerung zuwenden. In der Umfrage unter der Leitung von Schmölders gaben 40 % aller Verbände einen Organisationsgrad von über 90 % an, 75 % sprachen von einem sechzigprozentigen Organisationsgrad, 67 % der Verbände des »öffentlichen Sektors« sind zu hundert Prozent organisiert, vor allem auf Grund von Zwangsmitgliedschaften. Die Verbände von Industrie und Handwerk wiesen einen hohen Organisationsgrad, die Berufsverbände und Gewerkschaften dagegen einen niedrigen Organisationsgrad (0–60 %) auf (142, S. 91). Solche Erscheinungen werden mit der Streuung der Wohnsitze und dem Individualismus der Handwerker erklärt.

Die Unterschiede der Organisierbarkeit hängen mit dem Grad der Homogenität der Interessen zusammen. Bauern mit sehr verschiedenen Betriebsgrößen (etwa in Ländern, wo viele Nebenerwerbssiedlungen einem zahlreichen Großgrundbesitz gegenüberstehen) sind schwerer organisierbar als die Bauern in Ländern, in denen mittlere Betriebsgrößen vorherrschen, wie heute in der Bundesrepublik. Die amerikanischen Getreidebauern, Viehzüchter oder Plantagenbesitzer haben nur selten ein einheitliches Interesse. Die Zersplitterung des bäuerlichen Verbandswesens war die notwendige Folge. Bei starker religiös-weltanschaulicher Gruppenfragmentierung kann sogar die Religion maßgebend für die getrennte Organisation einzelner Interessen sein, die von der Erwerbsstruktur her gesehen keine großen Unterschiede aufweisen, wie die Gewerkschaften und andere Verbände in Holland, die zum Teil dreifach: protestantisch, katholisch und sozialistisch organisiert sind und dazu beitrugen, daß ziemlich isolierte Subkulturen im Volk entstanden.

Am uneinheitlichsten und daher am schwächsten sind die Verbraucherverbände, da es kein einheitliches Verbraucherinteresse gibt. Verbraucherverbände haben keine natürlichen Sammlungspunkte wie Gewerkschaften oder Unternehmerverbände. Verbraucherstreiks haben sich kaum je als wirksames Mittel bewährt, und selbst Verbraucherorganisationen, die einer Partei nahestehen, sind oft gespalten. Die Verbraucherorganisationen Englands, die der Labourparty nahestehen, haben in der Partei zum Beispiel nicht die gleiche Freihandels- und Antiprotektionspolitik zu vertreten gewagt wie in der Öffentlichkeit (178, S. 122). Schwach ist auch der Einfluß der Mieterverbände (67, S. 10). Bereiche mit wenigen und großen Betrieben sind leichter organisierbar als Bereiche mit vielen Kleinbetrieben, Fachverbände leichter als überfachliche Interessen, und wirtschaftliche Interessen sind leichter organisierbar als ideelle (142, S. 95). Der Versuch in einigen Ländern, nach dem Zweiten Weltkrieg – aus den Erfahrungen der Aktionseinheit im Kampf gegen den Nationalsozialismus – Einheitsgewerkschaften zu gründen, gelang nur partiell. In der Bundesrepublik hat sich die Dachorganisation des

DGB für die Vermeidung wilder Streiks und unkoordinierter Aktionen positiv ausgewirkt, wurde aber mit dem Nachteil erkauft, daß die Heterogenität im Inneren zunahm. Der Gruppeneinfluß ist nicht proportional der Mitgliederzahl. Nicht die »bloße Masse« der Vertretenen fällt politisch ins Gewicht, sondern das, was Eckstein (172, S. 34) »den politisch effektiven Umfang einer Gruppe« nennt, die Fähigkeit, das quantitative Gewicht qualitativ im politischen Prozeß zur Geltung zu bringen. Auch der Organisationsgrad hat nur partiellen Einfluß. Kleine, lose organisierte Gruppen können dank skrupelloser und gezielter Praktiken (Korruption, Patronage) stärkeren Einfluß ausüben als große, organisierte und dauerhafte Gruppen (292, S. 114). Viele Verbände streben weder nach fester Organisation noch nach Dauer. Besonders in den USA, wo die Struktur und Adressaten der Verbände vielfältiger sind als auf dem Kontinent, werden häufig für bestimmte Gesetzesvorlagen temporäre Arbeitsgemeinschaften gebildet, die gleichwohl einflußreich sind.

d) *Die Finanzkraft der Verbände*

Arbeitgeber- und Industrievereinigungen erscheinen allen anderen an Finanzkraft überlegen. Gleichwohl wäre es ein vulgär-marxistischer Irrtum, die Finanzstärke mit Einfluß gleichzusetzen. Die Verbände der sozial Schwachen haben durch umsichtige Beitragspolitik und gute Anlage zum Teil Vermögen angesammelt. Einige große Gewerkschaften sind selbst zu Unternehmern großen Ausmaßes geworden. Aber gerade die mitgliederstarken Gewerkschaften haben zunehmend Kassierungs- und Kontrollprobleme und versuchen zur Erhaltung ihrer Finanzkraft angesichts steigender Konflikthäufigkeit das archaische System der Hauskassierer durch ein zentralisiertes Kassierungssystem unter Einsatz von Datenverarbeitungsanlagen zu ersetzen (105, S. 152 f.). Finanzkraft von Verbänden schafft Vorteile beim »Kauf von *goodwill*« einflußreicher Personen (172, S. 34) bei der Werbung für die eigenen Ideen, bei der Unterstützung von Parteien und Kandidaten. Aber nicht für alle Verbandsziele braucht man gleich viel Geld. Arme Verbände können bei der Unterstützung von Parteien und Wahlkämpfen nicht konkurrieren und dennoch über andere Adressaten ihres Druckes einflußreich sein. Auch ideelle Förderverbände, die sehr arm waren, haben durch geschicktes *fund raising* große Summen zusammenbringen können, besonders in Amerika, wo Großindustrielle ein stärkeres Mäzenatentum entwickelt haben als in Europa, wo man mehr daran gewöhnt ist, für wichtige Aufgaben nicht an den Opfersinn der Bürger, sondern an die Hilfe des Staates zu appellieren. Die amerikanische ›Anti-Saloon League‹ als Avantgarde der Prohibitionsbewegung hatte nach armen Anfängen unter mittellosen Dorfgeistlichen auf dem Höhepunkt der Kampagne 2,5 Millionen Dollar jährlich zur Verfügung. Rockefeller zahlte nicht unerhebliche Summen, obwohl sein finanzieller Einfluß in der Organisation vermutlich übertrieben worden ist (263, S. 181). Von der Möglichkeit, mit ideellen Zwecken Geld zu sammeln, haben selbst betrügerische Organisationen immer wieder mit Erfolg Gebrauch gemacht. Eine vorgebliche »Bundesvereinigung für Kriegsopferfürsorge«, die vor dem Gericht nicht einmal 20 Mitglieder nachweisen konnte, hat binnen 6 Wochen 8000,- DM Spenden gesammelt und flog erst auf, als die Polizei feststellte, daß im Haus des Initiators eines Hausierernetzes nächtliche Orgien gefeiert wurden (127, S. 78 f.).

Mit zunehmender Finanzkraft kommen auch »promotional groups« in die Zwangslage, materielle Interessen fördern zu müssen, und werden anfällig für Korruption, Unterschlagung und unsaubere Methoden bei der Durchsetzung ihrer Ziele. Das ist etwa im Fall des leitenden Funktionärs Robinson von St. Louis auch der ›Anti-Saloon League‹ nicht erspart geblieben.

e) *Die Qualität der Führung der Interessengruppen*

Auch die Qualität der Führung von Interessengruppen ist für die Durchsetzungskraft mitentscheidend. Die Art der Rekrutierung der Verbandsführungen ist nicht allein von den Präferenzen des Verbandes und seiner Ideologie für bestimmte Führertypen bestimmt. Solange in der Bürokratie die Verhandlungspartner vorwiegend Juristen sind, müssen auch die Verbandsführer juristische Kenntnisse haben. Max Weber hat geradezu ein Monopol der Juristen in der Vertretung von Interessen angenommen: »Eine Sache für Interessenten wirkungsvoll zu führen, ist das Handwerk des geschulten Advokaten.«[31] Das braucht nicht für alle Zeiten zu gelten. Mit dem Eindringen von Sozialwissenschaftlern in die moderne Bürokratie, die sich immer weniger als Ausführungsorgan von Normen, welche die Legislative setzte, versteht und immer mehr planende Daseinsvorsorge betreibt, wird der Advokat als vorherrschender Typ des Interessenvertreters abgelöst.

In den Gewerkschaften, die stark von einer syndikalistischen Ideologie geprägt sind, herrscht bis heute ein Mißtrauen gegen Akademiker und Intellektuelle in den Führungspositionen der Verbände. Dennoch können selbst solche

31 Max Weber: Politische Schriften. Tübingen 1958, S. 512.

Interessengruppen in der Regel nicht die gesamte Führung aus den Reihen der einfachen Mitglieder rekrutieren. Auch die Gewerkschaften mußten sich partiell den Adressaten ihrer Forderungen anpassen. Das Ergebnis war in Amerikas weniger dogmatisch orientierten Gewerkschaften eine Mischung von charismatischen, patrimonialen und bürokratischen Formen der Verbandsführung (290, S. 276). Wo die Herrschaft der organisationseigenen Karrieristen ungebrochen blieb, haben sich die Gewerkschaften wenigstens einzelne Experten von außerhalb geholt: Juristen, Volkswirte und Ingenieure. Zum Teil hatten diese jedoch nur eine Funktion im Verkehr mit der Außenwelt, und die Organisationsleitung betrachtete ihre Mitarbeit unter dem Aspekt des *window dressing*, um das Prestige des Verbandes nach außen und bei Verhandlungen mit gegnerischen Interessenten zu heben. Von einem Organisationsboß wird die Anekdote erzählt, daß er seinen Experten nur zweimal im Jahr beanspruchte: Einmal bat er ihn, billig eine Encyclopedia Britannica als Schaustück für seine Wohnung zu kaufen, und ein andermal hieß er ihn, einen wissenschaftlichen Leitartikel zu verfassen (290, S. 35). In vielen Organisationen versucht man, auch die Experten für Lobbyismus, Ingenieurswesen, für soziale Probleme, journalistische Arbeit oder wissenschaftliche Forschung ebenfalls aus den eigenen Reihen zu rekrutieren und die Experten ganz durch *rank and file*-Karrieren abzulösen (290, S. 219). Verbandseigene Ausbildungsstätten, wie sie vor allem die europäischen Gewerkschaften aufgebaut haben, dienen diesem Zweck. Ein großer Teil jener politischen Fertigkeiten, die man in Gewerkschaften braucht, werden ausschließlich in der Organisation selbst erworben. Diese Fertigkeiten variieren je nach Organisationstyp. Tylers (329, S. 258) Studie verglich den Gewerkschaftsführer mit einem Priester in frühen Kulturen, der eine Reihe von Mysterien verwaltet und von dem so verschiedene und oft unvereinbare Fähigkeiten wie Verhandlungsgeschick, Rednertalent, Organisationsfähigkeit und ideologischer Einfallsreichtum verlangt werden. In den meisten Gewerkschaftsstudien wird der stark praxisbezogene Charakter der Ausbildung hervorgehoben (288, S. 9). Zahl und Rekrutierung der Organisationsführung sind nicht nur vom Adressaten des Einflusses und den Organisationsbedürfnissen des Verbandes abhängig. La Palombara (224, S. 158) hat auch Korrelationen zwischen ökonomischer Stärke und dem Umfang der bürokratischen Führung festgestellt. Die Zahl der Funktionäre wächst keineswegs in allen Organisationen proportional zur Mitgliederzahl. Organisationen bis zu 50 000 Mitgliedern hatten durchschnittlich fünf Funktionäre. Die Zahl verdoppelte sich bei einer Mitgliederzahl zwischen 50 000 und 250 000 und verdoppelte sich abermals beim Anwachsen auf eine Größe zwischen 250 000 und 500 000 Mitglieder. Nicht alle Organisationen weisen die gleiche Durchschnittszahl der Beschäftigungszeit auf. In englischen Gewerkschaften hat man eine rasche Rotation der »officers« und »committee members« festgestellt; in Industrie- und Berufsorganisationen gibt es nicht wenige führende Funktionäre, die nicht die ganze Zeit für den Verband arbeiten (175, S. 181). Große Industriebetriebe können ihr Übergewicht in den Interessenvertretungen teilweise noch dadurch vergrößern, daß sie qualifizierte Führungskräfte für die Verbandsarbeit freistellen und delegieren können[32]. Andere Probleme der Führungsauslese haben die Vertretungen status-bewußter Intellektuellen-Berufe, die den hauptberuflichen Funktionär nur ausnahmsweise kennen und in denen es keinen wirklichen Außenseiter geben kann, wie Ärzte- oder Advokatenverbände. Untersuchungen etwa in amerikanischen Ärzte-Verbänden ergaben, daß die Delegierten in den Führungsgremien selten mehr als 6–7 Jahre dienten, und zeigten, daß die Institutionen keineswegs von kleinen Gruppen völlig monopolisiert waren und daß immer wieder neue Männer mit neuen Ideen und sogar gelegentlichen Protestbewegungen nach oben kamen (269, S. 30, 45). Bei den führenden Positionen – etwa den Präsidentschaften – ringen oft Männer um Einfluß, die sich in ihrem Beruf nicht besonders profiliert haben und von einem solchen Posten einen Prestige-Zuwachs und eine Verbesserung ihrer Praxis erhoffen. Es gelangen jedoch auch Männer an die Spitze von Organisationen, die bereits als berufliche Kapazitäten gelten und von denen man nicht so sehr besondere Führungsqualitäten erwartet als den Prestigewert, den sie mit ihrem Namen für die Organisation darstellen können (269, S. 64 ff.). Über die Güte der Führung kann man daher nicht für alle Interessengruppen Verallgemeinerungen wagen. Je nach dem Sektor oder dem Rang in der Einkommens- und Statushierarchie, dem eine Gruppe zugeordnet werden kann, je nach Einflußstrategien und Adressaten erwachsen andere Anforderungen an die Führung. Zum Kummer aller Wissenschaftler, die sich um eine Verbesserung der innerverbandlichen Demokratie bemühen, läßt sich bisher nicht nachweisen, daß eine autokratische Führungsform zugleich zur Vernachlässigung der Interessen der Mitglieder führt (158, S. 109). Ebensowenig läßt sich jedoch belegen, daß wachsende Partizipation der Mitglieder, die Führung von Verbänden notwendigerweise leistungsschwächer werden läßt.

32 H. Hartmann: Authority and Organization in German Management. Princeton 1959, S. 226.

2. Äußere Faktoren

a) Die Stellung der Verbände in der Rechtsordnung

Das Echo, das eine Verbandsideologie in der Öffentlichkeit findet, und die Legitimität, die ein Interesse im Bewußtsein der wichtigsten Sektoren der öffentlichen Meinung erlangt, schlägt sich auf die Dauer in einer rechtlichen Anerkennung der Sonderstellung nieder. In den Verfassungen der demokratischen Rechtsstaaten werden meist nur die sozialen Großverbände erwähnt. In Gesetzen und Geschäftsordnungen von staatlichen Organen wird dagegen in großem Umfang auf die Sonderstellung oder die Mitwirkungsrechte der Interessengruppen Bezug genommen. Die verfassungsrechtliche Anerkennung der Interessengruppen wird vor allem in den Staaten dringend, die im Gegensatz zum GG soziale Grundrechte gewährleisten, da diese meist gruppengebunden sind (Arbeiter und Bauern, Kinder, Mütter, Jugendliche und andere Gruppen), wie sie vor allem in Verfassungen sozialistischer Länder erwähnt werden. Es besteht daher eine gewisse Spannung zwischen den liberalen Grundrechten und den sozialen Grundrechten, da letztere die Freiheit begrenzen und konkrete Pflichten erzeugen und Eingriffe des Staates herausfordern, die durch die liberalen Grundrechte gerade auf ein Minimum beschränkt werden sollen[33].

Die Verbände versuchen, die Sozialstaatlichkeit der modernen Verfassungen dazu zu benutzen, um ihre Status- und Mitwirkungsrechte immer weiter auszudehnen. In mehrfacher Hinsicht haben die Verbände heute schon eine rechtliche Sonderstellung (133, S. 50):

1. die Sonderstellung von einzelnen Verbänden (z. B. der Tarifpartner),
2. die legalisierte Anhörung im Gesetzgebungsverfahren, im Referentenstadium und in Hearings vor Ausschüssen (vgl. S. 173 ff.),
3. die Mitwirkung in Beiräten und Fachausschüssen (vgl. S. 176 ff.),
4. die Ausübung staatlicher Hoheitsaufgaben durch Interessenverbände,
5. die Sonderstellung bei der Rechtshilfe (z. B. Vertretung vor Gerichten).

Für das politische Durchsetzungsvermögen ist die Sonderstellung von einzelnen Verbänden in der Rechtsordnung entscheidend.

Die Tarifpartner

Die auffälligste Sonderstellung von Verbänden genießen in den meisten de-

33 Gerhard Leibholz: Strukturprobleme der modernen Demokratie. Karlsruhe ³1967, S. 130.

mokratischen Rechtsstaaten die Arbeitgeber- und Arbeitnehmerverbände: im Tarifvertragsrecht, Betriebsverfassungsrecht, Personalvertretungsrecht, vor Arbeitsgerichten und in Disziplinarverfahren. Je nach politischer Einstellung wird bei dieser Sonderstellung der beiden wichtigsten Verbändegruppen der Industriegesellschaft von »institutionalisiertem Klassenkampf« oder von »Sozialpartnerschaft« gesprochen. Es wird nicht selten von einer Gleichgewichtsideologie ausgegangen, die nur wenig Berechtigung in der sozialen Wirklichkeit hat. Häufig wird eine Forderung oder Maßnahme des Gegenspielers als Störung des »Gleichgewichts der Partner« und Gefährdung der Grundlagen der Tarifautonomie hingestellt (53, S. 134).

Historisch gesehen hatten die Arbeitnehmervertretungen in der Regel einen organisatorischen Vorsprung vor anderen Verbänden – die Arbeitgeberverbände waren oft nur die organisatorische Reaktion auf die Forderungen einer wohlorganisierten Arbeiterschaft[34]. Die Arbeitgeber hatten dagegen durch den Besitz der Produktionsmittel und den leichteren Zugang ihrer Vertreter zu den politischen Spitzenpositionen einen Machtvorsprung, den die Gewerkschaften durch eine militante Ideologie, durch straffe Organisation und durch die Anwendung bisher unbekannter Kampfmittel auszubalancieren suchten. Im Laufe dieses Kampfes änderte sich die Einstellung der Arbeitgeberverbände. Ihr Widerstand gegen die Arbeitnehmerorganisationen wurde in den zwanziger Jahren aufgegeben, und die Anerkennung des Tarifpartners setzte sich stärker durch[35].

Wichtigstes Aufgabengebiet der Tarifpartner ist die Festsetzung der Löhne und Gehälter (mit Ausnahme der Beamtengehälter) und die Regelung der Arbeitsbedingungen. Die rechtliche Privilegierung von Verbänden liegt darin, daß Tarifverträge Bestimmungen enthalten können, die auch für nichtorganisierte Minderheiten in der Arbeiterschaft bindend sind. In den meisten europäischen Ländern werden die Tarifverträge zwischen Gewerkschaften und Arbeitgeberverbänden geschlossen, nicht wie in den USA zwischen den Gewerkschaften und der Einzelfirma (257, S. 305). Die zentralen Verhandlungen der LO (Landesorganisationen i Sverige) mit der SAF (Svenska Arbetsgivareföreningen) hat die Zentralisierung der Verbandsorganisation und des Einflusses auf die Lohnpolitik stark gefördert (260, S. 110). Die Gewerkschaften haben meist ein Interesse daran, Tarifverträge auf möglichst niedriger Ebene abzuschließen, während die Arbeitgeberverbände auf mög-

34 R. Leckebusch: Entstehung und Wandlungen der Zielsetzungen von Arbeitgeberverbänden. Berlin 1966, S. 16.

35 Ebd., S. 140.

lichst zentrale Verhandlungen und Tarife für das ganze Land drängen (327, S. 154). Bei den wilden Streiks 1973 verschärften sich die Forderungen nach betriebsnaher Tarifpolitik bei den Arbeitern, während die Gewerkschaftsleitungen mit dem Argument, daß dies die Einkommensdisparitäten vergrößere, dem lokalen Druck ihrer Mitglieder nur punktuell nachgaben. In den USA bringt die Eigenart der Verhandlungen von Gewerkschaften mit Einzelfirmen besondere Heftigkeit des Arbeitskonfliktes mit sich (322, S. 434) und führt zu einer Benachteiligung der unorganisierten Arbeiter, wie sie in Europa nicht ihresgleichen hat. Hier lagen nicht nur Gefahren für die Beschneidung einiger Grundrechte durch Dritte, die von und gegenüber dem Staat geschützt wurden. Es war selbst in marxistischer Sicht die Gefahr gegeben, daß die Gewerkschaft allzu skrupellos nach ökonomischen Vorteilen für die organisierten Gruppen strebe und so zur »Arbeiteraristokratie« werde, welche die von Marx verlangte Einheit des politischen und ökonomischen Kampfes vergessen hatte. Daher weigerten sich die Gewerkschaften in einigen Ländern, an einer Erweiterung der Mitbestimmung zu arbeiten, weil sie sich die Hand für scharfe Lohnforderungen freihalten und nicht durch Mitverantwortung integriert werden wollten. Die steigende Macht der Gewerkschaften führte zum Bestreben des »closed shop«, einer Zwangsmitgliedschaft aller in einem Unternehmen Beschäftigten, weil die Gewerkschaften daran Anstoß nahmen, daß die Nichtmitglieder automatisch in den Genuß der von ihnen erkämpften Lohn- und Arbeitsvergünstigungen kamen. Leiserson hat einmal die These vertreten, daß der »closed shop« für amerikanische Gewerkschaften ein notwendiger Schutz gegen die Unterbietung der Minimallöhne durch Neueinwanderer gewesen sei. Die europäischen Arbeiter seien hingegen klassenbewußter und nicht solcher Konkurrenz ausgesetzt gewesen und hätten daher den »closed shop« weniger gebraucht. Einer der besten Kenner englischer Gewerkschaften, V. L. Allen (168, S. 52), hat dieser These mit dem Nachweis widersprochen, daß gerade nicht die schwächsten Gewerkschaften (deren Gefolgschaft bedroht schien, wie man nach Leisersons These vermuten müßte), sondern die stärksten Gewerkschaften den »closed shop« oder den »union shop« forderten, weil nur sie in der Lage waren, eine solche Forderung dem widerstrebenden Management aufzuzwingen.

Die Zwangsmitgliedschaft war nur in Zeiten der Vollbeschäftigung denkbar, als die Unternehmer nicht auf unorganisierte Arbeiter zurückgreifen konnten, wenn sie in Konflikt mit der Gewerkschaft gerieten. Gegen die gewerkschaftlichen Tendenzen entstand eine Bewegung für den »open shop«, der die Mitgliedschaft in amerikanischen Gewerkschaften fühlbar zurückgehen ließ. Dabei wurden sogar Spitzel (»labor spies«) eingesetzt, die sich gewerkschaftsfreundlich gaben, alle Organisationsmaßnahmen dem Management verrieten (314, S. 98). 1924 gab es weniger als 3,5 Millionen gewerkschaftlich organisierte Arbeiter – während 1920 schon rd. 5 Millionen geschätzt wurden (285, S. 585). Die Depression reduzierte die gewerkschaftlichen Mitglieder noch mehr, und 1933 waren es nur noch etwa 3 Millionen. Die Arbeitgeber gewannen wieder an Boden und ergriffen Maßnahmen, um die Arbeiter vom Beitritt zu Gewerkschaften abzuhalten. In vielen Fällen wurde vom Arbeiter verlangt, einen sogenannten »yellow-dog-Vertrag« zu unterzeichnen, in dem sich der Arbeitnehmer verpflichtete, keiner Gewerkschaft beizutreten. Erst 1932 ergriff der Kongreß Maßnahmen gegen diese Verträge und erklärte sie für »nicht einklagbar« (›Norris-La Guardia Act‹). Der ›National Industrial Recovery Act‹ von 1933 begünstigte die gewerkschaftliche Organisation ebenfalls. In der Zeit des »New Deal« – unter dem Schutz des ›Wagner Act‹ von 1935 – wuchs die Bewegung von 3,7 Millionen (1935) auf 9 Millionen (1940).

Dieser neue Machtzuwachs der Gewerkschaften führte zu einer abermaligen Gegenbewegung. Im Zweiten Weltkrieg wurde die Forderung nach einer Begrenzung monopolistischer Streiks und der monopolistischen Konzentration der Verhandlungsmacht der Gewerkschaften laut. Der ›Taft-Hartley Act‹ von 1947 begrenzte kollektive Verhandlungen mit mehr als zwei Arbeitgebern, die in Wettbewerb standen, wenn die Betriebe nicht in einem Radius von 50 Meilen Umkreis lagen oder weniger als 100 Angestellte hatten (285, S. 589). Ein weiterer Eingriff in die Tarifautonomie wurde durch die Festsetzung von Minimallöhnen vorgenommen, wie sie in Amerika seit dem ›Fair Labor Standards Act‹ von 1938 möglich wurde (285, S. 593).

Der ›Taft-Hartley Act‹ verbot »closed shops« in den USA, aber erleichterte »union shops«, außer wenn ein Staatengesetz dies verbot. Section 8, a, 3 lautet: »Nothing in this Act or in any other statute of the United States shall preclude an employer from making an agreement with a labour organization ... to require as a condition of employment membership therein or after the thirtieth day following the beginning of such employment or of the effective date of such agreement, whichever is the later« (168, S. 51).

Am krassesten zeigte sich der Versuch, die Macht der Gewerkschaften einzuschränken, in England. Eine von der Labourregierung eingesetzte Königliche Kommission zur Untersuchung des Gewerkschaftswesens legte im Donovan-Report erste Vorschläge zur Eindämmung der Streiktätigkeit vor. 1969 wurde das Weißbuch »In Place of Strife« publiziert, das zu schweren Konflikten zwischen der Labourregierung und einigen Gewerkschaften führte. Es war vorgesehen, daß das Arbeitsministerium vor offiziellen Streiks eine Urabstimmung erzwingen und vor inoffiziellen Streiks eine »Abkühlungsfrist« von 28 Tagen durchsetzen konnte (184, S. 44 ff.). Die Delegierten des außerordentlichen Gewerkschaftskongresses lehnten die Regierungsvorschläge mit großer Mehrheit ab, nahmen aber einen Reformplan der TUC an, in dem sich die Gewerkschaften in Fragen von Streik- und Lohnpolitik zur Selbstdisziplin verpflichteten. Die Regierung Wilson sah sich genötigt, den Entwurf für ein Gewerkschaftsgesetz zurückzuziehen, da Teile der Fraktion und des Kabinetts gegen die vorgesehenen Maßnahmen waren.

Die konservative Regierung unter Heath brachte 1971 einen »Industrial Relations Act« durch, der in der Disziplinierung der Gewerkschaften wesentlich weiter ging als die einstigen Pläne der Labourregierung. Tarifvereinbarungen wurden rechtlich verbindlich und gerichtlich einklagbar, eine entsprechende Klausel hatte die Labourregierung seinerzeit trotz der Forderung der Konservativen nicht in ihren Entwurf aufgenommen. Gewerkschaften unterliegen seither der Registrationspflicht. Eine »Kommission für industrielle Beziehungen« hat vor Konfliktfällen einen Schlichtungsversuch zu unternehmen. Wenn dieser fehlschlägt und offizielle Streikaktionen von den Gewerkschaften angedroht werden, kann der Arbeitsminister das oberste Arbeitsgericht anrufen, das den Konflikt für 60 Tage aufschieben kann, wenn die wirtschaftliche Lage, die öffentliche Ordnung oder die nationale Sicherheit bedroht erscheinen. Bei nationalen Notständen kann eine Urabstimmung unter den Gewerkschaftsmitgliedern vor Konflikten erzwungen werden. Einige der Disziplinierungsbestimmungen sind offenbar vom deutschen Arbeitsrecht inspiriert.

Im organisierten Kapitalismus gingen repressive Neuerungen meist Hand in Hand mit dem Versuch, die Integration der Gewerkschaften durch Ausbau ihrer Rechte und Partizipationsmöglichkeiten auf betrieblicher wie auf überbetrieblicher Ebene zu fördern. In keinem westeuropäischen Land ist dieser Versuch so erfolgreich wie in der Bundesrepublik gewesen, wo die Gewerkschaften überwiegend die Konzeption paritätischer Mitbestimmung an der Unternehmensleitung akzeptiert haben, wobei die besseren Einwirkungsmöglichkeiten durch partielle Nachteile wie »Schweigepflicht« der Arbeitervertreter im Aufsichtsrat, »Mitverantwortung« des Arbeitsdirektors für Entscheidungen der Geschäftsleitung und »Friedenspflicht« der Betriebsräte erkauft worden sind. In den westeuropäischen Ländern und in der Bundesrepublik sind die quantitativen ökonomischen Forderungen seit dem Ende der

60er Jahre zunehmend von qualitativen Forderungen nach Kontrollrechten ergänzt worden. Radikale Strategien des Neosyndikalismus sehen dabei die Arbeiterkontrolle nur als Übergangsstadium zur vollen Arbeiterselbstverwaltung der Betriebe an. In allen kapitalistischen Ländern wurden neue Kampfinstrumente geschaffen wie die Gewerkschaftssektionen in Frankreich, die Fabrikräte in Italien oder die relativ unabhängig von den Gewerkschaften auf der Basis des Vertrauens von überschaubaren Gruppen von Arbeitern operierenden shop stewards in England (98, S. 289). Selbst in der Bundesrepublik wurde der Drang nach verstärkter Autonomie von Subsystemen innerhalb der bürokratisierten Gewerkschaftsbewegung während der wilden Streiks 1969 und 1973 stärker. Es ist unwahrscheinlich, daß die Disziplinierungsversuche gegenüber den Gewerkschaften angesichts des wachsenden Engagements zur antikapitalistischen Strukturreform auf die Dauer von Erfolg sein können, und daß die Organisationen der Arbeiter sich auf den Klassenkompromiß des Konzepts der konfliktbereiten Tarifpartnerschaft langfristig gesehen festlegen lassen. Es hat weit eher den Anschein, als ob die Gewerkschaften den Konflikt zwischen Arbeit und Kapital als den dominanten wiederentdecken und sich nicht in die rechtlich begrenzte Rolle einer unter vielen Interessengruppen drängen lassen.

b) *Die Struktur des Regierungssystems*

Die Struktur des Regierungssystems ist ein wichtiger Faktor bei der Wahl der Adressaten und der Strategien der Beeinflussung. Vergleichbare Maßstäbe für den Einfluß des Regierungssystems geben nur die funktionierenden westlichen Demokratien. Dennoch darf man nicht unterstellen, daß es in den sozialistischen Ländern und den politischen Systemen der Entwicklungsländer kein Äquivalent für die Interessengruppen gäbe. Sie sind jedoch mit anderen Methoden und Begriffen zu untersuchen.

Repräsentative Demokratien

Die Regierungsstruktur verschiedener westlicher Verfassungsstaaten schafft unterschiedliche Bedingungen für das Wirken der Interessengruppen. Der Versuch, Korrelationen zwischen der Macht der Verbände und den Regierungsformen festzustellen, fiel meist recht schematisch aus. Samuel Beer (132, S. 3) behauptete einmal, daß die Pressure-groups in Großbritannien einflußreicher seien als in Amerika. Auch der westdeutschen »Kanzlerdemokratie« (zuweilen noch durch den Zusatz »pluralistisch« gekennzeichnet) hat man eine besondere Anfälligkeit für Gruppendruck nachgesagt. Für das dualistische präsidentielle System Amerikas hat H. J. Laski einst behauptet, daß es eine größere Anfälligkeit für einseitige Verbandseinflüsse aufweise als das parlamentarische System. Der starke Lobbyismus in den USA war jedoch nicht so sehr von der dualistischen Verfassung als von der Art der Beamtenrekrutierung begünstigt. Seit das alte »Beutesystem« der parteilichen Ämterpatronage einem modernen, mit Spezialkenntnissen ausgebildeten »civil service« Platz machte, lassen sich solche Verallgemeinerungen über die Möglichkeiten der Verbände im präsidentiellen Regierungssystem nicht mehr halten. Ebenso häufig ist in der Literatur die umgekehrte Verallgemeinerung vorgenommen worden: Man bekämpfte das parlamentarische System mit dem Argument, die enge Verbindung von Exekutive und Legislative und die daraus resultierende Machtkonzentration in den Händen der Regierung begünstigte den Gruppeneinfluß im Vergleich zu dualistischen Systemen. Generell läßt sich jedoch nur behaupten, daß in vielen parlamentarischen Systemen die Exekutive Hauptadressat der Pressure ist. Daraus jedoch zu schließen, es gäbe keinen Parlamentslobbyismus, ist nicht für alle Länder richtig. Für Schweden hat man nachgewiesen, daß der Lobbyismus gegenüber der Volksvertretung eine geringe Rolle spielt, für Italien hat La Palombara (224, S. 213) jedoch festgestellt, daß die starke Exekutive und die Existenz disziplinierter Parteien gleichwohl Lobbyismus nicht ausschließt, wie »Schreibtischgelehrte« oft annehmen.

Der Streit um den Einfluß der Regierungssysteme auf die Macht der Verbände ist kein reiner Gelehrtenstreit; er hatte in verfassunggebenden Versammlungen und bei Verfassungsänderungen eine eminent praktische Bedeutung. Die Bewegung in Frankreich, die das Zwittergebilde der Fünften Republik zu einem voll-präsidentiellen System amerikanischen Musters hinentwickeln möchte, hat gerade die Einführung des amerikanischen Systems mit der These gefordert, ein volksgewählter Präsident könne unabhängiger vom Einfluß der Interessengruppen agieren[36]. Da de Gaulle jedoch noch eine stärkere Stellung als ein amerikanischer Präsident hatte, gewinnt die These nicht an Wahrscheinlichkeit. De Gaulle hat zwar seine Macht zuweilen zur Abwehr weitreichender Forderungen einzelner Verbände eingesetzt, gegen die großen Lobbies der Industrie, der Landwirtschaft und der EWG-Interessen-

36 Maurice Duverger: La VIe République et le régime présidentiel. Paris 1961, S. 24.

ten war jedoch auch er nicht immer entschlossen genug. Im übrigen hat die Entmachtung des Parlaments und der Parteien in der Fünften Republik zu einer Verstopfung der Kommunikationskanäle zwischen den Verbänden und den Zentren der Macht geführt und dazu beigetragen, daß der Protest sich verstärkt außerparlamentarisch Luft machen mußte, da nicht alle Interessenvertreter ständigen Zugang beim Präsidenten hatten.

Alle Generalisierungen über den Einfluß der Verbände in einzelnen Systemen lassen sich nicht halten. Einerseits wird die zunehmende Macht der Verbände oft mit der Machtkonzentration an der Regierungsspitze im modernen Daseinsvorsorgestaat erklärt, andererseits wird oft von den gleichen Autoren vorgeschlagen, den »Teufel« mit »Beelzebub« auszutreiben. In der konservativen deutschen Staatsrechtslehre von Carl Schmitt bis Werner Weber hat die starke Exekutivspitze immer als notwendiges Gegengewicht gegen die dispersiven Tendenzen der pluralistischen Gesellschaft gegolten. Im Weimarer System wurde das Argument zur Stärkung der Befugnisse des Reichspräsidenten eingesetzt. Noch heute finden sich in der Verbandsforschung Sätze wie: »Eine vergleichende Untersuchung der leistungsfähigen Demokratie der westlichen Welt vermittelt den Eindruck, daß die pluralistische Verbandsgesellschaft als Gegenpol eine langfristig amtierende und mit großer Autoritas ausgerüstete staatliche Spitze benötigt, z. B. Kanzlerdemokratie in der Bundesrepublik, Premier-Minister-Herrschaft in Großbritannien, Präsidialsystem in den USA« (69, S. 156). Der Ruf nach der starken und stabilen Exekutive erscheint dabei bereits losgelöst von der Entscheidung für ein bestimmtes Regierungssystem.

Die Macht der Verbände hängt von einer Vielzahl von Variablen ab, und die Struktur des Regierungssystems löst nur Verstärkungs- oder Abschwächungseffekte aus. Zu den Variablen, die mit dem Regierungssystem zusammenhängen, gehören:

1. Die Machtkonzentration in den USA in einem Amt wird durch die kleineren Machtkonzentrationen im Kongreß, in den Parteimaschinen und in den Staaten ausbalanciert.

Das »mißtrauisch« angelegte dualistische System der USA hat trotz des Machtzuwachses im Präsidentenamt noch heute keine einheitliche Machtquelle entstehen lassen. Der dispersiven Machtstruktur entspricht daher noch immer eine Vielfalt der Einflußkanäle und Machtansammlungen in Händen der Interessengruppen[37]. *Regierungssysteme* determinieren allenfalls den be-

37 Peter Woll: American Bureaucracy. New York 1963, S. 27.

vorzugten Adressaten des Einflusses, und hier kann man die Verallgemeinerung wagen, daß gewaltenteilig-dualistische Systeme mit Regierungen auf Zeit wie die Schweiz und die USA eine stärkere Tendenz entwickeln, das Parlament zum Hauptadressaten des Einflusses zu machen. In einigen dualistischen Staaten hat das sogar seinen verfassungsmäßigen Niederschlag gefunden. So setzt sich Art. 23bis der Schweizer Bundesverfassung für sehr spezielle Interessen ein: »Der Bund fördert den Anbau von Brotgetreide ... sorgt für die Erhaltung des einheimischen Müllereigewerbes, desgleichen wahrt er die Interessen der Mehl- und Brotkonsumenten.« Art. 31bis, 3. Abs. b erlegt dem Bund die Pflicht auf, »wenn das Gesamtinteresse es rechtfertigt«, Vorschriften zu erlassen – nötigenfalls in Abweichung von der Handels- und Gewerbefreiheit – »zur Erhaltung eines gesunden Bauernstandes und einer leistungsfähigen Landwirtschaft«. Es ist nicht verwunderlich, daß die Schweizer Staatsrechtler angesichts dieser pauschalen Bestimmungen in Auslegungsschwierigkeiten gerieten. Einmal konnten die verschiedenen Interessen, die dem Schutz des Bundes empfohlen waren, sich durchaus antagonistisch verhalten. Eine Maßnahme zur Förderung des Müllereigewerbes kann schädliche Auswirkungen für Brotkonsumenten haben. Zum anderen ließ sich schwer bestimmen, wann der Bund eine krisenhafte Gefährdung eines Wirtschaftszweiges als gegeben ansehen sollte. Einige vertraten die Ansicht, daß nur schwere Wirtschaftskrisen einzelner Branchen damit gemeint sein sollten, andere wollten schon »ungesunde Konkurrenzverhältnisse« als Interventionsgrund anerkennen (236, S. 12). E. Gruner (242, S. 68) hat mit Recht die Wirtschaftsartikel als »verhängnisvolles konservativ-statisches Denken« gebrandmarkt und auch für die Verbände keinen Vorteil in ihnen gesehen. Der Staatsrechtler Giacometti hat darüber hinaus noch von einer »Entthronung der Handels- und Gewerbefreiheit als verfassungsmäßiges Freiheitsrecht« gesprochen[38]. Die Spannung zwischen liberalen und sozialen Grundrechten wurde durch diese Amendments verschärft.

Ein zweites Beispiel für die Durchsetzungskraft der Verbände in der Legislative, das in parlamentarischen Verfassungen keine Parallele hat, ist das 18. Amendment zur amerikanischen Bundesverfassung von 1919 (das 1933 durch das 21. Amendment wieder aufgehoben wurde und die Herstellung, den Verkauf und den Transport alkoholischer Getränke verbot). Auch dieser ausgesprochene Verbands-Artikel zeigte die Macht einer Verbandsgruppe und der

38 Z. Giacometti – F. Fleiner: Schweizerisches Bundesstaatsrecht. Zürich 1965, S. 289.

Kirchen, vor allem der ›Anti-Saloon League‹. Solche Erscheinungen sind kein Beweis dafür, daß die Verbände generell mehr Macht in dualistischen Systemen als in parlamentarischen haben, sondern sind nur ein Beweis für die Macht der Verbände in den Legislaturen, im amerikanischen Fall vor allem in den Staatenlegislaturen, die das Amendment mit unerwarteter Schnelligkeit ratifizierten. In weniger als 14 Monaten kam die erforderliche Zahl der Staaten zusammen (263, S. 174), die das Amendment ratifizierten, während sonst vom Kongreß beschlossene Amendments oft Jahre brauchen oder in den Staatenlegislaturen völlig durchfallen. Damit war die Macht der Prohibitionsbewegung über die Staatenparlamente erwiesen.

2. Der *Föderalismus* ist eine wichtige Variable innerhalb des Regierungssystems, welche die Einflußpolitik determiniert. Die amerikanische Prohibitionsbewegung zum Beispiel ist durch die föderalistische Struktur der USA begünstigt worden. Man kann daher ihre Erfolge nicht dem Dualismus von Exekutive und Legislative allein zuschreiben. Für die USA ist sogar behauptet worden (73, S. 141), daß das »niedrige moralisch-berufliche Niveau einer großen Anzahl von Mitgliedern der Legislativen in den Gliedstaaten und ihr Mangel an Verantwortungsbewußtsein« den Einfluß der Pressure-groups notwendig verstärkt. Auch ohne solche vielleicht ungerechten Pauschalurteile muß man jedoch feststellen, daß auch die Einzelstaaten in föderalistischen Ländern einen Verstärkungseffekt bei der Durchsetzung bestimmter Interessen auslösen können.

Die Gliedstaaten in föderalistischen Gebilden werden mit Recht selbst immer mehr als Lobbyisten angesehen (318, S. 59). In der Bundesrepublik haben sie in den Ländervertretungen sogar organisierte Interessenvertretungen zur Verfügung. Mit Hilfe des Prinzips des »judicial review«, das in den meisten föderalistischen Staaten anerkannt ist, werden verfassungsrechtliche Streitigkeiten zwischen Bund und Staaten oft zum Deckmantel für Interessenkämpfe. Was als Organstreitigkeiten vor den ›Supreme Court‹ kommt, ist zum Teil nur verkappte Klage von Interessenverbänden.

Nicht jeder Bundesstaat schafft jedoch gleich günstige Bedingungen für die Gliedstaaten, zum Vehikel der Durchsetzung von Sonderinteressen zu werden. Je stärker einzelne Gliedstaaten in ihrem Budget abhängig vom Finanzausgleich, von Dotationen und »grants-in-aid« sind, um so geringer ist auch ihr Durchsetzungsvermögen gegenüber dem Bund und um so uninteressanter werden die Gliedstaaten als Adressat von Interessengruppen zur Durchsetzung von Sonderinteressen im Bund. In Australien sind die Staaten relativ schwach – im Vergleich mit Kanada oder den meisten Staaten der USA

(306, S. 313). Aber selbst in Australien haben einzelne Interessenten mit Hilfe der Einzelstaaten starken Druck ausüben können. Die west-australische Sezessionsbewegung von 1933 war von landwirtschaftlichen Interessengruppen völlig beherrscht.

Das Verhältnis der Verbände zu den Gliedstaaten im Föderalismus ist durchaus ambivalent. Einerseits versuchen die Gruppen, die Sonderrechte der Gliedstaaten bis zur Skrupellosigkeit auszunutzen, und verteidigen daher vorübergehend auch den Föderalismus, weil er einzelnen Interessen erlaubt, sich wenigstens regional durchzusetzen oder in einzelnen Staaten zu halten, wenn in einem Einheitsstaat längst gegen die Wünsche dieser Interessenten entschieden worden wäre. In Ländern mit starkem Kulturföderalismus haben bestimmte Verbände (wie die der Lehrer) überhaupt keine Bedeutung auf gesamtstaatlicher Ebene erlangt (172, S. 16). Andererseits wirken die Verbände durch ihre straffe Organisation zentralisierend auf den Föderalismus. Kleinere und schwächere Gliedstaaten fühlen sich durch den Einfluß der Verbände auf die Zentralregierung oft noch zusätzlich zur Ausübung der zentralen Staatsmacht bedroht. In der Schweiz etwa führte die Verbandszentralisation zu Klagen darüber, daß die Deutschschweizer durch diese Entwicklung Vorteile erlangten, da sich die Verbandszentralen vor allem in der deutschen Schweiz ansiedelten. Somit werde das Territorialprinzip des Schweizer Föderalismus verletzt (240, S. 23).

3. Eine dritte Variable, die bei der Beurteilung der Wirkung von Regierungssystemen auf die Durchsetzungskraft und die Methoden der Verbände bedacht werden muß, ist ein subjektiver Faktor. Es reicht nicht aus, die Kanalisation von Einflüssen objektiv zu analysieren, die eine Regierungsform erreichen kann. Es muß auch die *subjektive Auffassung der Gruppen von der Machtverteilung im System* mitbedacht werden. Schon die Forscher sind sich über die Machtstruktur im System nicht einig, noch weniger sind es die Gruppenführer, die keine großen Studien zum Regierungssystem anstellen können. Um so beachtenswerter ist der gesunde Sinn für Machtverhältnisse, um den mancher Forscher die Interessenvertreter beneiden könnte.

Für die Einschätzung der Regierungsstruktur und der geeignetsten Strategie für das eigene Interesse ist aber nicht allein der gesunde Menschenverstand einzelner Lobbyisten entscheidend. Die Analyse der Verbandsideologien und Befragungen von Verbandsleitern haben immer wieder ergeben, daß die Führer von Kirchen, Gewerkschaften oder Industrieverbänden sehr unterschiedliche Auffassungen von einem System haben. Arbeitervertretungen in der Zeit des Klassenkampfes, aber auch autoritäre Gruppen, welche die Unterprivilegierten auf der Rechten sammeln, haben oft eine so starke Verachtung für den bürgerlichen Parlamentarismus entwickelt, daß sie die Chancen zur Durchsetzung ihrer Wünsche über das Parlament oft zu gering einschätzten (49, S. 405).

Protestbewegungen unter Bauern und Intellektuellen hatten nicht selten eine so hohe Meinung von der Einigkeit des bürokratischen Establishments, daß sie ihre Aussichten, Brückenköpfe in der Bürokratie zu bauen, unterschätzten. Je näher eine Gruppe der Haltung der »großen Weigerung« steht und je undifferenzierter sie ein bestehendes System verketzert, je mehr sie sich durch solche Haltungen selbst marginalisiert, um so geringer wird ihr Einfluß auf staatliche Entscheidungen sein – nicht weil die Regierungsstruktur solche Einflüsse unmöglich macht, sondern weil ideologische Auffassungen eine nüchterne Analyse der Einflußmöglichkeiten verhindern. Die politikwissenschaftliche Forschung und die Auswertung ihrer Ergebnisse durch die Männer, die konkrete Politik machen, wird auch in diesem Punkt wachsende Bedeutung erlangen.

Politische Systeme der Entwicklungsländer

Die Entwicklungsländer, soweit es sich nicht um traditionelle und immobile Gesellschaften handelt, haben meist Formen westlich-demokratischer Regierungssysteme (wie das präsidentielle oder parlamentarische System) übernommen und versucht, diese mit einigen Elementen der sozialistischen Staatsauffassung zu verbinden. Beide Komponenten prägen jedoch das politische System weniger als die den Formen und ideologischen Parolen zugrunde liegenden Gesellschafts- und Gruppenstrukturen. Einige der 17 Elemente, die L. Pye (337, S. 657 ff.) für die *nichtwestlichen politischen Prozesse* als typisch herausgestellt hat, betreffen die Strukturen und die Einflußmöglichkeiten von Interessengruppen:

1. Die *politische Sphäre* ist in Entwicklungsländern von den sozialen und persönlichen Beziehungen nicht sehr scharf abgegrenzt. Macht, Prestige und Einfluß basieren in solchen Gesellschaften auf dem Status. Der politische Kampf geht weniger um alternative Konzepte der Politik, als um Fragen des Prestiges und des Einflusses von Eliten und politischen Cliquen. Die Eliten sind wesentlich homogener als in westlichen Ländern. Die Interessengruppen sind daher weniger geeignet, zum organisatorischen Stützpunkt der Macht von Gegeneliten zu werden. Die Identifikation mit einzelnen Gruppen ist stärker als die Identifikation mit ideologisch untermauerten Gruppenzielen.

Verbandsideologien haben daher in solchen Ländern weniger Gewicht.

2. Es existiert *kein einheitliches Kommunikationssystem*. Der politische Prozeß ist bestimmt von lokalen, regionalen, ethnischen oder religiösen Eigenarten einzelner Gruppen, zwischen denen es nur eine geringe horizontale Kommunikation gibt und die auch nur eine begrenzte vertikale Kommunikation zu den Machtzentren der Zentralregierung haben. Die Primärgruppen, die für die Gruppenbildung in westlichen Demokratien abnehmende Bedeutung haben, besitzen in Entwicklungsländern noch weitgehend die Loyalität der Bürger.

3. In Entwicklungsländern gibt es daher *wenig organisierte Interessengruppen* im Sinne westlicher Demokratien mit spezialisierten Rollen. Zwar gibt es zahlreiche Gruppierungen, aber ihre Ziele sind diffus, ihr Unterschied zu politischen Parteien und Elite-Cliquen ist wenig ausgeprägt. Wenn man mit Blanksten (334, S. 671) *»institutionelle«*, *»assozionelle«* (organisierte Gruppen, die außerhalb des politischen Systems stehen) und *»nicht-assozionelle Gruppen«* (potentielle Gruppen mit vorwiegend latenten Interessen, die sich um Symbole wie Status, Klasse, Ethnos, Großfamilie, Stamm oder Region sammeln) unterscheidet, so überwiegen in den meisten Entwicklungsländern die beiden letzten Gruppenarten.

Die bestorganisierten Gruppen, wie Gewerkschaften oder Bauernverbände, sind nicht spontan in der Gesellschaft entstandene Gruppierungen, sondern oft von der Regierung ins Leben gerufen. Sie dienen vornehmlich der Kommunikation von oben nach unten als Transmissionsriemen für Entscheidungen der herrschenden Elite. In Entwicklungsländern, die stark von ausländischem Kapital beherrscht werden, sind die Gewerkschaften, soweit sie ein vom Staat losgelöstes Eigenleben führen, zum Teil nur die Organisation von »Arbeiteraristokratien« im marxistischen Sinne. Die ausländischen Firmen entschädigen ihre Belegschaft durch Anteil an den Gewinnen mit hohen Löhnen und festigen so das Interesse am Status quo gegenüber der Menge des ländlichen und städtischen Proletariats, das in vielen Ländern deutliche Züge der Gruppe trug, die in der marxistischen Terminologie allzu wegwerfend »Lumpenproletariat« genannt wird. In solchen Gesellschaften besteht der größte Anreiz zur Bildung protektiver Organisationen, die ihre Rolle jedoch vornehmlich statisch-abschirmend verstehen. Nicht allgemeine politische und wirtschaftliche Ziele werden diskutiert und die Auseinandersetzung mit Gegeninteressen bleibt gering, sondern es werden lediglich Sonderprivilegien von der Regierung erwartet. In Gesellschaften, wie Indien, wo das Kastensystem und die ethnische Verschiedenheit das politische Leben noch immer prägen, ist die Interessengruppentätigkeit besonders stark auf das »Unterlassen« der Aktivitäten der Regierung ausgerichtet. Die Interessengruppen werden so zum stärksten Hemmschuh der Modernisierung in solchen Ländern (336, S. 216). Die Wirtschaftsplanung, zu denen die modernisierenden Entwicklungsländer immer mehr greifen, erscheint nicht selten durch die Gruppeneinflüsse bedroht. Der Staat hat in Indien zunehmend zur Zwangsschlichtung greifen müssen, um nicht durch zu erbitterte Arbeitskämpfe die Planungen gegenstandslos zu machen (336, S. 218).

Neben den wenigen artikulierten und organisierten Interessen bestehen eine Fülle von latenten Interessen, die ihre Vertretung mehr durch informelle Kanäle suchen als durch Benutzung der institutionellen Kanäle, die das politische System bereitstellt. Selbst in westlichen Ländern wie Italien ist der Grad politischer Sozialisation noch so gering, daß auch die Form des Interesseneinflusses noch keine normale Haltung der politischen Partizipation ist (224, S. 65). Wo die Gruppenfragmentierung noch stärker und die Kommunikation zwischen den Gruppen noch schwächer ist, verstärkt sich die Tendenz, soziale Konflikte durch »anomische Gruppen« auszutragen, durch spontane Massenaufläufe, durch »Pronunciamientos«, durch »Action directe«.

4. Es gibt in den meisten Entwicklungsländern keine politischen Gruppen, die sich als *politische Makler im Interessenkampf* verstehen. Die verschiedenen Interessen prallen viel schärfer aufeinander, und die Konfliktaustragsmuster sind noch häufig an den Verhaltensweisen alter Stammes- und Völkerkämpfe orientiert. Da die Regierungsform noch weit mehr formaler Überbau ist als in westlichen Demokratien, haben die Interessengruppen wenig gemeinsame Verhaltensweisen und Sinn für prozedurale Regeln des institutionalisierten Konfliktaustrags, der in westlichen Demokratien gerade stark fragmentierte Gesellschaften auszeichnet, wie etwa die Niederlande und jene politischen Systeme, die man unter dem Begriff »Konkordanzsysteme« zusammenzufassen versuchte (vgl. S. 83 ff.).

5. In Entwicklungsländern sind die Gruppen weit mehr als in Industriestaaten *von der nationalen Partei* beherrscht oder von der Bürokratie, die ihr Hauptadressat ist, *manipuliert*. Die wirtschaftlichen und ethnischen Gruppen können sich von diesen Verklammerungen noch am ehesten freihalten (336, S. 216 f.).

Solche Unterschiede zwischen Entwicklungsländern und westlichen Demokratien dürfen jedoch nicht allzu schematisch gesehen werden. La Palombara hat in seinem Aufsatz über den Nutzen der Interessengruppentheorie in nichtamerikanischen Forschungsgebieten nachgewiesen, daß schon kontinental-europäische Länder einige Eigenarten aufweisen, die das amerikanische Konzept des Interessenpluralismus und des Gleichgewichts der Kräfte nicht anwendbar erscheinen lassen. Ein Gleichgewicht fehlt in Entwicklungsländern nicht nur bei den politischen Kräften, da meist eine nationale Bewegung ein Monopol besitzt, auch wenn formell ein Vielparteiensystem besteht, wie in Indien oder Mexiko. Es fehlt auch der dazugehörige Eliten- und Organisationspluralismus, und es fehlt sogar der Methodenpluralismus bei der Einflußnahme, der vor allem das amerikanische System auszeichnet. Selbst in europäischen Ländern ist die Bürokratie oft Hauptadressat des Druckes, eine Eigenart, die erst recht für Entwicklungsländer kennzeichnend ist. Die Bürokratien in Entwicklungsländern und Staaten, die von traditional geprägten Gesellschaften sich zu modernen Industriestaaten wandeln, entwickeln ein beträchtliches Geschick, die Interessengruppen zu manipulieren, Klientel-Gruppen einzubauen und auf diese Weise eine wirkungsvolle Immunisierungsstrategie anzuwenden (55, S. 429).

6. Da die Subsysteme des politischen Systems in Entwicklungsländern ein eigenständigeres Leben führen, treten auch die *Teile des Staatsapparates* viel stärker *selbst als Pressure-groups* auf, als dies in westlichen Demokratien der Fall ist. Die Bürokratie, das Militär, die mit dem Staat eng verflochtene Kirche (etwa in Lateinamerika) sind selbst die stärksten Interessengruppen.

Auch wenn man in vielen Entwicklungsländern nicht von Interessengruppen im Sinne westeuropäischer oder angelsächsischer Demokratie sprechen kann, haben sie ihr funktionales Äquivalent. Sie müssen jedoch mit ganz unterschiedlichen Methoden studiert werden, und je weniger entwickelt eine Demokratie in Europa ist, um so mehr muß die politische Soziologie (abgesehen von der formellen Verfassung und dem Regierungssystem) die Methoden der Entwicklungsländerforschung übernehmen.

Sozialistische Systeme

Das funktionale Äquivalent der Interessengruppen hat in sozialistischen Systemen Eigenschaften, die sowohl von westlichen Demokratien als von Entwicklungsländern abweichen. Durch die Einheit von Staat und Gesellschaft, die von der Kommunistischen Partei geschaffen wurde, ist die unabhängige Existenz von Gruppen in noch geringerem Maße möglich als in Entwicklungsländern oder in pluralistischen Demokratien. Im Gegensatz zu anderen Systemen gehen sozialistische Staaten in ihrem politischen Handeln von einem festgefügten Lehrgebäude aus, in dem die Interessengruppen ihren doktrinär fixierten Platz haben. Während die alten Demokratien und die Entwicklungsländer sich erst unter dem Druck politischer Realitäten mit den verschiedenen Gruppen auseinanderzusetzen begannen, haben sozialistische Staaten vom Beginn ihrer Existenz an versucht, die Artikulation und Aggregation der Interessen zu planen und unter die Führung der Kommunistischen Partei zu stellen.

»Interessen« in der marxistischen Soziologie

Marx und Engels haben dem Problem der gesellschaftlichen Gruppen wenig Aufmerksamkeit geschenkt, da die politische Aktivität von Gruppen in einer komplexen Industriegesellschaft noch kein so aktuelles wissenschaftliches Problem war wie heute. Es ging ihnen jedoch um die Prädominanz des gesellschaftlichen Bereichs, und darum hat Marx in der ›Heiligen Familie‹ der Auffassung einiger Hegelschüler widersprochen, daß der Staat berufen sei, die auseinanderstrebende bürgerliche Gesellschaft zusammenzuhalten: »Die Naturnotwendigkeit also, die menschlichen Wesenseigenschaften, so entfremdet sie auch erscheinen mögen, das Interesse halten die Mitglieder der bürgerlichen Gesellschaft zusammen, das bürgerliche und nicht das politische Leben ist ihr reales Band« (MEW, Bd. 2, S. 128). Für Marx war es daher »politischer Aberglaube«, »daß das bürgerliche Leben vom Staat zusammengehalten werden müsse, während umgekehrt in der Wirklichkeit der Staat von dem bürgerlichen Leben zusammengehalten wird«. Dieser Ansatz zu einer pluralistischen Auffassung des Staatslebens wurde bei Marx in den Werken nach 1848 nicht weiterentwickelt. Die Klassendichotomie überschattete alle übrigen gesellschaftlichen Gruppierungen. Die marxistische Soziologie beschränkte sich darauf, die Abhängigkeit der gesellschaftlichen Sonderinteressen von den Interessen der Großbourgeoisie, die den Staat beherrschte, zu untersuchen, und machte Aussagen über die Mobilisierbarkeit von Sonderinteressen nichtproletarischer Gruppen im Kampf um einen Staat, der in die Hände des Proletariats gelegt werden sollte. Eine differenzierte Gruppentheorie entwickelte der Marxismus auch deshalb nicht, weil die Gruppentheorie des 19. Jahrhunderts vielfach unter der Bezeichnung »Stände« auftrat. Der Marxismus wehrte sich jedoch zu Recht gegen die Verwischung des Unterschiedes von Klassen und Ständen. Er übersah dabei, daß viele der Funktionen einstiger Stände von den Verbänden übernommen worden waren, ohne daß diese mit der Abhängigkeit von bestimmten Klassengruppierungen immer hinreichend erklärt werden konnten.

Als das »Proletariat« in der Oktoberrevolution die Macht übernommen hatte, trug der Bolschewismus den Sonderinteressen der Gesellschaft in mehrfacher Weise Rechnung: 1) durch die Übernahme des Rätesystems, das ideologisch stärker auf sozialrevolutionären und anarchistischen Gedanken basierte als auf marxistischen; 2) durch Konzessionen an nationale Gruppen im Föderalismus; 3) durch partielle Koalitionsfreiheit. Lenin und seine Mitarbeiter waren sich klar darüber, daß die Gesellschaft noch nicht hinreichend für die Ziele der bolschewistischen Partei gewonnen war und daß man die gesellschaftlichen Sonderinteressen nicht alle unterdrücken durfte. Die Konzessionen drückten sich in der Hervorhebung des Prinzips der *persönlichen Interessiertheit* (»zainteresovannost'«) aus. Gewissen Interessen, soweit sie nicht als »konterrevolutionär« galten, wurde erlaubt, sich in *gesellschaftlichen Organisationen* zusammenzuschließen.

Interessengruppen – gesellschaftliche Organisationen

Lenin (LW, 33, S. 50) propagierte 1921: »Es gilt auch, das Interesse jedes Spezialisten zu wecken mit dem Ziel, ihn an der Entwicklung der Produktion zu interessieren.« Über das Ausmaß, das die Organisation und Artikulation von Sonderinteressen annahm, zeigte er sich jedoch bald beunruhigt. Zunächst entschuldigte er das Volk, das nach jahrhundertelanger Presseknebelung und Assoziationsverboten in endlosen Versammlungen diskutierte. Er wollte dies dulden, machte jedoch klar, daß die Gruppierungen, die man in der NEP-Periode zuließ, keinen Anteil am politischen Entscheidungsprozeß haben sollten: »Mache Versammlungen, aber regiere ohne das geringste Schwanken, regiere mit festerer Hand, als vor dir der Kapitalist regiert hat.« Er bekannte sich zu eiserner Disziplin und notfalls zu Erschießungen (LW, 33, S. 51). Selbst in der NEP-Periode konnte unter dieser zwiespältigen Haltung kein dauerhaftes Verbandsleben entwickelt werden, das nicht von der Partei bevormundet war. Das stärkste Eigenleben führten die Gewerkschaften. Im Kampf gegen die Abweichungen und die Parteioppositionen wurde jedoch auch ihre Selbständigkeit gebrochen. In den dreißiger Jahren waren die Gewerkschaften – wie alle anderen gesellschaftlichen Organisationen – nur der verlängerte Arm eines Ministeriums oder Anhänge- und Zubringerorganisation der Partei.

Die wichtigsten gesellschaftlichen Organisationen im sozialistischen Staat sind heute: 1) die Gewerkschaften, 2) die Kooperative, 3) die kommunistischen Jugendorganisationen, 4) freiwillige Gesellschaften der Arbeiter (technische Organisationen, Sportorganisationen, Verteidigungsorganisationen), 5) Organisationen der Fortbildung und Freizeitbeschäftigung (»samodejatel'nost'«). Einige Autoren rechnen auch die KPdSU und die »demokratischen Parteien« der Volksrepubliken zu ihnen[39]. Die gesellschaftlichen Organisationen haben nach der sowjetischen Verfassung von 1936 Rechte, die in nichtsozialistischen Staaten gemeinhin den Parteien vorbehalten sind: vor allem das Recht, bei Wahlen eigene Kandidaten aufzustellen (Art. 141, 2), ein Recht, das auch in den Deutschlandplänen der SED immer wieder als Voraussetzung eines »demokratischen Wahlrechts« gefordert wurde. Als Beweis für den »Demokratismus« des sowjetischen Staates wird die enge Zusammenarbeit von staatlichen und gesellschaftlichen Organisationen gewertet (340, S. 79). Die Grenzen zwischen gesellschaftlichen Organisationen und Parteien sind im sozialistischen Staat fließender als im nichtsozialistischen, da gewisse gesellschaftliche Organisationen dazu ermuntert werden, als Parteien bei den Wahlen aufzutreten. Die Parteien, die in einzelnen Volksdemokratien noch existieren, messen sich selbst nur noch den Charakter einer gesellschaftlichen Ordnung bei, die bestrebt ist, gewisse Interessen zu »repräsentieren«, aber nicht danach trachtet, mit der kommunistischen Partei in einen Wettbewerb um die Macht zu treten. Die politische Führungsrolle der kommunistischen Partei wird von diesen Parteien und gesellschaftlichen Organisationen auch für die Zukunft anerkannt. Nach der Selbstauffassung dieser Gruppen gibt es mit der kommunistischen Partei nur einen weltanschaulichen Kampf, aber keinen Machtkonflikt. Politische Struktur und Interessenstruktur werden in einer relativ künstlichen Unterscheidung gesondert.

Der Ausbau der Rolle der gesellschaftlichen Organisationen hat ideologische und praktische Vorteile für den sowjetischen Staat. Der ideologische Vorteil liegt darin, daß die tatsächlich in den letzten Jahren angestiegene Aktivität der gesellschaftlichen Organisationen als einziger sichtbarer Beweis für die These benutzt werden kann, daß der Staat bereits im Absterben begriffen ist. Durch Chruschtschows Lehre, daß die Partei vom Absterben des Staates auf die Dauer nicht ausgenommen wird, ist die Stärkung der gesellschaftlichen Organisationen in der Doktrin wie in der Praxis ungefährlich geworden, da die Partei zu ihnen gerechnet wird. Die Arbeit der gesellschaftlichen Organisationen geht nach sowjetischer Lehre vorwiegend durch den

39 Voevodin – Zlatopol'skij – Kupric: Gosudarstvennoe pravo stran narodnoj demokratii. Moskau 1960, S. 151.

Appell an die Einsicht vor sich, während die staatlichen Stellen immer noch mit Zwang arbeiten müssen (Inspektionen, Kontrollen, Sicherheitsbehörden, Miliz, Besserungslager [»ispravitel'no-trudovye kolonii«]). Vor allem in der gesellschaftlichen Justiz läßt sich jedoch beobachten, daß die Bürger die Handlungen staatlicher Stellen als objektiver und berechenbarer vorziehen. Die Kameradschaftsjustiz der gesellschaftlichen Organisationen und Betriebe ist wenig beliebt. Auch die »Amtshilfe« der freiwilligen »družiny« im Kampf gegen antigesellschaftliche Elemente wird nicht von allen Sowjetbürgern als Abnahme des Zwanges empfunden. Die Beispiele, welche die sowjetische Staatslehre für die Zusammenarbeit von gesellschaftlichen Organisationen und Staatsorganen anführt, sind noch immer etwas dürftig. Es werden vor allem die gemeinsamen Entschließungen des Zentralkomitees der KPdSU und des Zentralrats der Gewerkschaften oder die »ständigen Produktionskonferenzen« dazu gezählt (338, S. 28). Die Gründung der Union der Sportgesellschaften wird als Beweis dafür angeführt, daß die Organisation des Sports und der »Fizkul 'tura« völlig in die Selbstverwaltung der Gesellschaft übergegangen ist. Die sowjetische Literatur legt Wert auf die Feststellung, daß die staatlichen Organe, die sich mit den gleichen Fragen wie einzelne gesellschaftlichen Organisationen befassen, nicht absterben. Die gesellschaftlichen Organisationen können auch nicht – wie im Kapitalismus – in Gegensatz zu staatlichen Organen geraten, da sie beide unter Leitung der KPdSU stehen (348, S. 67). Als Vorteile der Zusammenarbeit von Staatsorganen und gesellschaftlichen Organisationen gelten: die Erweiterung des Personenkreises, der staatliche Funktionen wahrnimmt, die Einsparung von Löhnen für staatliche Funktionäre, die zahlreiche gesellschaftliche Aktivitäten heute rentabler macht als früher (342, S. 28).

Die gesellschaftlichen Organisationen als Interessengruppen im sozialistischen Staat

Die Interessenten im sozialistischen Staat können nur in den wenigsten Fällen den Weg des offenen organisatorischen Zusammenschlusses wählen. Während in kapitalistischen Staaten die Wirtschaftsinteressen die einflußreichsten sind, fehlen gerade diese mächtigen Interessenten in der Reihe der als »gesellschaftliche Organisationen« anerkannten Verbände. Der Bentleysche Versuch, staatliche Organe ebenfalls als Pressure-groups anzusehen, erscheint nirgendwo gerechtfertigter als im sozialistischen Staat, nur daß es dort freie Interessengruppen gar nicht gibt und nur staatliche oder halbstaatliche Gruppen als Pressure-groups in Erscheinung treten. Die organisierten gesellschaftlichen Organisationen sind meistens »promotional groups« im Sinne westlicher Verbandsforschung. Dennoch üben auch die einzelnen Wirtschaftszweige im sozialistischen Staat Einfluß aus. Adressat solcher Einflüsse ist vorwiegend die Parteileitung. Der Kampf einzelner Interessenten (Landwirtschaft, Schwerindustrie usw.) um Posten im Zentralkomitee ist durchaus mit den Bemühungen westlicher Interessengruppen zu vergleichen, Vertrauensmänner in Parlament und Bürokratie zu lancieren. Die Sowjetforschung hat durch Interpretation vorsichtiger Andeutungen und Manipulation von Klassikerzitaten für bestimmte Zwecke eine gewisse Geschicklichkeit erworben, die »language of conflict« zu interpretieren (299, S. 18). Die Entscheidungsprozesse in der Sowjetunion werden heute zunehmend entmystifiziert und einem Studium mit den Methoden westlicher Gruppenforschung unterworfen (351, S. 283). Frühere Simplifizierungen weichen dabei mit zunehmender Information einer komplexeren Betrachtungsweise. Der Einfluß von Interessenten wurde in den fünfziger Jahren häufig zu sehr personifiziert oder einer bestimmten Gruppe allein beigemessen, etwa den Managern, die man als »Totengräber des Kommunismus« angesehen hat. Die »Totengräber-Interpretation« hält einer sorgfältigen Gruppenanalyse nicht stand, sie ist selbst allzusehr vom ökonomischen Determinismus des Marxismus gekennzeichnet. Die Manager erwiesen sich im allgemeinen als ziemlich abhängig, und ihr Einfluß war nicht so einheitlich, wie oft unterstellt wurde.

Der Kampf der Interessenten im sozialistischen Staat ergibt sich vor allem aus dem zunehmenden Pluralismus der Eliten. In den Volksdemokratien ist dieser Prozeß im allgemeinen schon weiter fortgeschritten als in der Sowjetunion. Die Komplexität der gesellschaftlichen Organisation – die vor der Machtergreifung des Kommunismus in diesen Ländern herrschte – konnte sich zum Teil nach der stalinistischen Periode rasch regenerieren.

In der volksdemokratischen Staatslehre wird zwar geleugnet, daß die Sonderinteressen sich ähnlicher Drucktechniken bedienten wie im kapitalistischen Staat. In Polen leugnet jedoch kaum jemand den gewaltigen Einfluß, den die katholische Kirche indirekt immer wieder ausübt, oder den Einfluß einzelner mächtiger Organisationen (etwa der Frauenorganisationen auf das Familienrecht).

Da Staat und Gesellschaft im sozialistischen Staat enger verknüpft sind, müssen die Untergliederungen von Partei und Staat selbst in größerem Maße als Interessengruppen auftreten, als dies staatliche Institutionen in westlichen Ländern tun. Neben dem Versuch unterer Staatsorgane, Einfluß auf den zentralen Machtapparat auszuüben, gibt es einen lebhaften »Lobbyismus« auf lokaler Ebene. Die Grenzen zur Korruption sind dabei fließend. Ein krasser Fall ereignete sich 1961, als der erste Sekretär des ZK der KP in Tadžikistan, T. Uldžabaev, in Zusammenarbeit mit der Republik- und Planbürokratie versuchte, aus der Tadžikischen Unionsrepublik in der Sollerfüllung ein Musterland zu machen, und in einem großorganisierten Betrug nicht nur aus anderen Republiken, sondern sogar aus dem angrenzenden »kapitalistischen« Iran Waren dazukaufte, um das Soll überzuerfüllen. Es handelte sich dabei nicht um Korruption im herkömmlichen Sinne, sondern um eine systemimmanente Verhaltensweise, bei der die Beteiligten zum Teil persönlich durchaus ehrenwerte Motive hatten, wenn sie sich zur »Augenwischerei« (»*očkovtiratel'stvo*«) gegenüber der Zentralbürokratie entschlossen[40].

Aber auch dort, wo kein Betrug versucht wird, haben die Interessenten im sowjetischen System vielfältige Möglichkeit, sich Einfluß zu verschaffen und sich gegen die Folgen vorher zu sichern.

Selbst die Staatsanwaltschaften und die Organe der Kontrolle werden durch vorherige Konsultation zur Tolerierung zahlreicher Maßnahmen gewonnen, was bereits zu Klagen über ein Abnehmen der »sozialistischen Wachsamkeit« geführt hat. Die personale Verflechtung von Parteiposten und Funktionen in Behörden und gesellschaftlichen Organisationen erleichtert die Kommunikation über die Kanäle politischer Einflußnahme. Bei Parteikonferenzen von grundsätzlicher Bedeutung pflegen einzelne Behörden oder Organisationen um die Erwähnung ihres Interesses in einzelnen Passagen des Hauptreferats zu ringen, um hinterher Forderungen auf Materialzuteilung, Investitionsgelder oder Arbeitskräfte bei den zentralen Behörden oder Plankommissionen daraus abzuleiten[41]. Sozialistische Staaten gehen – wie die kapitalistischen – dazu über, eine ständige Konsultation der Interessenten zu garantieren (z. B. in den technisch-ökonomischen Räten der unter Chruschtschow eingeführten und später wieder abgeschafften Sovnarchozen). In einzelnen Parlamenten der Volksdemokratien – wie im polnischen Sejm – wird zunehmend ernsthafte Arbeit geleistet, und zuweilen gelingt es, Vorlagen der staatlichen oder parteilichen Stellen in den Ausschüssen zu amendieren, was auch das Parlament als Adressaten von Einflußnahme interessanter macht. Auch das Petitionswesen wird zunehmend ernster genommen und ermöglicht eine Art von »shot gun pressure« nach amerikanischem Muster,

40 B. Lewytzkij: Die Kommunistische Partei der Sowjetunion. Stuttgart 1967, S. 87.
41 F. Schenk: Im Vorzimmer der Diktatur. Köln/Berlin 1962, S. 144.

wenn ernsthafte Mißstände zu beklagen sind (vgl. S. 94). Der Einfluß organisierter Interessen ist gleichwohl im allgemeinen geringer als der Einfluß von Interessenten über informelle Kontakte mit der herrschenden Machtelite.

c) *Die politische Kultur*

Um von der Analyse der bloß formal-rechtlichen und institutionellen Strukturen im politischen System wegzukommen und soziale Faktoren stärker einzubeziehen, hat die politische Soziologie den Begriff »politische Kultur« geprägt. Unter »politischer Kultur« werden die von allen Mitgliedern einer politischen Gesellschaft geteilten Wert- und Glaubenshaltungen verstanden. Da jedoch viele Gruppen und Bereiche in politischen Systemen vom Durchschnitt abweichende Verhaltensmuster aufweisen, mußte man den Begriff der »Subkultur« zu Hilfe nehmen, um zu einer Abgrenzung zu kommen. So vage der Begriff der politischen Kultur ist, und so groß die Bedenken einiger Wissenschaftler dagegen sind[42], so ist mit ihm doch im Vergleich zu den früheren Analysen wie »Volkscharakter« oder »politischer Stil« ein differenzierteres analytisches Handwerkszeug gegeben. Für die Interessengruppenforschung sind vor allem drei Punkte des Konzepts der »political culture« wichtig:

1. die Analyse der vorherrschenden Muster des Konfliktaustrags in einer Gesamtgesellschaft;
2. die Widerspiegelung von Zügen der politischen Kultur eines Landes im Leben seiner Verbände;
3. die Analyse der Abweichungen vom Verhalten des Durchschnitts und der politischen Subkulturen, die in einigen Bereichen der Gesellschaft – je nach Zahl der dauernden Konflikte in einem Lande – bestehen oder erneut entstehen können.

1. Vorherrschende Muster des Konfliktaustrags

Wenn man mit G. Lehmbruch[43] das politische System als »System der Konfliktregelung durch verbindliche Entscheidungen« versteht, so folgt eine Zweiteilung der Konfliktbereiche daraus: Dem Bereich institutionalisierter Konfliktregelung in der *Regierungsstruktur* (vor allem im Bereich von Par-

42 Vgl. Y. C. Kim: The Concept of Political Culture in Comparative Politics. Journal of Politics, 1964 (S. 313–336), S. 334.

43 Gerhard Lehmbruch: Proporzdemokratie. Tübingen 1967, S. 32.

lament und Regierung im Parlamentarismus) steht der Bereich der *Interessenstruktur* gegenüber, in dem die gesellschaftlich-politischen Konflikte ausgetragen werden. Beide Bereiche sind eng miteinander verwoben, vor allem durch Beteiligung der Interessenten am »input« des politischen Systems. Durch Artikulation und Aggregation werden die Vielzahl der Interessen und Wünsche in alternativ formulierbare politische Konzeptionen umgesetzt[44]. Die Interessengruppen sind jedoch auch am »output« des Systems, den politischen Entscheidungen, beteiligt. Es wäre einseitig, sie nur unter dem Gesichtspunkt der »input functions« zu sehen. Die Regierungsstruktur wird von den Konfliktschlichtungshaltungen in ihrer Wirkungsweise mitbestimmt. Bei formal parlamentarischem System mit majoritären Konfliktschlichtungsmechanismen kann gleichwohl eine proportionalistische Konfliktschlichtungsgesinnung vorherrschen, wie in Österreich oder in den Niederlanden. Das »Konkurrenzmodell«, das oft unvorsichtig »angelsächsisch« genannt wird, führt nicht in allen angelsächsischen Ländern zu kompetitivem Verhalten, wie es bei Kongreß- und Präsidentenwahlen in Amerika vorherrscht. Selbst der Prozeß des politischen Aushandelns im Kongreß und in seinen Ausschüssen hat manchen Zug des proportionalistischen Verhaltens der Konkordanzsysteme. Die Konfliktverhaltensmuster unterhalb der Regierungsstruktur in der Interessenstruktur und die Arten der Interessenaggregation lassen sich in eine Typologie einordnen, wie sie G. Almond (71, 108 ff.) aufgestellt hat:

a) *Pragmatischer Stil des Aushandelns*, den er für die Vereinigten Staaten, Großbritannien und seltsamerweise auch für die Philippinen für typisch ansieht. (Ob die Tatsache, daß selbst bei Wahlen auf den Philippinen nicht selten 50–100 Tote zu beklagen sind, eine solche Zuordnung rechtfertigt, ist Almond offenbar nie in den Sinn gekommen.)

b) *Orientierung an absoluten Werten*. Sie ist kompromißfeindlich und neigt zu rigidem Rationalismus und ideologischer Starre. Die Weimarer Republik, die Vierte Republik in Frankreich oder Italien gelten als Beispiele dafür.

c) *Traditionalistischer Stil* der Interessenaggregation. Man verläßt sich auf die Verhaltensweise der Vergangenheit für die Politik der Zukunft.

Diese grobe Klassifikation ist offensichtlich an einer Dreiteilung politischer Systeme ausgerichtet, als deren typischste Ausprägung die angelsächsische Demokratie, der sozialistische Staat und die traditionalistischen Entwicklungsländerregime gelten. Für die Differenzierung der politischen Kulturen westli-

44 David Easton: A System Analysis of Political Life. New York 1965, S. 26.

cher Demokratien aber mußten verfeinerte Kriterien angewandt werden.

Für die amerikanische politische Kultur hat man die »overlapping cleavages« bei geringer Polarisierung als typisch angesehen. Daraus erklärte man die Abneigung der Amerikaner gegen allzustarkes ideologisches Engagement (322, S. 338 f.). Ein hoher Grad der Kommunikation zwischen allen Gruppen wird für die Neigung verantwortlich gemacht, in Konfliktsituationen sich nicht abzusondern, sondern auszuhandeln. Aber auch diese Züge der politischen Kultur Amerikas dürfen nicht statisch gesehen werden. Immer wieder gibt es mächtige Interessen, die sich in die Haltung des »non-bargaining« hineinsteigern und sich isolieren, wie etwa ›Black Power‹. Die politische Kultur Italiens dagegen hat man als essentiell »non-bargaining« charakterisiert. Die antagonistischen Gruppen kommunizieren wenig miteinander und sind wenig geduldig im demokratischen Aushandeln (224, S. 249). Gleichwohl erhöhte sich die Kommunikation zwischen isolierten Subsystemen des italienischen politischen Systems in den letzten Jahren, etwa zwischen der ›Democrazia Cristiana‹, den Kommunisten und den Sozialisten und den ihnen nahestehenden Organisationen im Zeichen einer Regierung des »centrosinistra«. Nur im Vergleich mit anderen Ländern kann man bestimmte Züge der politischen Kultur fixieren. Ein ähnlich rascher Wandel trat in den letzten Jahren in Frankreich ein. Der Aufschwung der französischen Industrie, der Einfluß der EWG und der Zusammenschluß eines kleineuropäischen Lobbyismus in Brüssel hat seine Rückwirkungen auf die politische Kultur einzelner Länder. Die fragmentierte und ideologisierte Gruppenstruktur der Vierten Republik ist noch vor wenigen Jahren allzu leichtfertig als »französischer Charakterzug« bezeichnet worden. Auch in Deutschland vollzog sich ein rascher Wandel. Die politische Kultur der Weimarer Republik in Deutschland, mit ihren isolierten Vereinen und der fieberhaften Organisation in autoritär geleiteten und oft paramilitärisch anmutenden Organisationen (259, S. 250), trägt zur Erklärung der politischen Kultur der Bundesrepublik wenig bei. Es gibt mit zunehmender Pluralisierung des politischen Lebens wie in Amerika (30, S. 193) immer mehr konkurrierende Machtstrukturen, aber auch noch soziale Bewegungen, die gar keinen Einfluß haben und zu neuen Protestformen greifen müssen, wie Ende der 60er Jahre die Außerparlamentarische Opposition.

Die Erforschung sogenannter *Konkordanzsysteme* hat zudem gezeigt, daß die Gleichsetzung von fragmentierten und ideologisierten Gesellschaften mit Instabilität und Neigung zur Gewalt völlig verkehrt sein kann. Gruppenfragmentierung, die an den Rand des Bürgerkriegs führt, kann gerade zu einer besonders friedlichen Haltung der Gruppen führen, um die Ordnung aufrechtzuerhalten, und weckt den Geist der »amicabilis compositio«, wie er in Österreich oder der Schweiz vorherrscht, oder schafft eine Neigung zur Politik der Akkommodation, wie in den Niederlanden, mit mehreren politischen Subkulturen und ihren versäulten Interessenblöcken (232, S. 9 ff.), zwischen denen es ohne diese Gesinnung niemals zu einen politischen »output« in Form von verbindlichen Entscheidungen käme. Das Konzept der politischen Kultur ist nützlich, um zeitlich dauerhafte und unter verschiedenen politischen Institutionen weiterlebende Verhaltensweisen zu studieren. Über die Bedingungen des Wandels solcher Haltungen steckt die Forschung jedoch noch in den Anfängen.

2. Die Korrelation zwischen politischer Kultur und dem Leben der Gruppen

Die politische Kultur eines Landes wird durch das Verhalten der Gruppen zueinander determiniert, dieses aber ist vom inneren Leben der Verbände bestimmt. Eckstein (259, S. 243) untersuchte die Bedingungen der Stabilität von Demokratien und erklärte die Stabilität Großbritanniens unter anderem mit dem Hinweis, daß den britischen Interessengruppen die gleiche Mischung von Autoritätsformen zugrunde liegt wie der Regierung und den Parteien. Andere Demokratieforscher, wie Lipset, haben allerdings Modifikationen je nach Zugehörigkeit von Gruppen zu bestimmten Klassen an diesem Bild angebracht und etwa festgestellt, daß Arbeiterklassenorganisationen sich stark von den Verbänden höherer Schichten in ihren Autoritätsmustern unterscheiden. Andererseits hat die Diskrepanz zwischen der Organisation auf höchster Ebene und den autoritären Organisationsformen in der Weimarer Republik die Demokratie zum formalen Überbau werden lassen, der nicht vom Leben der Gruppen durchpulst war.

3. Analyse der Abweichungen im Verhalten des Durchschnitts

Diese Analyse kann die Forschung vor der vorschnellen Generalisierung einiger Eigenarten zur »politischen Kultur« eines Landes bewahren. Noch immer gibt es in Deutschland die erschreckend ernsthaften Turn- und Gesangvereine, und von Ausländern wird dem studentischen Korporationswesen noch immer übertriebene Aufmerksamkeit gewidmet. Für die politische Kultur Deutschlands hat das Verhalten solcher Rückzugsgruppen jedoch abnehmende Bedeutung.

VI Adressaten des Einflusses

In politischen Systemen mit starker Funktionenteilung können die Interessengruppen, wenn sie ihre Ziele durchsetzen wollen, nicht alle möglichen Adressaten in gleicher Weise beeinflussen und müssen sich in der Regel spezialisieren. Jede Interessengruppe wird versuchen, ihre speziellen Kanäle für die Artikulation ihres speziellen Interesses zu finden (71, S. 80). Jede Gruppe entwickelt daher einen von anderen Organisationen verschiedenen Machtstatus im politischen System. Dieser hängt von mehreren Faktoren ab:

1. Vom *Regierungssystem*. Man sucht die Institutionen aus, die am meisten Macht zu haben scheinen.

2. Von der *Verbandsideologie*, welche auch die Perzeption des politischen Systems und die eigenen Möglichkeiten in ihm beeinflußt. Sie determiniert auch das eigene Rollenverständnis einer Gruppe und entscheidet mit darüber, ob eine Gruppe
a) sich vornehmlich in den formellen Willensbildungsprozeß einschaltet und dort aktiv etwas durchsetzen will,
b) ob sie nur einen sicheren Veto-Status anstrebt, der ihr sichert, daß der Status quo ohne ihren Willen nicht verändert werden kann,
c) oder ob es sich um eine Protestgruppe handelt, welche die bestehende Ordnung völlig ablehnt und bevorzugt zu gewaltsamen und systemfeindlichen Methoden des Druckes greift.

3. Von der *Art der politischen Entscheidung*, auf die eine Interessengruppe Einfluß zu gewinnen sucht.

Mit der Zunahme von Eingriffen des Staates in den Wirtschaftsprozeß fordern immer mehr wirtschaftliche Probleme die Interessengruppen dazu heraus, bei politischen Entscheidungsträgern Unterstützung zu suchen. *Steuerpolitik* und *Budgetfragen* waren immer ein Zankapfel organisierter

Interessen. Schatzämter und Finanzministerien sind bevorzugter Adressat von Druck, auch wenn sie ihrem Selbstverständnis nach sich noch als »Hüter des allgemeinen Interesses« fühlen (38, S. 55 ff.) und Finanzminister zum Teil ein Veto gegen Ausgabenvorschläge im Kabinett haben. Pressuregroups und ausgabenfreudige Ministerien üben nicht selten Druck auf den Finanzminister aus und treiben Lobbyismus durch Propagandakampagnen und die Suche nach Unterstützung unter den Ministerkollegen des für die Finanzen verantwortlichen Ressortchefs[45]. Finanzminister ziehen sich gern auf höhere wirtschaftliche Einsicht zurück und berufen sich auf die wirtschaftlichen Sachzwänge und besonders auf die Notwendigkeit der Erhaltung der Stabilität. Geldwertstabilität ist zwar als eine der möglichen politischen Zielsetzungen von Budget- und Steuerpolitik anerkannt, sie ergibt sich jedoch nicht aus den Mechanismen des Kommerziellen, sondern sie ist Politik (50, S. 222).

Die *Planung* ist ein weiterer wichtiger Anlaß zu Einflußnahmen durch Gruppen. Wo die Planziffern Kontrollziffern mit präskriptivem Charakter sind, wie in sozialistischen Ländern, ist es für die Interessenten (staatliche Organisationen, Betriebe oder gesellschaftliche Organisationen) entscheidend, bei der Aufstellung des Plans Einfluß zu nehmen, zumal damit wichtige Vorentscheidungen auch für den Staatshaushalt fallen. In westlichen Demokratien haben die Arbeitgeberverbände (z. B. ›Confindustria‹ in Italien) gegen jede Planung opponiert, haben sich aber nach Einführung der ersten Planungsmaßnahmen der neuen Möglichkeit bedient (225, S. 123 ff.). Die Planungsbehörden sind in sozialistischen Ländern auf die Mitwirkung von Betrieben und Organisationen angewiesen, um die nötigen statistischen Unterlagen zu beschaffen. Durch diese Form der »Vorkonsultation« (in England manchmal »pre-dialogue« genannt) wird die Mitwirkung an der Planung durch Interessenverbände zunehmend institutionalisiert (178, S. 30).

Die Mitwirkung von Verbänden war überall dort unerläßlich, wo besondere Strukturveränderungen von den politischen Machthabern in Gang gesetzt werden sollten, wie etwa die *Nationalisierung* von Grundstoffindustrien in England. Es zeigte sich bei der Installierung der Labourregierung unter Attlee, daß die Partei die von einzelnen Ministern in sie gesetzten Hoffnungen nicht erfüllen konnte. Emanuel Shinwell, ›Minister of Fuel and Power‹, erinnerte sich in seinen Memoiren: »For the whole of my political life I had listened to the Party Speakers advocating state ownership and control of the

45 Philip Williams: The French Parliament. 1958–1967. London 1968, S. 80.

coal mines, and I had myself spoken of it as a primary task once the Labour Party was in power. I had believed, as other members had, that in the Party archives a blue-print was ready ... I found nothing practical and tangible existed ... I had to start on a clear desk« (171, S. 271). Der Minister schuf einen Beirat, um sich von Gewerkschaftsexperten für diese Frage beraten zu lassen. Die Gewerkschaften waren jedoch mehr an personellen Besetzungsfragen interessiert, als daß sie durchdachte Vorschläge zur Durchsetzung der Nationalisierung machen konnten. Sie waren vor allem unzufrieden mit dem geringen Umfang der Nationalisierung. Diese mangelnde Vorbereitung bei Partei und Verbänden kann durch die Sorgen der Kriegszeit partiell entschuldigt werden. Wo immer eine reale Chance der Einwirkung auf solche wichtigen wirtschaftspolitischen Entscheidungen besteht, pflegten die Verbände nach dem Zweiten Weltkrieg auch wissenschaftliche Vorarbeiten zu leisten. Eine Hilflosigkeit wie die der Gewerkschaften von 1945 ist heute in den meisten Ländern seltener geworden.

Ganz andere Adressaten des Einflusses müssen die Gruppen wählen, die versuchen, auf die *Außenpolitik* Einfluß zu nehmen. Neben dem Parlament sind hier das Außenamt und zum Teil die Auslandsvertretungen direkter Adressat der Wünsche von Verbänden. Außenhandel und Entwicklungshilfe rufen vor allem wirtschaftliche Interessenten auf den Plan (260, S. 98). Exportorientierte Wirtschaftszweige – vor allem in kleinen Ländern wie der Schweiz, aber auch in der Bundesrepublik – und mehr binnenwirtschaftlich interessierte Gruppen ringen ständig um Einfluß auf außenhandelspolitische Entscheidungen (16, S. 55). Allenfalls die hochpolitischen Bereiche der Außenpolitik, die noch immer nach den Regeln älterer »Geheimdiplomatie« vor sich gehen, sind dem Einfluß von Interessengruppen nicht ohne weiteres zugänglich (246, S. 44). Ein Sondergebiet des Einflusses sind die Beziehungen zu auswärtigen Regierungen, vor allem der Entwicklungsländer, die von mächtigen Interessenten in gewisser Weise abhängig sind. Die Einflußnahme der Öl-Lobbies auf die politischen Systeme des Vorderen Orients ist vielfältig und wird zum Teil mit Methoden (wie Bestechung und Korruption) vorgenommen, die solche Interessenten bei ihren einheimischen Regierungen kaum noch anzuwenden wagen (335, S. 216 ff.).

Der Einfluß der Interessengruppen auf *Internationale Organisationen* wird mit wachsender regionaler und weltweiter Organisation und Integration ebenfalls immer mehr zum Problem nationaler Politik. Die Pressure-group-Forschung im Bereich der internationalen Beziehungen wurde bisher vernachlässigt, wird aber mit zunehmendem Interesse an der Interdependenz von Innen- und Außenpolitik immer stärkere Beachtung finden[46].

Die Behandlung der Adressaten des Einflusses von Interessengruppen kann daher nicht unterstellen, daß die sieben Hauptadressaten, die hier herausgearbeitet werden, die einzigen sind. Von der Auslandsvertretung bis zur Planungsbehörde sind eine Fülle von Adressaten denkbar, die je nach Regierungssystem, Verbandsideologie und politischem Streitgegenstand hinzugedacht werden müssen.

Bei der Herausarbeitung des bevorzugten Adressaten muß jedoch die *Komplexität des politischen Entscheidungsprozesses* berücksichtigt werden. Die Stadien des Gesetzgebungsprozesses schließen in den meisten Systemen (überall da, wo jede Institution und jede Stufe des Verfahrens Neuerungen und Änderungen anbringen) die Notwendigkeit ein, mehrere Adressaten zu wählen. In allen westlichen Demokratien lassen sich mindestens vier Stadien generalisieren (291, S. 279):

1. das prä-parlamentarische Stadium;
2. das parlamentarische Stadium;
3. das administrative Stadium;
4. das jurisdiktionale Stadium (vor allem in den Ländern, in denen es ein »judicial review« gibt).

Selbst in Ländern mit einer ähnlichen Struktur des Regierungssystems wie in Schweden und Italien haben Befragungen eine sehr unterschiedliche Bedeutung der Adressaten des Einflusses ergeben. Die Frage nach der Interaktion mit anderen Institutionen wurde in Italien von den Gruppen wie folgt beantwortet (224, S. 194):

Kontakt mit der Verwaltung	67 %
Kontakt mit anderen Gruppen	62 %
Propaganda	61 %
Lokale öffentliche Institutionen	54 %
Kontakt mit dem Parlament	50 %

In Schweden haben dagegen die Einrichtungen der Enquete (»utredning«) und die Möglichkeit für die Verbände, Stellung zu staatlichen Enqueten abzugeben (»remissyttrande«), die Zahlen mit Italien völlig unvergleichbar werden lassen (260, S. 238). Wirklich vergleichbare Zahlen über die Adressaten von Verbänden liegen uns noch nicht vor – weil bisher in keinem Land genau die gleichen Fragen gestellt worden sind und weil selbst bei völlig ver-

46 Nur sehr allgemeine Äußerungen finden sich bei J. Frankl: Die Außenpolitische Entscheidung. Köln 1965, S. 110–112. Eine Monographie liegt vor in: B. C. Cohen: The Influence of Non-Governmental Groups on Foreign Policy Making. 1959.

gleichbaren Stationen des Beschlußprozesses das politische Verhalten und die Machtverteilung unter den Gruppen starke Abweichungen nach sich zögen. Da umfassende Interessengruppenstudien für die meisten europäischen Länder fehlen, sind wir auf die Zahlen der Studien zu einzelnen Verbänden angewiesen. Sie ergeben jedoch selten ein repräsentatives Bild für die von allen Gruppen bevorzugten Adressaten. Gewerkschaften, Kriegsopferverbände oder kirchliche Organisationen haben jeweils sehr verschiedene Präferenzen auch in bezug auf den Adressaten ihres Einflusses.

Abschließend muß noch davor gewarnt werden, von den Zahlen über bevorzugte Adressaten sofort auf wirklichen Einfluß zu schließen. Die Adressaten sagen allenfalls etwas über die »door-opening power« der Gruppenführer etwas aus. S. J. Eldersveld (30, S. 187) hat mit Recht davor gewarnt, die horizontale und Einbahnstraßen-Kommunikation von Verbänden zu einzelnen staatlichen Institutionen schon für qualitativen Einfluß zu halten. Einfluß erweist sich als ein sehr viel komplexerer Begriff (vgl. S. 163 ff.).

1. Parlamente

Sowohl in den dualistischen Systemen der USA und der Schweiz mit Exekutive auf Zeit als auch in den parlamentarischen Systemen mit jederzeit abberufbaren Regierungen, die vor der Legislative verantwortlich sind, ist das Parlament in den meisten Fällen intentional als stärkste Gewalt konzipiert – wenn auch die Verfassungsväter in der einen oder anderen Form von einem Gleichgewicht zwischen Exekutive und Legislative ausgingen. Für alle politischen Systeme der westlichen Demokratie wird jedoch ein Niedergang der parlamentarischen Macht beklagt. Soweit diese Klagen berechtigt sind, entspricht ihnen auch eine Ablösung des Parlaments als Hauptadressat des Gruppeneinflusses. Aus systematischen Gründen soll gleichwohl mit dem Einfluß der Gruppen auf die Parlamente begonnen werden, ohne daß damit zugleich unterstellt wird, daß die Parlamente heute noch die wichtigsten Adressaten des Einflusses sind. Viele Verbände – vor allem die ideellen Förderverbände, die wenig Gelegenheit zu direkten Kontakten mit der Bürokratie haben – konzentrieren ihre Tätigkeit auf den Gesetzgebungsprozeß (224, S. 392). In föderalistischen Staaten spielt der Einfluß auf die zweite Kammer (in Deutschland z. B. auf die Landesregierungen und indirekt über diese auf den Bundesrat) eine wichtige Rolle (143, S. 203).

Der klassische Lobbyist der Karikatur, der in der Lobby des Parlaments im schwarzen Anzug mit Zylinder hinter einer Säule auf »seinen Abgeordneten« wartete, ihn am Knopfloch packte (»to buttonhole«) und auf ihn einredete, um sich seiner Loyalität zu versichern, existiert nicht mehr – wenn es ihn je gegeben hat. Die Methoden des Einflusses haben sich verfeinert. »Buttonholing« erweckt generell die Vorstellung, daß Lobbyismus eine Beziehung zwischen zwei Menschen sei. Die moderne Kommunikationsforschung sieht dagegen im Lobbyismus ein sehr komplexes Kommunikationsphänomen, bei dem die Massenpropaganda genauso wichtig ist wie der individuelle Kontakt zwischen Einflüsterern und Politikern. Vor allem in Amerika besteht die Tendenz, den Terminus »Lobbyismus« sehr weit zu gebrauchen. Milbrath (308, S. 7) schlägt daher zu Recht eine Eingrenzung vor.

1. Unter Lobbyismus soll nur die Beziehung zu Entscheidungsprozessen der Regierungsinstitutionen verstanden werden. Die Entscheidungen privater Organisationen oder Korporationen können ebenfalls von außen beeinflußt sein, sollen aber nicht unter den Begriff Lobbyismus subsumiert werden. Unwichtig dagegen ist die staatliche Ebene für die Definition. Es gibt Lobbyisten auf der Ebene der Zentralregierung, in Föderationen auf der Ebene der Staatenregierung und überall auf der Ebene unterer örtlicher staatlicher Organe.

2. Lobbyismus muß von dem Wunsch getragen sein, Regierungsentscheidungen zu beeinflussen. Viele Aktionen beeinflussen Regierungsentscheidungen, wenn sie aber nicht bewußt auf solchen Einfluß abgezielt sind (z. B. Manipulation der Börsenkurse), können sie nicht Lobbyismus genannt werden.

3. Lobbyismus schließt ein intermediäres Kommunikationsglied zwischen Bürgern und Politikern, die entscheiden, ein. Bürger, die ohne Mittler Botschaften an Regierende senden oder Einfluß suchen, können nicht Lobbyisten genannt werden. Letztere Abgrenzung kann jedoch nicht für alle Bürger gelten. Manche sehr mächtige oder reiche Bürger bedürfen keiner Zwischenglieder im Kommunikationssystem zwischen Staat und Gesellschaft. Ein Industriemagnat, der mit dem Regierungschef telefoniert, kann durchaus als Lobbyist bezeichnet werden, sofern er versucht, politische Entscheidungen zu seinen Gunsten zu beeinflussen. Das Zwischenglied zwischen Bürgern und »Decision Makers« kann auch dann fehlen, wenn es sich um eingebaute Lobbyisten (»built-in lobbyists«) handelt, wenn Parlamentsabgeordnete selbst als Vertreter von Verbänden gewählt sind oder agieren.

Der Lobbyismus wurde in der europäischen Literatur häufig verketzert und als »typisch amerikanisch« hingestellt. Er galt als Anzeichen für die Verwilderung politischer Sitten und die herrschende Korruption, die das »Beutesystem« für Bürokratie und Parlament mit sich brachte. Untersuchungen über Italien und andere Länder haben gezeigt, daß es auch in Europa Lobbyisten gibt. Befragungen von Interessenvertretern haben andererseits ergeben, daß unter ihnen viele von den Abgeordneten nicht sehr hoch denken und sie für uniformierte und doktrinäre Parteipolitiker halten (224, S. 203). In Europa gibt es jedoch nur selten angeworbene Agenten einzelner Interessen und Berufslobbyisten, wie sie in Amerika existieren (73, S. 167). Dafür sind die »eingebauten Lobbyisten« sehr viel zahlreicher, die als Kandidaten mit der Unterstützung von Gewerkschaften und anderen Verbänden in die Parlamente kommen. Für Großbritannien hat man eine ganze Reihe von professionellen Lobbyisten nachgewiesen. Der Ausdruck ist indessen auch hier nicht beliebt. Sie ziehen es vor, neutralere Bezeichnungen wie »parliamentary agents« oder gar »parliamentary advisers« zu wählen. Auch in England kam es vor, daß einzelne wie Christopher Powell nacheinander mehreren Interessenten dienten, wie etwa der ›British Road Federation‹, der ›British Veterinary Association‹, der ›Theatrical Managers' Association‹ u. a. (173, S. 257).

Die Verbandsforschung kommt auch in Europa mehr und mehr davon ab, den beruflichen Interessenvertreter zu dämonisieren. Einmal hat auch der Lobbyismus seine festen und einsehbaren Spielregeln. Chase (277, S. 25) nannte den Lobbyismus eine »Zeremonie so formell wie ein Tango«. Zum anderen kann nicht jede Arbeit eines Interessenverbandes als Lobbyismus im engeren Sinne angesehen werden. Selbst in Amerika betreiben viele Verbände keinen Lobbyismus, sondern beschränken sich darauf, Geschäftsleute dazu zu bringen, sich mit Abgeordneten in Verbindung zu setzen oder in den Hearings der Ausschüsse auszusagen (277, S. 398).

Wahlkreis-»pressure« und Massenpetitionen

Eine Form des indirekten Lobbyismus ist die Technik der Briefkampagnen an Abgeordnete. Das seit dem Frühkonstitutionalismus verfassungsmäßig verbriefte Recht auf Petitionen läßt bei massierter Anwendung die Grenze zum organisierten Druck hin fließend werden (12). Nur ein geringer Teil der Massenpetitionen wendet sich heute noch an die Parlamente im Ganzen, wo sie in den meisten Ländern einem Petitionsausschuß zur Bearbeitung übergeben werden. In der Bundesrepublik hat man für die 2. Wahlperiode festgestellt, daß 2,1 % aller Petitionen von Verbänden ausgingen, in der 5. Periode stieg diese Zahl auf 3,45 %. Sie machte gleichwohl nur einen geringen Anteil der gesamten Petitionen aus. In der 3. und 4. Wahlperiode gingen dem Bundestag 857 754 Petitionen zu, die als Massenpetitionen angesehen werden können. Die meisten betrafen die atomare Rüstung, das Problem der Verkehrssicherheit, die Aufnahme diplomatischer Beziehungen mit Israel, die Krankenversicherungsform, die Notstandsgesetzgebung, die Urheberrechtsreform und den Ablauf der Verjährungsfrist für Verbrechen der nationalsozialistischen Zeit. Einige waren offensichtlich von ideellen Förderverbänden angeregt. Ihr Effekt war bei Sicherheitsfragen besonders gering, weil jede Massenpetition mit dem Verdacht der Lenkung durch die DDR diskriminiert wurde. Ganz generell kann man sagen, daß die Verbände den Petitionsausschuß des Bundestages – der sich bei den Abgeordneten offenbar nur geringer Beliebtheit erfreut und vornehmlich Neulingen und Hinterbänklern als Arbeitsgebiet zugewiesen wird – nur in wenigen Fällen als einflußreichen Adressaten betrachten[47].

Massenpetitionen an das Parlament im allgemeinen oder an die einzelnen Abgeordneten verfehlen heute meist ihre Wirkung. Ähnlich wie bei Referenden (vgl. S. 154 ff.) pflegt sich der Volkswille in einer hochorganisierten Gesellschaft nicht mehr »spontan« zu äußern (es sei denn in Krisenzeiten bei Aufläufen und gewalttätigen Gruppenbildungen, die in der kollektiven Verhaltensforschung oft »anomische Gruppen« genannt werden). Telegramm- und Briefaktionen (in den USA oft plastisch »shot gun pressure« genannt) sind ein zu undifferenziertes Mittel, um Eindruck zu hinterlassen. Oft sind die Texte nahezu identisch, manchmal haben die Verbände sogar zentral den Postversand übernommen. Manche Verbände entnehmen die Namen der Absender einfach dem Telefonbuch oder besorgen sich zusätzliche Absenderadressen von anderen Organisationen, die ihr Anliegen unterstützen. Es wurden sogar Schein-Organisationen gegründet, um den Eindruck zu verwischen, daß nur eine Interessentengruppe hinter einer Forderung stand. Klingende Namen und aufwendige Briefköpfe sollten den Eindruck einer starken Allianz von Interessen vortäuschen (324, S. 528). Zum Teil haben die Verbände ihre Mitglieder nur durch Täuschung zur »organisierten Entrüstung« bewegen können. 1962 spiegelte eine Brief der ›US Savings and Loan League‹ den Mitgliedern vor, daß die sofortige Einziehung von Steuern auf Dividenden und Zinsen der Bankkunden, welche von einem Gesetzentwurf der

47 Thilo Schmidt: Arbeitsweise und Funktion des Petitionsausschusses. Mag. Diss. Tübingen 1969, S. 37 ff.

Kennedy-Administration angeregt war, eine völlig neue Steuer und nicht nur eine neue Einziehungsart war. Einzelne Senatoren erhielten sechzig- bis siebzigtausend Briefe. Es ist unterstellt worden, daß sich in diesem Fall viele Senatoren von dem Druck ihres Wahlkreises beeindrucken ließen, obwohl sie die falschen Voraussetzungen erkannten, von denen ihre Wähler ausgingen (325, S. 46).

In der Regel lassen sich die Abgeordneten von solchen Kampagnen immer weniger beeindrucken. Aber solche anscheinend sinnlose Aktionen haben gleichwohl noch eine Funktion, weniger gegenüber den Abgeordneten, als gegenüber den Mitgliedern eines Verbandes. Der Abgeordnete muß zeigen, daß er für die wichtigen Interessen seines Wahlkreises eintritt, und verlangt daher oft »roll call votes«, nur um eine öffentliche Bestätigung seiner Haltung in der Abstimmung zu erlangen, die bei der Wiederwahl eine Rolle spielen könnte (282, S. 18). Ähnlich müssen auch die Verbände ihren Mitgliedern von Zeit zu Zeit ihre Aktivität zeigen und ihnen das Gefühl geben, daß sie als Individuen gebraucht werden. Ein Lobbyist sagte einmal offen zu einem Interviewer: »About twice a year we do have mass mailings but it's mostly to keep the membership happy« (300, S. 192). In den Büros der Abgeordneten wird die »inspirierte« Post sofort von der eigenständigen Post gesondert. »Promotional groups« haben es meist leichter, eine qualifizierte und individuell abgefaßte Stellungnahme ihrer Mitglieder zu organisieren.

Effektiver ist daher die individuellere Art des Einflußversuches. Nicht alle Abgeordneten werden von den Anhängern der Verbände mit Post bombardiert, sondern eine kleine Zahl von Leuten, von denen man annehmen kann, daß sie einen besonderen Einfluß auf eine anstehende Entscheidung haben werden, macht man zum Adressaten von gezielten Einflußversuchen. In den USA wird diese Art manchmal »rifle type pressure« genannt. Effektiver als Massenpostkampagnen sind eine begrenzte Anzahl von Telefonanrufen ausgewählter Personen an ausgewählte Abgeordnete. Wichtig ist es, einflußreiche Persönlichkeiten und Freunde der Abgeordneten dafür zu gewinnen. Man sucht nach sogenannten »bottlenecks« und »opinion leaders« in wichtigen Fällen (27, S. 51). 1940 bekam eine Gruppe von 14 Senatoren etwa 30 000 Briefe, in denen sich Leute gegen den geplanten Gesetzentwurf aussprachen, die vorgaben, für 90 % der Bevölkerung zu sprechen. Seit das Instrument der Meinungsumfragen verfeinert wurde, ist der Abgeordnete nicht mehr schutzlos dem Druck solcher Brieflawinen ausgesetzt. Eine Meinungsumfrage ergab in diesem Fall, daß 68 % für den Entwurf und 27 % gegen ihn waren (73, S. 227).

In Ländern mit einem regulierten und legalisierten Anhörungsverfahren, wie in Schweden, greifen die Verbände nur selten zu dem Umweg der Massenpetitionen (30, S. 168).

Wenn Abgeordnete die Wünsche von Interessenten in ihrem Wählerkreis zu erfüllen versuchen, so ist dies nicht immer auf direkte Einflußversuche zurückzuführen. Was als Wahlkreis-Pressure erscheint, kann auch durch Antizipation der Wählerwünsche bei den Abgeordneten gedeutet werden. Eine ganze Reihe von Variablen determinieren das Verhältnis eines Abgeordneten zu seinem Wahlkreis wie: die Rassenverteilung im Distrikt (in den USA), sozio-ökonomische Statushierarchie, Urbanisierungsgrad, Bevölkerungsdichte, die kompetitive Lage im Distrikt, Religion, Erwerbsstruktur u. a.[48].

Berufslobbyisten

Lobbyismus ist in Amerika zum Beruf geworden, obwohl kaum ein Lobbyist sich selbst als solcher bezeichnet. Man zieht die Termini »Washington Representative, Legislative counsel, consultant, legislative liaison man, information specialist« vor (325, S. 55). Lobbyisten in diesem engeren Sinne sind nicht nur Mittler zwischen Bürger und »Decision Makers«, sondern auch zwischen Politikern und Verbänden. Die Lobbyisten sind oft keine Verbandsfunktionäre, sondern Beauftragte von Verbandsführern (310, S. 9).

Deutschland hatte im 19. Jahrhundert kein Pendant zum Berufslobbyisten. Das funktionale Äquivalent waren die Kamarillen einerseits und unter den noch nicht etablierten Interessen der stark ideologisch engagierte Propagandist andererseits. Friedrich List war mit seinem Kampf für den Protektionismus ein bekannter Propagandist. Es ist vielleicht kein Zufall, daß er nach seiner Emigration in die Vereinigten Staaten ein bezahlter Lobbyist für das »amerikanische System« wurde. Ein Kongreßabgeordneter bekämpfte Lists Ideen mit dem unfairen Hinweis, daß List selbst eine Verletzung dessen sei, was er bekämpfe, da er selbst »Import« sei (282, S. 7).

Milbrath (308, S. 73) hat die Karrieren von Lobbyisten erforscht und eine erstaunliche Vielfalt der Werdegänge festgestellt. Es ist keineswegs so, wie Crawford (268, S. 3) in seinem etwas reißerischen Buch feststellt, daß die Juristen ein Monopol hätten. Weniger als ein Viertel aller Lobbyisten hatten von vornherein eine Verbandskarriere hinter sich, die mit dem Lobbyismus

48 L. A. Froman: Congressmen and their Constituencies. Chicago [2]1964, S. 12.

zu tun hatte. Von 114 untersuchten Lobbyisten kamen 28 aus dem Regierungsdienst, 23 aus der Juristenlaufbahn und 18 aus der Verbandsarbeit. Vielen erscheint der Ex-Abgeordnete als der ideale Lobbyist, da er die legislative Arbeit im Detail kennt und selbst noch gute Verbindungen und erleichterten Zugang hat. In den Jahren 1946–65 haben sich 20 Ex-Senatoren und 76 ehemalige Abgeordnete des Repräsentantenhauses als Lobbyisten nach dem ›Federal Regulation of Lobbying Act‹ von 1946 eingetragen (322, S. 382). Untersuchungen haben jedoch ergeben, daß die Zahl der Ex-Abgeordneten unter den Lobbyisten übertrieben wird. Milbrath (308, S. 81) stellte fest, daß unter den Lobbyisten, die eine politische Karriere hinter sich hatten, die meisten nicht ein Wahl-, sondern ein Ernennungsamt innegehabt hatten, also mehr aus der Exekutive als aus der Legislative kamen. Ähnliche Ergebnisse wurden bei der Untersuchung amerikanischer Staatenlegislaturen in New York, Wisconsin und Oklahoma erzielt (266, S. 249; 293, S. 118 f.). In Oklahoma waren 1961 nur 12 % der Lobbyisten frühere Abgeordnete (309, S. 76).

Die politischen Erfahrungen von Lobbyisten kann man jedoch nicht allein an früherer Tätigkeit in Verwaltung und Parlament ablesen. Auch die parteilichen Bindungen müssen in Betracht gezogen werden. In den USA stellte Milbrath (308, S. 76) fest, daß die Lobbyisten, die aus der Witschaft und den großen Verbänden kamen, meist den Republikanern zuneigten, während die politischen und Gewerkschaftskarrieren meist Lobbyisten mit demokratischen Neigungen auswiesen. Lobbyisten können es sich jedoch in der Regel nicht leisten, sich allzu eng mit einer Partei zu verbinden. Soweit sie danach streben, Abgeordnete zu beeinflussen, profitieren sie davon, daß die Parteidisziplin in vielen Fragen im amerikanischen Kongreß gering ist, und sie müssen Kontakt zu beiden großen Parteien halten (309, S. 79).

Lobbyisten haben nicht nur sehr verschiedene Ausbildungsgänge und Berufe hinter sich, sondern verstehen auch ihre Rolle im legislativen System verschieden. Man unterscheidet:

1. *Kontaktmänner.* Sie sind meist die jüngsten und repräsentieren vorwiegend Arbeitnehmer- und Wirtschaftsgruppen. Sie investieren im Durchschnitt die meiste Zeit für den Lobbyismus.

2. *Informanten* repräsentieren meist Bauern und Berufsgruppen. Sie investieren am wenigsten Zeit und verdienen am wenigsten am Lobbyismus.

3. *Watchdogs* sind meist die älteren Lobbyisten und repräsentieren häufig Regierungsgruppen. Im Vergleich zu den beiden anderen Rollentypen verstehen sie den Abgeordneten am wenigsten als lokalen Repräsentanten sei-

nes Distrikts in der Hauptstadt (309, S. 91 f.).

Lobbyisten benutzen Fakten, Argumente durchsetzt mit Werturteilen und Macht, um die Abgeordneten zu beeinflussen (308, S. 35). Ihre Kommunikation mit den Abgeordneten läßt sich unterscheiden als:

1. Technik der persönlichen Kommunikation zwischen Lobbyist und »Descision Maker«;

2. Technik der indirekten Kommunikation durch Mittelsmänner, seien es einzelne Freunde, seien es wichtige Männer des Wahlkreises;

3. Technik, um die Kommunikationskanäle offen zu halten (308, S. 36). Der Lobbyist muß zuweilen einem vertrauten Abgeordneten einen Gefallen tun, ohne damit direkt etwas zu bezwecken, nur um sich seine Gesprächsbereitschaft zu erhalten. Der Lobbyist muß bei Informationen, die ein Abgeordneter erbittet, außerordentlich sorgfältig vorgehen, denn wenn ein Abgeordneter Daten, die ihm ein Lobbyist zukommen ließ, in der Öffentlichkeit oder im Parlament verwendet und diese erweisen sich später als falsch, wird die Blamage nicht ohne Nachteil für den Lobbyisten sein, der die falschen Informationen gab.

Nicht nur das Rollenverständnis der Lobbyisten muß untersucht werden, sondern auch das der Abgeordneten, die lobbyistischen Einflüssen ausgesetzt werden. Die Rollenorientierung der Abgeordneten gegenüber Interessenverbänden läßt sich ebenfalls in drei Gruppen einteilen (305, S. 325 ff.):

1. Abgeordnete, die den Zugang erleichtern (»facilitators«): Sie haben eine positive Einstellung zu den Interessengruppen und sind relativ gut über sie informiert.

2. Abgeordnete, die den Zugang erschweren (»resisters«): Sie haben eine feindliche Haltung zu den Interessengruppen und sind relativ uninformiert über sie.

3. »Neutrale«, die weder starke Sympathien noch starke Antipathien gegen Interessenverbände haben.

Die erste Gruppe hat in einer Umfrage zu 63 % die Interessengruppen für unerläßlich erklärt, während die »resisters« nur zu 14 % dieser Meinung zuneigten. Beim Vergleich mehrerer Staatenlegislaturen zeigte der Staat, in dem die Druck-Politik die geringste Rolle spielte – in Tennessee – auch die höchste Anzahl von »resisters«. Umgekehrt korrespondierten eine hohe Anzahl von »facilitators« mit der großen Bedeutung, die der Einfluß von Verbänden in diesem Land hat. Die Untersuchung dieser Typen erbrachte nur wenige verläßlich erwiesene Korrelationen zwischen der Rollenorientierung der Abgeordneten und sozialen Variablen wie Einkommen, Beruf, Stadt-

oder Landstatus, Religion. Es zeigte sich lediglich, daß die Abgeordneten, welche die sorgfältigste Ausbildung genossen hatten, eine Tendenz aufwiesen, den Interessengruppen positiver gegenüberzustehen (305, S. 329). Je differenzierter die Abgeordneten ihre Rolle verstehen, um so größer ist jedoch die Wahrscheinlichkeit, daß sie in Rollenkonflikte zwischen ihren Rollen als Parlamentarier, Repräsentanten eines Wahlkreises und Verbandsexponenten geraten, wie La Palombara für Italien nachgewiesen hat (224, S. 251).

Die drei Rollentypen, welche die amerikanischen Erforscher des legislativen Verhaltens aufgestellt haben, sind für Europa nur partiell zu gebrauchen. Denn überall, wo eine große Anzahl von Verbandsexponenten selbst im Parlament sitzt, müssen die Umfragen bezüglich der Verbandsaufgeschlossenheit einzelner Abgeordneter ein ganz anderes Ergebnis erzielen. Außerdem muß das Rollenverständnis der Abgeordneten gegenüber den Verbänden mit dem Charakter des Parlaments in Verbindung gesetzt werden. Ein vorwiegend »diskutierendes Parlament« mit wenig Ausschüssen, wie das britische, fördert von vornherein einen Parlamentariertyp mit einem anderen Rollenverständnis als ein sogenanntes »arbeitendes Parlament«, bei dem der Schwerpunkt in der Ausschußarbeit liegt (wie in den USA). Bei der Ermittlung des Rollenverständnisses muß zudem nicht nur untersucht werden, wie Abgeordnete sich verhalten, wenn Verbändevertreter sich an sie wenden. Es muß auch der umgekehrte Prozeß – der meist sehr viel weniger bekannt ist und von den Abgeordneten noch weniger gern zugegeben wird – mit in die Analyse einbezogen werden. Viele Abgeordnete wenden sich aus eigenem Antrieb an Lobbyisten. Je schlechter die Abgeordneten mit Sekretariatshilfe, Assistenten und einem umfangreichen parlamentarischen Hilfsdienst versorgt sind, um so stärker müssen sie dazu greifen, sich ihre Informationen von interessierten Verbänden zu besorgen (224, S. 247). Es muß eine weitere Differenzierung angebracht werden: Die Abgeordneten der Regierungspartei haben einen leichteren Zugang zu Informationen der Regierung und der Verwaltung und sind weniger auf die Verbände als Informationsquelle angewiesen. Man hat manchmal behauptet, daß die »rechten« Parteien und die konservativen Abgeordneten dem Verbandseinfluß weniger aufgeschlossen gegenüberstehen. Dafür läßt sich kein eindeutiger Beweis erbringen. Wo eine »linke« Partei seit langem regiert, wie in Schweden, sind es vornehmlich die Abgeordneten der drei Gruppen der Mitte und der Konservativen, die auf die Verbände angewiesen sind (260, S. 210). Bei diesen Kontakten ist in allen Untersuchungen bisher zu wenig berücksichtigt worden, mit welchen und wie vielen Verbänden die Abgeordneten Kontakt aufnehmen. John F. Kennedy hat einmal gesagt, der schnellste Weg, sich alle wichtigen Unterlagen und Informationen in einer Streitfrage zu beschaffen, sei, die Lobbyisten der verschiedenen Interessen anzuhören (325, S. 56). Nur wenige Abgeordnete aber haben das Urteilsvermögen und die Zeit, wirklich die Stellungnahmen aller beteiligten Interessenten einzuholen, und verlassen sich lieber auf die Stellungnahme des Verbandes, der ihr Vertrauen genießt und dem sie in ihren Interessen am nächsten stehen.

Die Haltung der Parlamentarier zu den Interessengruppen kann in Europa kaum von einer Variable – etwa dem Erziehungsstand – deduziert werden. Neben den Eigenarten der Ideologien, denen europäische Parlamentarier stärker verhaftet sind als amerikanische, ist auch die Organisationsstruktur der Parteien zu berücksichtigen. Wo Parteien mit bestimmten Verbänden eng verflochten sind – wie Sozialdemokraten und Gewerkschaften oder Bauernparteien und Bauernverbände –, ergibt sich meist eine relativ positive Einschätzung der Abgeordneten gegenüber den Verbänden. Eine Befragung schwedischer Reichstagsabgeordneter ergab auf die Frage, ob man in der politischen Aktivität der Interessengruppen Gefahren vom konstitutionellen und vom demokratischen Standpunkt aus sehe, aufschlußreiche Zahlen. Die Sozialdemokraten verneinten diese Frage mit dem höchsten Prozentsatz (59 %), die Konservativen bejahten sie mit der höchsten Anzahl (63 %), obwohl gerade die Rechte in gewisser Weise auf die Verbände stärker angewiesen war als die Sozialdemokraten (260, S. 295). Die Einschätzung der Vorteile und Gefahren von Interessengruppenpolitik orientiert sich keineswegs ausschließlich an den eigenen Erfahrungen oder der Angewiesenheit der Partei auf solche Kontakte mit den Gruppen. Diese Diskrepanz wird auch für die USA durch die Einschätzung des Nutzens von Massenpressure bestätigt. Befragungen unter Organisierten ergaben, daß ein hoher Prozentsatz eine Meinung darüber hat, ob ihr Abgeordneter meist auf die Interessen der Industrie, der Gewerkschaften oder aller Gruppen gleichmäßig hört, obwohl ein überwältigender Prozentsatz keine Ahnung hatte, wie ihr Abgeordneter zu einer zwischen den beiden wichtigsten Gruppen stark umstrittenen Zollfrage stand (12, S. 47 f.).

Der Erfolg von »Pressure« durch Lobbyisten wird vielfach übertrieben dargestellt. Nur wenige Abgeordnete ändern ihre Einstellung zu einem Gesetz unter Druck. »Konversion« ist daher schon kaum noch ein Erfolg, den sich Lobbyisten ausrechnen. Wichtiger ist die Bestärkung und Aktivierung von Abgeordneten, die innerlich für ein Interesse bereits gewonnen sind. Ein amerikanischer Senator wandte sich einmal an einen Lobbyisten und sagte ihm, daß er für Freihandel und gegen Subsidien sei. Er erklärte: »Ich würde gern für Ihre Sache stimmen. Aber es gibt 3000 Runkelrübenzüchter in meinem Staate. Wenn ich für Sie stimmte, würde ich ihnen finanziellen Schaden zufügen. Wir gaben ihm die Argumente und er ging seiner Wege« (308, S. 191). Die Abgeordneten haben selbst im mächtigen amerikanischen Senat nicht das Gefühl, von Lobbyisten zu häufig belästigt zu werden. Ein bekannter Senator erklärte: »During this entire natural-gas battle (in der er eine wichtige Rolle spielte) I was not approached by either side. Oh, I know that they are around and the union boys come in from time to time ... Of course, they stimulate a lot of mail. And they get people from back home to telegraph and call on the phone – it's amazing how they are able to find out who your friends are. But there are few threats, very few threats« (300, S. 177). Auch europäische Abgeordnete schätzen die Bedeutung von Interessenteneinflüssen zum Teil relativ gering ein. Eine Befragung unter schwedischen Reichstagsabgeordneten hat für alle Parteien folgende Reihenfolge für den Einfluß auf das Verhalten der Abgeordneten ergeben: 1. persönliche Ansichten, 2. Parteilinie, 3. Rücksicht auf Wähler und 4. Wünsche der Organisationen (260, S. 209).

Abgeordnete sind keineswegs schutzlos gegen allzustarken Druck von seiten der Lobbyisten. 1956 erklärte Senator Francis Case im Senat, daß ein Lobbyist seinen Wahlkampfleiter in Süddakota angesprochen und ihm 2500 Dollar Wahlbeihilfe angeboten habe – wenige Tage vor der Senatsabstimmung über die ›natural gas bill‹. Er schickte das Geld zurück und gab bekannt, daß er wegen dieses Bestechungsversuchs gegen den Gesetzentwurf stimmen werde, den er vorher begünstigt hatte (308, S. 3). Die Abgeordneten können sogar versuchen, zum Gegenangriff gegen die Lobbyisten vorzugehen. Zur Abwehr des Druckes des ›Moving Picture Trusts‹ erklärte Senator Neely 1937: »For weeks Moving Picture Trust opposition lobbyists have overrun Washington as the locusts and lice overran the land of Egypt in the days of Pharaoh the King ... if some of these gentlemen do not stop threatening members of the Senate who are candidates for re-election this year, and abandon their improper interference with the process of legislation, an investigation (of the lobby) by a special Senate committee will be requested without delay« (268, S. 96). Ein noch schärferes Geschütz fuhr Präsident Eisenhower 1956 auf. Er gab seine Billigung dem Gesetz nicht, das die *natural gas*-Produzenten von direkter Regulierung durch den Bund befreite – mit der Begründung, daß die Öl- und Gas-Lobby »auf arrogante Weise« Einfluß zu nehmen versucht hatte, obwohl er den Zweck des Gesetzes durchaus billigte (291, S. 99). Übertriebene Einflußversuche können also einen negativen Effekt haben (260, S. 158). Der negative Rückkopplungseffekt kann noch mit zeitlicher Verspätung eintreten. Wenn Abgeordnete sich von Verbänden zu stark unter Druck gesetzt fühlen (»overlobbied«), kann das zur Folge haben, daß die Abgeordneten für das nächste Mal gewarnt sind und die Schliche der Lobbyisten durchschauen (300, S. 194). Im Interesse der Offenhaltung des Kommunikationskanals muß der Lobbyist sich vor Übertreibungen hüten.

Wenn schwedische Abgeordnete angaben, daß ihre eigene Meinung der Hauptantrieb zum Handeln sei, so darf man diese Aussage nicht allzu subjektiv verstehen. Die »eigene Meinung« bildet sich nicht im sozial luftleeren Raum. Abgeordnete selbst haben Informationen und Perzeptionen über soziale und ökonomische Bedürfnisse in ihrer Gesellschaft und in ihrem Wahlkreis. Ihr Eintreten für ein Interesse entspringt meist nicht direktem Druck, sondern allenfalls indirektem Druck in Form von Erwartungen und antizipierten Aktionen der Wählerschaft und ihrer wichtigsten organisierten Interessenten[49]. Die soziale Herkunft von Abgeordneten und ihre Erfahrungen im Wahlkreis bringen sie in Berührung mit Interessen, ohne daß sich ein Lobbyist einzuschalten braucht (324, S. 524). Oft sind einzelne Abgeordnete, die nicht einem organisierten Interessenverband angehören, auf Grund ideologischer Voreingenommenheit viel aufrechtere Vertreter eines Interesses, und sie erweisen sich als aktiver als die matte Verbandspolitik der zuständigen Interessengruppe (306, S. 477).

Einige Interessen scheinen auch durch die vorwiegende Ausbildung von Parlamentariern im Vorteil zu sein, ohne daß direkter Einfluß ausgeübt wird. Die starke Zahl der amerikanischen Repräsentanten, die eine juristische Laufbahn hinter sich haben, erhöht die Empfänglichkeit für Erwägungen der ›American Bar Association‹, ohne daß diese direkten Druck auszuüben braucht. Ein so funktionsunspezifisches Studium wie das juristische bedeutet jedoch nicht automatisch eine Voreingenommenheit für ein bestimmtes Interesse, sondern allenfalls eine Neigung zu einer bestimmten legalistischen Form des Denkens. Anderen Berufen unterstellt man dagegen gern automatisch eine Voreingenommenheit für ihren Erwerbszweig, etwa den Bauern im Parlament. Beamte und Priester schienen interessenmäßig so festgelegt, daß man in einigen Ländern sogar Inkompatibilitätsbestimmungen schuf. Vor allem in der Schweiz und in Holland war der Priester oder Pastor als Parlamentarier zum Problem geworden. In der Bundesrepublik spielt der Priesterabgeordnete keine Rolle mehr, da den Priestern von ihren Oberen empfohlen wurde, sich politisch zu-

49 Froman, a. a. O. (Anm. 48), S. 14.

rückzuhalten. Man wollte offenbar gewisse Auswüchse der Weimarer Zentrumspolitik nicht wiederkehren lassen (69, S. 76).

Unterschiede des Einflusses auf das Parlament lassen sich nach der vorherrschenden Ausübung der Gesetzesinitiative feststellen. In Amerika war die Zahl der »private member bills« traditionell höher als in den meisten europäischen Ländern, wo die Interessenten versuchen mußten, stärker im Referentenstadium der Bürokratie zu wirken. Im Parlament der Vierten Republik war die Zahl der Entwürfe, die von einzelnen Abgeordneten eingebracht wurden, dank der stark individualistischen Rollenauffassung der Parlamentarier noch vergleichsweise hoch (rd. 30 %), sie fiel im ersten Parlament der Fünften Republik auf 7 % zurück[50]. Damit ist es auch in Frankreich für kleine Abgeordnetengruppen schwerer geworden, das Initiativrecht des Abgeordneten in den Dienst bestimmter Interessen zu stellen, wie es in der Vierten Republik in den Kämpfen zwischen Einzelinteressen, wie »Milch gegen Wein« oder »Äpfel und Kartoffeln gegen Wein«, immer wieder geschah (73, S. 161).

Das Verhalten der Abgeordneten ist nicht nur vom sozialen Hintergrund und dem direkten und indirekten Druck bestimmt, sondern hängt auch von der Art eines Gesetzes ab. Bei Gesetzen, die große Ausgaben nach sich ziehen oder ideologisch stark umstritten sind, verhalten sich Abgeordnete anders als bei Regelungen, die lokale Fragen betreffen. Während sie im ersten Falle zur Unnachgiebigkeit neigen, tritt bei den kleinen Fragen die Bereitschaft zum Kompromiß in den Vordergrund. Das Wohlverhalten einem ihm gleichgültigen lokalen Interesse gegenüber läßt sich der Abgeordnete durch Unterstützung in den Fällen honorieren, in denen sein besonderes Interesse betroffen ist. Die Amerikaner nennen diese politischen Geschäfte anschaulich »logrolling«[51]. Der Grundsatz »eine Hand wäscht die andere«, das Junktim zwischen zwei »issues«, die eigentlich nichts miteinander zu tun haben, wird jedoch auch immer wieder bei großen und umstrittenen Fragen angewandt, um eine Einigung überhaupt möglich zu machen (325, S. 59). In pluralistischen Gesellschaften werden die majoritären Spielregeln der Parlamente immer wieder als Fremdkörper empfunden und durch proportionalistische Konfliktvermittlung auf diese Weise unterlaufen.

50 Williams, a. a. O. (Anm. 45), S. 61.

51 Froman, a. a. O. (Anm. 48), S. 6.

Die Ausnutzung parlamentarischer Einrichtungen durch Interessengruppen

Die *Fragestunde*, die nach englischem Vorbild in immer mehr parlamentarischen Ländern eingeführt wird, ist für viele Abgeordnete ein Mittel, sich einem für ihn wichtigen Interessenten erkenntlich zu zeigen.

In den Parlamenten, die ihre Hauptarbeit in den *Ausschüssen* verrichten, spielt der Ausschuß als Adressat des Gruppeneinflusses eine größere Rolle als der einzelne Abgeordnete oder ganze Gruppen von Abgeordneten. In allgemeinen Typologien von Parlamentariern hat man zuweilen zwischen den Stars der Fraktion, den Führern, den Spezialisten und Berufspolitikern und Parteifunktionären, den Verbandsexperten und den Hinterbänklern unterschieden. Der Verbandsexperte ist der Typ von Parlamentarier, der seine Hauptaufgabe in den Ausschüssen sieht und dort harte, von der Öffentlichkeit zum Teil wenig bemerkte Arbeit leistet. Das Proporzwahlrecht und das Mischwahlrecht in der Bundesrepublik ermöglichen Verbandsexperten den Zugang zum Parlament weit besser als ein Mehrheitswahlrecht.

Wo die Vorsitzenden der Ausschüsse nach dem Senioritätsprinzip bestimmt werden, ist der Versuch einzelner Verbände, »ihren« Mann in den Vorsitz zu lancieren, unmöglich. Man muß sich stärker darauf konzentrieren, den Ausschußvorsitzenden innerlich für ein Interesse zu gewinnen. Die Kommissionen gelten als der Ort, wo am ehesten eine Entscheidung zugunsten eines Interesses fallen kann. Es wird dort weniger »zum Fenster hinaus« gesprochen (außer bei »Hearings«) als im Plenum. Zahlen und Fakten zählen mehr als demagogisches Talent (73, S. 140). Nach dem Report des ›Joint Committee on the Organization of Congress‹ von 1946 passieren die meisten Gesetze in der Form, die von den Ausschüssen bestimmt wird (325, S. 60). Die »Old Lobby« hat daher vor allem mit Bestechungsversuchen gegenüber führenden Ausschußmitgliedern gearbeitet.

In Großbritannien spielen die Ausschüsse nicht die Rolle wie in den USA. Die Lobbyisten wählen daher andere Kanäle. In Schweden sind die Ausschüsse zwar nicht unbedeutend, aber die regulierten Äußerungsmöglichkeiten für Verbände machen Ausschußkontakte auch verhältnismäßig selten. Selbst »Hearings« sind in gewisser Weise funktionslos in Schweden (260, S. 206).

In der französischen Vierten Republik hatten die Ausschüsse eine starke Stellung. Sie waren ein »Schlachthaus« für »private member bills« und Regierungsvorlagen und waren von den Parteien proportional, von den Verbänden aber disproportional besetzt. Sie wurden beherrscht von Abgeordneten mit persönlichen, beruflichen oder Wahlkreisinteressen am Objekt des Ausschusses. Die Ausschüsse waren daher Gegenstand tiefen Mißtrauens der gaullistischen Verfassungsväter der Fünften Republik[52]. Nach der Verfassung von 1958 bekam die Regierung eine starke Stellung gegenüber dem Plenum und den Ausschüssen, da der Regierungstext Grundlage der Diskussion ist (Art. 42) und nicht mehr die Ausschüsse eine Vorlage verkrüppeln oder amendieren können. In Italien gelten die Ausschüsse noch immer als ein Hauptadressat des Einflusses, und Verbandsleiter haben mehrfach in Befragungen ausgesagt, daß sie ihre Interessen besser in den Ausschüssen als im Plenum aufgehoben wissen. Außer der üblichen Beeinflussung durch Übersendung von umfangreichem Material an die Ausschußmitglieder versuchen die großen Interessenten in Italien, die Ernennung des Berichterstatters (»relatore«) zu beeinflussen, da der Berichterstatter Verbandsinformationen in seinen Bericht vor der Versammlung einbauen kann. Dies kann entscheidend für die Haltung werden, welche die Mehrheit gegenüber einem Entwurf einnimmt (224, S. 222). In der Bundesrepublik ist die hohe Zahl der Verbandsexperten in einzelnen Ausschüssen auffällig. Man hat geradezu von »Verbandsinseln« gesprochen. Im 4. Bundestag waren im Ausschuß für Ernährung, Landwirtschaft und Forsten von 27 Mitgliedern 16 Landwirte und im Ausschuß für Sozialpolitik von 27 Mitgliedern 11 Gewerkschaftler (69, S. 123). Eine Aufstellung der Interessenvertreter in Ausschüssen des 3. Deutschen Bundestages (1957–1961) ergab die höchste Anzahl (in Prozent der Mitglieder) in den Ausschüssen für Sozialpolitik (66), Landwirtschaft (59), Arbeit (52), Außenhandel (45) und Mittelstand (45)[53].

Als Adressaten von Einfluß unter den parlamentarischen Einrichtungen können auch die *Arbeitskreise der Fraktionen* angesehen werden. In deutschen Fraktionen gibt es ausgesprochene »Verbandsinseln« wie den ›Diskussionskreis Mittelstand‹, die ›Arbeitsgemeinschaft Ernährung und Landwirtschaft‹ und die Arbeitnehmer- und Unternehmergruppen in der CDU[54].

Der Einfluß der Interessengruppen auf die Gesetzgebung wird immer geringer, je machtloser die Parlamente werden, obwohl der Fraktionszwang die Einflußmöglichkeiten zu vergrößern scheint. Viele Verbände wenden sich

52 Williams, a. a. O. (Anm. 45), S. 62.

53 G. Loewenberg: Parliament in the German Political System. Ithaca 1966, S. 198.

54 Thomas Ellwein: Das Regierungssystem der Bundesrepublik Deutschland. Köln/Opladen ²1965, S. 199

jedoch daher gar nicht mehr an einzelne Abgeordnete, sondern an die Parteileitungen. Da die meisten Gesetze von der Regierung ausgearbeitet werden, setzt der Einfluß der Lobbyisten bereits im Referentenstadium eines Gesetzes bei der Bürokratie ein. Die Behauptung, daß die Gesetzesinitiative ganz auf die Ministerialbürokratie und die Verbände übergegangen sei, hat sich jedoch als unzulässige Verallgemeinerung erwiesen. »Entgegen einer verbreiteten Ansicht sind . . . weder die Verbände noch die Ministerialbürokratie ausschließlich oder auch nur vorwiegend in ›Aktion getreten‹. Vielmehr haben sich alle Akteure auf den verschiedensten Stationen an diesen Entscheidungen beteiligt« (143, S. 205). Selbst die Verbandseinflüsse im Referentenstadium schließen nicht aus, daß die Interessenten sich in den späteren Stadien des Gesetzgebungsprozesses ständig weiter um die Durchbringung einer Vorlage in ihrem Sinne bemühen müssen.

Kontrolle des legislativen Lobbyismus

In Amerika hatte der legislative Lobbyismus die größte Bedeutung, daher wurden hier auch die bisher weitestgehenden Versuche unternommen, die Tätigkeit der Lobbyisten zu regulieren. Eine erste Maßnahme wurde 1852 getroffen, als das Repräsentantenhaus beschloß, Zeitungsreporter, die für einen zur Verhandlung stehenden Antrag eintraten, nicht in den Sitzungssaal zu lassen. 1867 wurde auch Ex-Abgeordneten der Zutritt zum Sitzungssaal verboten, wenn sie an einem zur Beratung stehenden Punkt persönlich interessiert waren. Weitergehende Lobby-Regulierungsversuche wurden zunächst in den Einzelstaaten unternommen. Das erste staatliche Lobbygesetz wurde 1890 in Massachusetts erlassen. Bis 1946 – dem Zeitpunkt der »Lobby-Regulierung« auf Bundesebene – hatten sechs Staaten und das Territorium Alaska Registrierungsgesetze, zehn Staaten Gesetze gegen »korrupte Methoden«, drei zur Ad-hoc-Regulierung von Lobbyisten bei Parlamentsausschüssen und sechs Staaten Bestimmungen erlassen, die die Registrierung gemäß Regelung der einzelnen Parlamente zur Pflicht machten. Die Gesetze enthielten in der Regel Definitionsversuche, Registrierbestimmungen, Berichterstattungsbestimmungen, Verbotsbestimmungen und Strafbestimmungen (325, S. 77). Zu den Verbotsbestimmungen gehörten Maßnahmen wie ein Verbot der Vereinbarung von Erfolgshonoraren zwischen Lobbyisten und Auftraggebern, Verbot des Zutritts zum Sitzungssaal und Verbot des »logrolling«. Bei den Strafbestimmungen waren Geldstrafen oder Freiheitsstrafen vorgesehen. In acht Staaten gibt es zusätzlich ein Verbot, für drei Jahre nach der Verurteilung als Lobbyist zu arbeiten.

Seit 1907 wurden im Repräsentantenhaus immer wieder Gesetzentwürfe zur Lobby-Regulierung eingebracht, die jedoch zum Teil nicht einmal behandelt wurden. Ende des Zweiten Weltkrieges erarbeitete ein ›Joint Committee on the Organization of Congress‹ unter dem Vorsitz von Senator Robert La Follette jr. ein Projekt zur Reorganisation des Kongresses aus, in das ein Abschnitt zur Regulierung des Lobbyismus eingefügt war. Zeller (297, S. 97 f.) hat vermutet, daß nur dank dieser geschickten Verpackung das Gesetz am 2. August 1946 angenommen wurde. Das Gesetz war nicht als Repressionsinstrument konzipiert, um Einflüsse der Lobbyisten auszuschalten, sondern versuchte nur, durch die Pflicht der Offenlegung (»disclosure«) die Lobbyistentätigkeit durchsichtig und kontrollierbar zu machen. Lobbyisten müssen sich nach diesem Gesetz registrieren lassen, Buch über ihre Mittel führen und dem Kongreß darüber berichten. Alle drei Monate muß ein eidesstattlicher Bericht vorgelegt werden. Im Gegensatz zu vielen einzelstaatlichen Regelungen wurden durch das Gesetz nicht nur bezahlte Lobbyisten erfaßt, sondern alle, die zu lobbyistischen Zwecken Geld empfangen oder ausgeben (§ 305). Aber auch dieses Netz erwies sich noch als zu weitmaschig. Lobbyisten, die nachweisen konnten, daß sie kein Geld zu lobbyistischen Zwecken bekommen hatten, glaubten sich – auch nach der Auslegung des § 307, wie sie der ›Supreme Court‹ 1954 vornahm – der Registrierungspflicht entziehen zu können. Ebenso schlüpften die Lobbyisten durch die Maschen des Gesetzes, bei denen die Einflußversuche nur zufällige Folgen der Zwecke sind, zu denen sie eingesetzt wurden. Weitere Mängel waren die Beschränkung der Vorschriften auf den Lobbyismus gegenüber dem Kongreß und das Fehlen einer Behörde, die über die Einhaltung der Bestimmungen wachte.

Nach Inkrafttreten des Gesetzes kam es zu einer Reihe von Prozessen (US vs. Slaughter, N. A. M. vs. McGrath, US vs. Rumely, US vs. Harriss, usw.), die einige der Lücken des Gesetzes stopften, aber weitere neue aufdeckten. Einige Gruppen wie N. A. M. oder die ›US Chamber of Commerce‹ konnten eine Registrierung mit der Begründung verweigern, daß die Beeinflussung der Gesetzgebungsprozesse nicht zu ihren Hauptzwecken gehöre (325, S. 116). Die Methoden des indirekten Druckes wurden auch in der Rechtsprechung ausgeklammert, obwohl z. B. Massenpressure durch Briefkampagnen ausdrücklich zu den direkten Methoden des Druckes gezählt wurde. Auf Grund der Mängel des Gesetzes kam es zu Untersuchungsausschüssen, deren wichtigste das ›Buchanan-Committee‹ (›House Select Committee on Lobbying

Activities‹; 1950) und das ›Special Committee to Investigate Political Activities, Lobbying and Campaign Contributions‹ des Senats waren. Die Buchanan-Kommission erforschte vor allem die Methoden des indirekten Lobbyismus, die durch das Gesetz nicht wirksam offengelegt werden konnten, und gab in ihrem Bericht einige Anregungen zur Abänderung des Gesetzes, zur Verbesserung der Informationen über die Lobbyisten zur Stärkung der Parteien und Einschränkung des Spielraumes der Interessengruppen und zur Vereinfachung des staatlichen Apparates, um durch größere Überschaubarkeit der Institutionen auch das Gewirr der nichtinstitutionalisierten Einflüsse zu entflechten (325, S. 120).

Alle Untersuchungen, die folgten, kamen zu dem Ergebnis, daß das Gesetz ergänzungsbedürftig war, und in der Literatur war man sich einig, daß es zu flüchtig ausgearbeitet wurde. Nach einer Untersuchung der Methoden ausländischer Interessenvertreter durch das ›Foreign Relations Committee‹ des Senats im Jahre 1962 kam es sogar zu einem Gesetzentwurf über eine Verbesserung des ›Foreign Agents Registration Act‹ von 1939. Er wurde 1964 vom Senat angenommen, fiel aber im Repräsentantenhaus durch (325, S. 126).

Der Erfolg des Gesetzes kann letztlich nur an seinen Intentionen gemessen werden. Es wollte nicht restriktiv, sondern informativ wirken. Das »kritische Element« der Politik verlangt nach Lane (310, S. 87) nur: »information about who wants what, and how badly«. Eine begrenzte Information wurde durch die Bestimmungen des Gesetzes erreicht. 1947 gab es 731, 1963 384 Registrierungen[55]. Zum Teil handelt es sich bei den Registrierungen um identische Personen, die sich für mehrere Gruppen einschreiben lassen. Die Zahlen liegen in jedem Fall weit unter der faktischen Anzahl der Lobbyisten in Washington. Für 1948 hat man 1807 Büros von Interessengruppen und Einzellobbyisten festgestellt – bei nur 725 Registrierungen (325, S. 129). Von der Quantität der Vertretung einzelner Interessen lassen sich keine Schlüsse auf die Wirksamkeit des politischen Einflusses ziehen. Die Informationen, welche die Lobbyisten in ihren Berichten geben, sind oft recht ungenau. Auch die Übersicht über die Ausgaben der Gruppen für Zwecke des Lobbyismus vermittelt kein adäquates Bild. Nach den Berichten waren 1961 die führenden Gruppen die ›American Medical Association‹ (163 405 Dollar), die ›American Federation of Labor – Congress of Industrial Organizations (AFL-CIO)‹ (139 919 Dollar) und die ›American Farm Bureau Federation‹

55 Congressional Quarterly Almanac, 1964, S. 910, 948.

(111 364 Dollar)[56]. Die Gruppen des Großkapitals sind kaum vertreten oder an einer Stelle in der Größenordnungstabelle, die in keinem Verhältnis zum Einfluß dieser Gruppen steht. Nur durch Addition der Summen, die einzelne Verbände ausgaben, konnte schon die Buchanan-Kommission des Kongresses feststellen, daß von den 7,9 Millionen Dollar, die von 256 Verbänden für »Capitol actions« ausgegeben wurden, die Business-Gruppen mit 3,2 Millionen an der Spitze lagen, gefolgt von den Organisationen der freien Berufe (z. B. Medical Association) mit 1,6 Millionen und den citizens groups (rd. 1 Million)[57]. Bis 1965 haben sich die Zahlen verschoben, aber die Relationen sind etwa gleich geblieben (327, S. 299).

Die begrenzten Erfolge, die ein solches Gesetz erzielen kann, werden solange nicht wirksam, als keine spezielle Überwachungsbehörde eingerichtet wird. Das Justizministerium erklärte zwar, es wolle gegen Verstöße vorgehen, doch ihm fehlt der Apparat, der zur Ermittlung nötig wäre (325, S. 136). Relativ wenig Verstöße werden ruchbar, und wenn sie vor Gericht kommen, haben sich die Strafen zum Teil als unangemessen hart erwiesen (310, S. 158). Nur in Wisconsin hat die richterliche Ahndung von Verstößen gegen Lobbygesetze in der Regel funktioniert, was auf die häufigen Verbesserungen am Gesetz zurückgeführt worden ist. (310, S. 155).

Da die modernen Interessengruppen nach Ansichten einiger amerikanischer Forscher immer mehr »protektiv« und immer seltener »aquisitiv» arbeiten und die Methoden vergleichsweise weiter von der Korruption entfernt sind als in der Zeit des »Frühkapitalismus«, wirbt man für eine Entkriminalisierung der Lobby-Regulation. Es wird heute immer mehr auf die Hilfe der Presse bei der Durchsichtigmachung der Einflüsse, die Verbesserung der Gesetzgebungsarbeit und die legalisierte Kontaktaufnahme von Regierungsinstitutionen mit Interessengruppen – statt repressiver Kontrollen – gedrungen. Die legalisierte und institutionalisierte Mitwirkung der Verbände am Gesetzgebungsverfahren – im Referentenstadium durch Vernehmlassung oder im Ausschußstadium durch »Hearings« erscheint heute zwar als kein Allheilmittel gegen informelle Einflüsse, ist jedoch eine sinnvolle positive Ergänzung zu den negativen Maßnahmen der Offenlegung und Kontrolle der Geldmittel von Lobbyisten.

Der Präsident der Interparlamentarischen Union, Burhenne, hat für die

56 Congressional Quarterly Almanac 1962, S. 939.

57 Congress. Record, vol. 96 (81. Congress, 2nd Session, 1950), Part 13, S. A 1414.

Bundesrepublik die Registrierungspflicht für Lobbyisten angeregt[58]. Die Diskussion um diesen Vorschlag wird angesichts der amerikanischen Erfahrungen jedoch schwerlich bald zu einer Kodifizierung solcher Anregungen führen können.

2. Regierung

Der Ahnherr der Gruppentheorie, A. F. Bentley, hat bereits in sarkastischen Worten die Gemeinplätze der juristischen und apologetischen Literatur seiner Zeit zum Präsidenten als »Repräsentanten des Volkes« angegriffen. Für Bentley war das reines Lippenbekenntnis. Auch der Präsident war für ihn Exponent von Gruppeninteressen (3, S. 353).

Regierung und Bürokratie werden in den meisten Ländern mit zunehmender Ausweitung der Regierungstätigkeit und der Normensetzung auf dem Verordnungswege bevorzugter Adressat der Gruppen, die im allgemeinen mehr an Einzelproblemen als an der allgemeinen Politik interessiert sind. Nach den Jahresberichten des BDI gingen von 1949–1958 82,8 % aller Eingaben an Exekutivbehörden und nur 7 % an Bundestag und Bundesrat (128, S. 25). Mit dem Ausbau des Premierministersystems in vielen parlamentarischen Regimen wird der Regierungschef zum bevorzugten Adressaten großer Interessenten, vor allem dann, wenn es sich um einen großen alten Mann als Dauerregierer im Amt handelt, wie in Deutschland unter Adenauer oder in Italien unter De Gasperi (224, S. 215). Der Sprecher des Bundesverbandes der Deutschen Industrie, Berg, brüstete sich einmal damit, er brauche nur Bundeskanzler Adenauer anzurufen und könne die Pläne von Wirtschaftsminister Erhard »vom Tisch fegen« – eine Behauptung, die kurz darauf falsifiziert wurde. Th. Eschenburg[59] hat zu Recht darauf hingewiesen, daß nicht nur Berg als Verbandsführer einem Wunschtraum nachhing, der die Verfassungswirklichkeit simplifizierte, sondern daß Adenauer durch seine ausgiebigen Geheimverhandlungen mit Verbänden selbst dazu beigetragen hat, daß Berg ihn auf peinlichste Weise in der Öffentlichkeit bloßstellte. Selbst weniger mächtige Gruppen als der BDI haben in direkten Kanzlergesprächen viel erreicht (151, S. 243). Nur relativ ohnmächtige Verbände

58 ›Der Spiegel‹, 1969, Nr. 1, S. 27.

59 Theodor Eschenburg: Nebenregierung durch Verbände? Die Lehre aus dem Fall Berg. In: Zur politischen Praxis in der Bundesrepublik. München 1967, Bd. II (S. 226–229), S. 229.

konnte der Kanzler sich auf die Dauer weigern zu empfangen. Selbst den Kriegsopferverbänden und dem Verband Deutscher Studentenschaften gelang es nach Anwendung einiger außerparlamentarischer Druckmittel meistens, Zugang zu den Kanzlern Erhard oder Kiesinger zu erhalten. Um die Gespräche mit Verbandsvertretern einzudämmen, hat die Geschäftsordnung der Bundesministerien festgelegt, daß nur die Spitzenverbände ein Anhörungsrecht haben, was die Konzentration des Organisationswesens beschleunigte.

Die Bedeutung direkter Kanzlergespräche für die Verbände ist jedoch überschätzt worden. Die Verbände selbst beklagten sich immer wieder darüber, daß die Zusagen, die sie erhalten hatten, von der Regierung nicht eingehalten worden sind. 1960 behauptete die Kassenärztliche Bundesvereinigung, daß die Beschlüsse der Sozialpolitiker der CDU-CSU-Bundestagsfraktion nicht den Grundsätzen entsprächen, die zwischen Bundeskanzler Adenauer und den Ärzteverbänden vereinbart worden seien. Theodor Eschenburg[60] wies darauf hin, daß der Kanzler ohne Anhörung des Kabinetts kaum bindende Zusagen machen konnte – auch nicht in seiner Eigenschaft als Parteiführer im Hinblick auf die Politik seiner Partei. Er konnte allenfalls eine »Verwendungszusage« machen, die dann in der Realisierung an der innerparteilichen Diskussion durchaus scheitern konnte. Der Deutsche Bauernverband begnügte sich 1964 – durch solche Erfahrungen gewitzigt – nicht mit der bloßen Kanzlerzusage, sondern verlangte gesetzliche Fixierung, wobei ihm die »grüne Front« im Bundestag nützlich war, weil bäuerliche Abgeordnete selbst die Initiative zur gesetzlichen Verankerung der Zusagen über staatliche Agrarförderung ergreifen konnten (154, S. 146 f.). Auch gute direkte Kontakte von Verbänden zu den entscheidenden Männern in der Regierung entheben die Gruppen in der Regel nicht der Notwendigkeit, vielfältige Einflußnahmen auf mehreren Ebenen neben- und nacheinander zu versuchen. Selbst in Parteien mit hegemonialer Stellung im Parteiensystem, wie der deutschen CDU, der israelitischen Mapai oder der italienischen ›Democrazia Cristiana‹, kann der Regierungs- und Parteichef in der Regel nicht selbstherrlich einzelne Verbandsinteressen favorisieren.

60 Theodor Eschenburg: Staatsführung durch Verträge zwischen Regierungschef und Verbänden. In: Zur politischen Praxis in der Bundesrepublik. München ^{2}1967, Bd. I (S. 234–237), S. 234.

Die Interessengruppen versuchen, ihre Vertrauensleute möglichst in die Regierung selbst hineinzubringen, um sich einen gesicherten Zugang zu den Politikern zu verschaffen. Gelegentlich versuchen sie sogar, den Regierungschef selbst zu lancieren. Das gelang in der Vergangenheit besonders bei »parteilich neutralen« und geschäftsführenden Kabinetten, wie im Fall Cuno oder Luther in der Weimarer Republik, oder den »geschäftsführenden Beamtenregierungen«, wie von Sydow (Schwedischer Unternehmerverband) in Schweden[61]. Aber auch die Chefs der Regierungen mehrerer kleiner Parteien waren in Schweden oft mit Verbänden eng liiert, wie Carl Ekman (Prohibitionsbewegung) oder Pehrsson-Bramstorp (Landwirtschaftsverbände)[62]. Selbst bei Regierungen, die eine starke Partei mit relativer Mehrheit hinter sich hatten, versuchten einzelne Verbände, die in der Mehrheitspartei vertreten waren, Einfluß auf die Bestellung des Regierungschefs zu nehmen. Der Bauernpräsident von Westfalen-Lippe, von Oer, forderte 1963 von den »bäuerlichen Abgeordneten« das schriftliche Versprechen, Erhard nicht zu wählen, ehe er nicht eine Zusage gegeben habe, die Verbandswünsche zu erfüllen[63]. Nur selten ist jedoch ein Verband in einer großen und heterogenen Partei so stark, daß er einen Kandidatenwunsch durchsetzen kann. Selbst bei der einflußreichen Stellung des T. U. C. in der englischen Labourparty setzen sich die Wünsche der Gewerkschaften bei der Wahl des Premierministeranwärters häufig nicht durch.

Lebhafter Lobbyismus setzt auch bei der Festlegung der Zahl der Ressorts ein. Wenn die Organisationsgewalt im Bereich der Regierung dem Regierungschef zusteht und dieser ohne Gesetz neue Ämter schaffen kann (für die er dann allerdings die Mittel vom Parlament braucht), wächst seine Patronagemacht und die Begehrlichkeit der Verbände.

In Deutschland gibt es eine Reihe von Beispielen dafür. Während der Kabinettsbildung zur 3. Regierung Adenauer 1957 begann der Bauernverband eine massive Kampagne gegen die Wiederernennung Heinrich Lübkes zum Landwirtschaftsminister. Dank des Gegendruckes der Verbraucherverbände konnte Adenauer, auch nach einer persönlichen Unterredung mit dem Präsidenten des Bauernverbandes, Edmund Rehwinkel, diesem Druck standhalten

61 Vgl. Klaus von Beyme: Parlamentarische Regierungssysteme in Europa. München ²1973, S. 566 ff.

62 Dankwart Rustow: The Politics of Compromise. Princeton 1955, S. 157.

63 Südd. Zeitung, 30. 9. 1963.

(134, S. 69). Bei der Ernennung von Exponenten einzelner Flügel der Partei, wie Blank oder Katzer, mußten sich deutsche Bundeskanzler den Wünschen der organisierten Lobbyisten in den Reihen ihrer Parteien beugen. Je größer die sich als »Volksparteien« deklarierenden modernen »Omnibusparteien« wurden, um so heterogener und verbandsdurchlässiger wurden sie im Inneren. Der Kampf der Frauenverbände um einen weiblichen Minister wurde nicht von außen entschieden, sondern auf Betreiben der Frauen in der CDU, allerdings erst, als man auf Druck anderer Interessenten, wie der Ärzte, nach einem Gesundheitsminister Ausschau halten mußte, der dann 1961 in Elisabeth Schwarzhaupt gefunden wurde[64]. Zu den »Verbandsherzogtümern« unter den deutschen Ministerien gehören das Landwirtschaftsministerium und das Vertriebenenministerium. Als 1954 der heimatvertriebene Landwirt Gustav Hacker hessischer Landwirtschaftsminister wurde, erklärte der Präsident des hessischen Bauernverbandes, daß die hessische Landwirtschaft ein Recht habe, einen Vertrauensmann aus ihren Reihen an der Spitze des Landwirtschaftsministeriums zu sehen (69, S. 107). Als Bundesvertriebenenminister Oberländer wegen seiner Vergangenheit im Dritten Reich von vielen Seiten angegriffen wurde, soll Adenauer nach den Erinnerungen seines Pressechefs einmal resignierend gesagt haben: »Ich habe die Flüchtlingsverbände mehrmals gebeten, mir einen anderen Mann zu präsentieren, aber sie bestehen auf Oberländer.«[65] Damit wurde der Anspruch der Flüchtlingsverbände auf einen Vertrauensmann implizit anerkannt. Man wird solche Verbandsherzogtümer nicht in allen Fällen gleich streng beurteilen dürfen. Es gibt staatliche Aufgaben, die ohne die Mitwirkung der Verbände nicht wahrgenommen werden können. Gerade bei der Eingliederung der Vertriebenen haben die zuständigen Verbände der staatlichen Aktivität wichtige Unterstützung zuteil werden lassen, die sie sich begreiflicherweise durch Ämterpatronage honorieren ließen.

Auch in den USA gibt es »Clientela Departments«, wie das für »Commerce« oder »Labor«. Ehe Präsident Coolidge seinen ›Secretary of Agriculture‹ ernannte, ließ er das »Farm Bureau«, »Grange«, »Farmer's Union« und die »American Livestock Association« Stellung nehmen[66]. Eisenhower hatte seine Kampagne bereits mit der Parole geführt, er werde die besten »business

64 Loewenberg (Anm. 53), S. 255.

65 Felix von Eckardt: Ein unordentliches Leben. Lebenserinnerungen. Düsseldorf/Wien 1967, S. 274.

66 R. Fenno: The President's Cabinet. New York 1959, S. 73.

brains« nach Washington in die Regierung bringen[67]. Amerikanische Staatssekretäre versuchen seltener als europäische Minister, sich einen neutralen Anstrich zu geben. ›Secretary of Commerce‹ Daniel Roper sagte einmal: »The major concern of the Department, as I saw it, was to promote the legimate interests of business, large and small.«[68] Wichtiger als diese Feststellung war die Frage, wem der Minister sein Ohr lieh, wenn die Interessen der Groß- und der Kleinindustrie sich antagonistisch verhielten. Bei der Ernennung von Untersekretären verlangen die Verbände in Amerika oft direkte Repräsentation, und bei großen Ressorts, dem sogenannten »holding company type of department« mit vielen Unterabteilungen, wurden die leitenden Posten in den Unterabteilungen oft zwischen den Interessenvertretern verteilt, um ein gewisses Gleichgewicht herzustellen[69]. Für amerikanische Staatssekretäre entsteht eine besondere Art des Loyalitätenkonflikts durch die Tatsache, daß sie nicht dem Parlament, sondern dem Präsidenten verantwortlich sind. Die Landwirtschaftsstaatssekretäre haben sich oft in der Zwickmühle gesehen, ihre Loyalität gegenüber dem Präsidenten mit der dem »Farm Bureau« gegenüber teilen zu müssen[70]. Wenn es einem Verband gelingt, ein Ministerium mit einem Vertrauensmann zu besetzen, hat das weit größere Bedeutung als der Bereich, den er betreut. Oft wird er als Sprachrohr benutzt, auch wenn ein anderer Minister der eigentliche Adressat des Einflusses sein soll (224, S. 270). Regierungen werden jedoch in ihrer Ressortstruktur oft nicht nur der Verbandsstruktur parallel organisiert, sondern es kommt auch der umgekehrte Fall vor. Wo einem Ressort der Gesprächspartner in der Gesellschaft fehlt, regt es die Bildung einer Interessengruppe an (173, S. 32).

Zusammenarbeit zwischen Regierung und Verbänden auf Einladung

In vielen Fällen wartet die Regierung nicht auf Einflußversuche von seiten der Verbände, sondern ergreift selbst die Initiative und lädt die Verbände zum Gespräch ein. Der australische Premierminister Menzies sagte 1949 in der Wahlkampagne einmal, daß »die Interessen der Ex-Beamten zu wichtig sind, als daß man sie gelegentlichem Lobbyismus« überlassen könne und

67 Fenno (Anm. 66), S. 63.
68 Ebd., S. 168.
69 Ebd., S. 227.
70 Ebd., S. 231.

richtete ein Kabinettskomitee ein, das dem Verband der ehemaligen Beamten eine diskrete Möglichkeit gab, bei der jährlichen Budgetberatung für höhere Pensionen zu kämpfen[71]. Vor allem den australischen Labourregierungen sagte man besondere Verbandshörigkeit nach. Der australische Premierminister Hughes sagte einmal: »When trying to forecast members of a Labour Cabinet, don't look at the men, look at the union behind them« (30, S. 28). Die schwedische Regierung hat sich der Methode des informalen Kontaktes vor allem mit den Gewerkschaften in noch größerem Umfang bedient. In den Kriegsjahren fanden sogenannte »Donnerstagslunche« im ›Rigsdagshus‹ statt, die nach dem Krieg fortgesetzt wurden. Erst in den Jahren der Koalition 1951–57 hat diese Zusammenarbeit abgenommen, und man klagte in den Gewerkschaften über mangelnden Kontakt mit den sozialdemokratischen Staatsräten (260, S. 178). Seit 1955 schuf man neue lockere Konsultationsformen in unregelmäßigen Abständen. Die Kritiker nannten diese Treffen nach der Residenz des Staatsministers spöttisch »Harpsund-Demokratie« und waren oft geneigt, einen unheilvollen konstitutionellen Präzedenzfall zu wittern. Die Politikwissenschaftler sind sich jedoch darüber einig, daß der Einfluß der Verbände auf Regierungsentscheidungen über diesen Kanal gewaltig übertrieben worden ist (261, S. 204). In den ersten Jahren wurde die Leitung der Gewerkschaft (LO, Landsorganisationen i Sverige) zu separaten Konferenzen eingeladen, ab 1959 zusammen mit dem Verband der Kooperative (KF, Kooperativa Förbundet), dem Beamtenverband (TCO, Tjänstemännens Centralorganisation), mit der Arbeitgebervereinigung, dem Industrieverband und der Exportvereinigung. Die übrigen Organisationen wurden nur sporadisch, meist ein- bis zweimal eingeladen, wenn spezielle Fragen ihre Interessen berührten (260, S. 192).

Andere Formen der Regierungsinitiative sind die Heranziehung von Verbänden zur Mitarbeit in Beiräten. Wichtigstes Problem der Regierung als Adressat von Pressure ist heute die Legalisierung und Kanalisierung solcher Einflüsse geworden[72].

71 L. F. Crisp: Australian National Government. London 1965, S. 133.

72 Zur Parallele in der BRD vgl. H. Adam: Die Konzertierte Aktion in der Bundesrepublik. Köln 1972.

3. Bürokratie und Planung

Die Bürokratie wird im modernen Daseinsvorsorgestaat als Adressat des Einflusses von Interessengruppen zunehmend wichtiger. Die alte Dichotomie zwischen Politik und Verwaltung, »rule making« und »rule applying«, läßt sich für die moderne Verwaltung nicht mehr halten, da die Bürokratie selbst in immer größerem Maßstabe Regeln schafft und in der Gesetzesanwendung einen immer weiteren Auslegungsspielraum bekommt (224, S. 255). Politische Einflüsse auf die Bürokratie existieren auf allen Ebenen von der Lokalverwaltung bis zu den Referenten im Ministerium. Wo die Lokalverwaltung auf Grund der Gemeindeautonomie und der föderalistischen Struktur einiger Staaten eine starke Eigenständigkeit bewahrte, spielt sie als Adressat von Druck eine besonders große Rolle. Eine ganze Reihe von lokalen Gruppen – von den Vereinen bis zu den Erwerbsgruppen – nehmen überhaupt nur auf lokaler Ebene Einfluß, weil ihre Macht kaum über die Grenzen ihres Ortes hinausreicht (318, S. 13). Selbst sehr unpolitische Gruppen greifen zu gelegentlichen Druckmethoden in der lokalen Politik, etwa ein Reiterverein, der auf den Bau einer Reithalle drängt, welche die finanziellen Möglichkeiten einer Kleinstadt eigentlich überschreitet und in der Dringlichkeitsliste aller anderen Gruppen recht niedrig rangiert.

In vielen hochindustrialisierten Ländern gibt es eine lebhafte horizontale Mobilität von Beamten, die in die Wirtschaft abwandern. Die ehemaligen Beamten halten nicht selten Verbindung zu den alten Dienststellen und schaffen damit Kanäle informellen Einflusses (245, S. 90). In obersten Behörden wird die Bürokratie zum Adressaten von »pressure« vor allem bei der Vorbereitung von Gesetzen im Referentenstadium. Die Verbände arbeiten jedoch in der Regel nur indirekt an der Ausarbeitung von Gesetzesvorschlägen mit (260, S. 179). In der Schweiz ist es sogar verfassungsmäßig festgelegt, daß die Verbände bei der Beschaffung von Unterlagen für Gesetzesentwürfe mitwirken dürfen (Art. 32,3). Der Schweizer Bundesrat pflegt die Unterlagen und Denkschriften der verangegangenen Verhandlungen mit den Verbänden einem Gesetzentwurf, der ans Parlament geht, beizufügen, was die Kontrolle der Verbandseinflüsse etwas erleichtert (128, S. 34). Der Deutsche Gewerkschaftsbund hat 1966 sogar eine verwaltungsgerichtliche Klage gegen Bundeskanzler Erhard angestrengt, wie rechtlich vorgesehen. Erst nach einer Entschuldigung des Kanzlers zog der DGB die Klage zurück.

Auch den Einfluß der Verbände auf die Bürokratie darf man sich nicht als von den Beamten unerwünschte Einbahnstraße von Beziehungen denken. La

Palombara (224, S. 262) spricht von einer »clientela-Beziehung« zwischen Verbänden und Bürokratie, wenn eine Gruppe in den Augen einer Behörde zum natürlichen Repräsentanten eines sozialen Sektors und zum Bezugspunkt der Aktivität der Behörde wird.Die Beziehungen der ›Confindustria‹ zum Industrie- und Handelsministerium in Italien können dafür als Illustration dienen. Die Fähigkeit von Gruppen, diesen Grad von Repräsentanz zu erlangen, ist in einer stark fragmentierten Gruppenstruktur nur wenigen Verbänden gegeben, da diese vom Organisationsmangel und anderen Variablen abhängt (vgl. S. 52 ff.). Wo die Gewerkschaften stark zersplittert sind, haben sie es im Vergleich zu den Arbeitgeberverbänden weit schwerer »clientela-Beziehungen« zu einem Ministerium (etwa dem Arbeitsministerium) auszubauen, wie die engen Beziehungen zwischen dem französischen Patronat und der hohen Bürokratie beweisen (187, S. 331). Wo die erwerbsständischen Gruppen konfessionell und ideologisch so gespalten sind wie in den Niederlanden, wird man mit dem Clientela-Konzept vermutlich kaum operieren können. Die Unterschiede der Beziehungen zwischen Interessengruppen und Bürokratie in den Ländern hat Almond (49, S. 406) in vier Typen einzufangen versucht:

1. Die Interessen werden vornehmlich von *disziplinierten Parteien aggregiert*, und die Interessengruppen sind gemäßigt, verhandlungswillig und repräsentativ für die wichtigsten Interessen des Volkes. Beides ermöglicht eine effektive Organisation des legislativen Prozesses und damit auch eine effektive Kontrolle über die Bürokratie (Beispiel: England).

2. In Vielparteiensystemen mit komplizierter Interessenaggregation im Parteiensystem und im Koalitionsprozeß ist der parlamentarische Prozeß gleichwohl effektiv genug, um eine *neutrale, instrumentale Bürokratie* zu ermöglichen (Beispiel: Skandinavien). Das Urteil »neutrale« Bürokratie kann allenfalls im Vergleich mit anderen Systemen gerechtfertigt werden. Elvander (260, S. 223) hat etwa für Schweden nachgewiesen, daß die Interessenrepräsentation in der Verwaltung großen Umfang angenommen hat.

3. Interessenaggregation und »policy making« findet nicht im Parteiensystem, im Parlament oder in der Bürokratie statt. Da Grundentscheidungen in einem solchen System schwierig sind und eine Tendenz zum »government of protection and maintenance« besteht, sind *Bürokratie und Interessengruppen die effektivsten politischen Handlungseinheiten.* Die Bürokratie kann in solchen Systemen nicht nur neutrales, verantwortliches Instrument sein. Sie ist von Interessen kolonisiert und durchdrungen mit unvereinbaren ideologischen Tendenzen (Beispiel: französische Vierte Republik). Die »clien-

tela-Beziehung«, die La Palombara für Italien herausarbeitete, kann als ein Fall dieses dritten Typs verstanden werden.

4. Der *politische Prozeß geht vor allem in der Bürokratie selbst vor sich.* Bürokratische Cliquen bilden informelle Bündnisse mit Elitegruppen außerhalb der Bürokratie (Beispiel: viele Entwicklungsländer).

In politischen Systemen mit starker Bürokratie – selbst wenn diese sich als politisch neutral versteht – wird die Verwaltung selbst zum Lobbyisten, der Einfluß ausübt, nicht zuletzt auf die Legislative. Kontakte mit Volksvertretern, Auftreten von Beamten in »Hearings« (291, S. 88) und die Begünstigung von Regierungsparteien, die sich nicht selten in ihren Fraktionssitzungen Auskünfte von Beamten geben lassen, sind Kommunikationsmittel für die Wünsche und Ansichten von Behörden.

In allen politischen Systemen gibt es mehrere Kooperationsformen zwischen Interessengruppen und Bürokratie:

1. *Direkte Vertretung* in der Bürokratie (»clientela-Beziehung«).

2. *Interessenrepräsentation* in der Verwaltung. Sie widerspricht der Rechtstradition, die besonders auf dem Kontinent stark ist, daß öffentliche Funktionen von Beamten des öffentlichen Dienstes ausgeübt werden sollten (271, S. 11). Sie nimmt oft die Form der Bildung von Beiräten an, in denen nicht nur Spezialisten, sondern auch Interessenten sitzen (vgl. S. 176 ff.).

3. *Organe der Zusammenarbeit* zwischen Bürokratie und Verbänden. Forschungs- und Ausbildungsinstitutionen dienen nicht selten einer solchen Zusammenarbeit (260, S. 223).

Wie bei den anderen Adressaten des Gruppeneinflusses kann auch bei der Bürokratie nicht von einer Einbahnstraßenbeziehung ausgegangen werden. Oft ergreift die Bürokratie selbst die Initiative zur Förderung der Zusammenarbeit, um sich der Unterstützung gesellschaftlicher Gruppen für ihre Planungen zu versichern. Andererseits sind viele Behörden erst auf Druck interessierter Verbände entstanden, und dieser Ursprung stärkt die Tendenz der Bürokraten nach den Interessen der Gruppen zu schielen, deren Aktivität man die eigene Position verdankt[73].

Der Einfluß der Interessengruppen auf die Bürokratie hängt von solchen Faktoren ab wie den Karrieremustern der Beamten. In den USA ist ein Wechsel von einer Interessenverbandslaufbahn in eine Verwaltungskarriere leichter als in den meisten europäischen Ländern. Viele Beamte haben keine »Ochsentour« im kontinentalen Sinne hinter sich und sind nicht in einem

73 Woll, a. a. O. (Anm. 37), S. 53.

standesbewußten Kastengeist erzogen. Die Empfänglichkeit für Einflüsse von außen ist in der Regel bei solchen Beamten größer. In Deutschland hindern die strengen Laufbahnvorschriften die Verbände daran, eine größere Zahl von Vertrauensmännern direkt in die Bürokratie zu schleusen (69, S. 105). Bei jedem Präsidentenwechsel in den USA dagegen werden über tausend wichtige Posten neubesetzt, und auch das Veto-Recht des Senats gegen Ernennungen des Präsidenten dient nicht der Verhinderung politischer Patronage zugunsten politischer Freunde, die keine professionelle Verwaltungsbeamten sind. Auch der Senat wird in der Regel sich bei der Bestätigung oder dem Veto von politischen Erwägungen leiten lassen. In Deutschland – wie in Amerika – gibt es eher einen Trend, von der Verwaltung in die Wirtschaft überzuwechseln, als umgekehrt. Die Austauschbarkeit der Karrieren zwischen Wirtschaft und Erwerbsleben und Verwaltung ist relativ gering. Der personalpolitische Einfluß von Verbänden in der Verwaltung ist vergleichsweise bei den Verbänden am größten, die ein Ministerium als »Verbandsinsel« betrachten, wie die Landwirtschafts-, Arbeits- und Vertriebenenministerien.

Der Verwaltungsmann mit einer allgemeinen Bildung gilt als unabhängiger gegenüber Interessenteneinflüssen als der spezialisierte Techniker (38, S. 556). Die Entscheidungsträger in der Bürokratie haben die Tendenz, Gruppenrepräsentanten zu bevorzugen, die den gleichen sozialen und kulturellen »background« haben wie sie selbst. Wo Juristen aus der Oberklasse in der Verwaltung vorherrschen, wird auch der Jurist als Interessenvertreter einen gewissen Vorteil gegenüber anderen Interessenten im Ringen um die Durchsetzung partikularer Interessen haben. Von diesen Faktoren hängt auch die Perzeption der Macht eines Verbandes durch die Verwaltungsbeamten ab. Die Aufgeschlossenheit für Verbandswünsche wird durch die Auffassung von der Möglichkeit eines Verbandes beeinflußt, hinderlich oder förderlich für die Karriere eines Beamten zu sein (183, S. 23). Spezielle Probleme ergeben sich aus dem Teil der Verwaltungstätigkeit, der mit längerfristiger Planung beschäftigt ist, weil in diesem Bereich eine gerechte Interessenrepräsentation um so schwieriger wird, je längerfristiger die Planungsarbeit angelegt ist. Oberschichten und Intellektuelle sind in der Regel stärker motiviert, ihre Interessen bezüglich längerfristiger Planungen geltend zu machen als andere Schichten. Großorganisationen sind bei der Planung in der Regel im Vorteil. Die verminderte Interessenartikulation der Unterprivilegierten gegenüber langfristiger Planung wurde vor allem in den USA durch *advocate planners* auszugleichen versucht. Es zeigte sich jedoch bei der Slumsanierung, daß die Planungsadvokaten nach einigen Jahren in das bürokratische Planungssystem so weit integriert wurden, daß die Funktion eines Ombudsmans derer, die sich schwer artikulieren können, immer mehr zu kurz kam, und anomische direkte Aktionen der Unzufriedenen wieder zunahmen. Aber selbst die Interessen der Gruppen, die nicht zu den unterprivilegierten zu rechnen sind, lassen sich in bezug auf konkrete Projekte nicht immer im voraus wirksam vertreten, wie sich bei der Planung von Trabantenstädten oder neuen Universitäten auch anhand mittelständischer und intellektueller Gruppen zeigen ließ. Trotz der Einrichtung zahlreicher Look-out-Institutionen und der Verbesserung des Informationssystems und der Verwissenschaftlichung von Planung wurde immer wieder an den Bedürfnissen der potentiellen Interessenten vorbeigeplant, schon weil die Präsenz der ökonomischen Interessen, welche die Pläne ausführen (etwa im Bauwesen) sich im Konfliktfalle über die Vorstellungen der Advokatenplaner hinwegsetzte.

Die Planung selbst wird in ihrem Erfolg jedoch selbst dann immer wieder in Frage gestellt, wenn die Repräsentation der Interessen relativ gut funktioniert, weil in der Regel weniger kontroverse Planungen mit geringerem Konsensbedarf größere Aussicht haben verwirklicht zu werden, und Innovationen meist nur in starken Krisen möglich werden (115, S. 183). Regulative und protektive Maßnahmen sind dabei meist weniger umstritten als Maßnahmen zur Umverteilung und zur Ausweitung von Partizipation der gesellschaftlichen Gruppen, die zu Veränderungen im Gleichgewicht der sozialen Kräfte führen können. Übergreifende Problemstellungen werden weniger energisch angepackt, und schon die traditionale Ressortstruktur von Regierung und Verwaltung ist einer problemorientierten Sicht von Systemzusammenhängen nicht eben zuträglich. Es ist daher kein Zufall, daß gerade im Bereich der Planung auch bei nichtsozialistischen Theoretikern (K.W. Deutsch u. a.) starke Zweifel an der Problemlösungskapazität inkrementalistisch-pluralistischer Politik laut geworden sind.

4. Justiz

Die Justiz ist in den meisten politischen Systemen der gegen äußere Verbandseinflüsse rechtlich am stärksten geschützte Zweig staatlicher Tätigkeit. Der Mythos von der neutralen »Justitia«, die mit verbundenen Augen die richterliche Waage hält, führt jedoch vor allem in Ländern mit römischrechtlicher Tradition noch immer zu einer Unterschätzung der Interesseneinflüsse auf die Justiz. Amerikanische Richter haben über die sozialen Implikationen der Rechtsprechung im allgemeinen weniger Illusionen. Justice Oliver Wendel Holmes gab einmal zu: »I think it most important to remember whenever a doubtful case arises, with certain analogies on one side and other analogies on the other, that what really is before us is a conflict between two social desires, each of which seeks to extend its dominion over the case, and which cannot both have their way. The social question is which desire is stronger at the point of conflict.«[74] Selbst die Möglichkeit, ausgesprochene »political questions« abzulehnen, wie sie der ›Supreme Court‹ der USA hat, schützt nicht hinreichend vor dem Interessenkonfliktaustrag mit dem Instrument des Richterspruchs. In Ländern mit »Common Law-Tradition« ist die Entstehung von kodifiziertem Recht ein gewisser Schutz gegen allzu einseitige Interpretation des Rechts zugunsten eines Interessenten. Für Amerika hat man dies am Beispiel der Eigentumsrechte der Frau demonstriert. Zwischen 1800 und 1870 hing die Position der verheirateten Frau in bezug auf ihr Eigentum gänzlich vom richterlichen Recht ab, da kein geschriebenes Recht in dieser Frage existierte. Nach alten »Common Law«-Regeln wurde das Eigentum der Frau durch die Eheschließung mit dem Eigentum des Ehegatten vereint und geriet so gänzlich unter seine Kontrolle[75]. Der Richter konservierte im allgemeinen einen älteren Rechtszustand, bis in den Oberschichten ein gewisser Druck auf den Gesetzgeber einsetzte, um die Frau im Eigentumsrecht vom Mann stärker zu emanzipieren. Zuweilen bot jedoch auch ein neues Gesetz keinen Schutz vor konservativer Rechtsauslegung zugunsten einzelner Gruppen. Als in den USA der ›Clayton Act‹ 1914 in Kraft trat, hofften die Gewerkschaften, daß das neue Gesetz künftig Eingriffe in Arbeitskämpfe unterbinden und die Beschränkungen im Organisations- und Streikrecht, welche der ›Sherman Antitrust Act‹ mit sich brachte, abbauen werde. Die Richter kamen in der Interpretation des Gesetzes jedoch überwiegend zu der Ansicht, daß die ältere Rechtslage durch das neue Gesetz nicht verändert werde. (292, S. 487 f.).

In den USA wurden zuweilen regelrechte Zweikämpfe der Interessenten von verschiedenen Zweigen der Staatsgewalt ausgetragen. Während die Gerichte als »Zitadelle der Business-Interessen« galten, waren die Legislaturen bevorzugte Adressaten ihrer Gegner. Mit Hilfe der Gerichte konnten die konservativen Interessenten die sozial schwächeren Interessenten, die eine staatliche Regelung durch Gesetz durchgesetzt hatten, noch um die Früchte

74 Oliver Wendel Holmes: Collected Legal Papers. New York 1920, S. 239.
75 Robert K. Carr: The Supreme Court and Judicial Review. New York 1942, S. 31.

dieses Sieges prellen, indem sie die Gerichte gegen die Gesetzgebung zu Hilfe riefen, wie im Child Labor-Fall Hammer v. Dagenhart (314, S. 47).

Am gefährlichsten scheint der Interessenteneinfluß auf die höchsten Gerichte, vor allem auf jene, denen die Verfassungsgerichtsbarkeit zusteht. An den Entscheidungen des ›Supreme Courts‹ in den Vereinigten Staaten wird von vielen kritisiert, daß sie Ergebnisse von Pressure und Gegenpressure sind. Andere Kritiker dagegen befürchten gerade das Gegenteil: daß das Prinzip des »judicial review« das Resultat des Interessenausgleichs, wie er in einem Gesetz des Kongresses zustande gekommen ist, wieder zunichte zu machen droht und neue soziale Konflikte heraufbeschwört (314, S. 310 ff.). Diese Meinung wäre nur richtig, wenn man unterstellen könnte, daß die obersten Richter grundsätzlich eine extreme (meist konservative) Meinung unterstützten und ihre Entscheidungen gleichsam im sozial luftleeren Raum gewinnen. Für beides gibt es keine eindeutigen Beweise. Die Interessengruppenforschung kann sich nicht mit den politisch einseitigen Urteilen befassen, die auf Grund der Rekrutierung der Richter vorwiegend aus der oberen Mittelklasse und der konservativen Erziehung, die oft mit einem Jura-Studium verbunden ist, resultieren. Nur die direkten Einflußversuche fallen in ihr Forschungsgebiet. Nicht jedes sozial parteiische Gerichtsurteil darf als Folge direkten politischen Einflusses gewertet werden.

Der ›Supreme Court‹ der Vereinigten Staaten hat auf dem Gebiet der Normenkontrolle und bei der Nachprüfung von Akten der Exekutive eine weite Entscheidungsfreiheit, die nicht nur für Individuen, sondern auch gerade für Interessengruppen von weittragender Bedeutung ist. Nach der ›Judiciary Act‹ von 1925 steht es dem Obersten Gerichtshof frei, zu entscheiden, in welchen Fällen er eine Revision gegen Entscheidungen anderer Gerichte zulassen will. Daher ist gerade der ›Supreme Court‹ ein wichtiger Adressat von Pressure-Einflüssen (325, S. 69). Aufgrund der Rollenerwartung des neutralen Richters überwiegen indirekte Einflußmethoden. Konservativ-defensive Interessengruppen haben in der Regel die größte Chance, Gehör zu finden (292, S. 487). Das Gerichtsurteil ist ein relativ schwerfälliges Einflußmittel. Es ist geeigneter als Veto gegen Innovationen als zur Initiierung einer fortschrittlichen Politik (322, S. 385).

Direkter Einfluß von Interessengruppen ist dagegen bei der Richterbestellung zu befürchten, besonders dort, wo diese vom Volk gewählt werden. Die Ernennung der obersten Richter in den USA muß vom Senat bestätigt werden. Gerade darin liegt jedoch bei der großen Bedeutung, welche die Legislative als Adressat von Gruppeneinflüssen in Amerika hat, eine Gefahr.

Durch das Prinzip der »senatorial courtesy« droht die Bestätigungsmacht des Senats für die Ernennung der Richter an niederen Gerichten teilweise auf einzelne Senatoren überzugehen (292, S. 492). 1930 konnten einzelne Verbände, wie die Gewerkschaften und die ›National Association for the Advancement of Colored People‹, so starke Kräfte mobilisieren, daß Präsident Hoovers Vorschlag, eine Vakanz im ›Supreme Court‹ mit John J. Parker aus North Carolina zu füllen, scheiterte. Die Gewerkschaften nahmen Parker eine Entscheidung übel, in der er »yellow dog contracts« für gültig erklärt hatte, und einige »promotional groups« bekämpften ihn als Gegner der schwarzen Bevölkerung. Die Ernennung starker Persönlichkeiten wie ›Chief Justice‹ Charles Evans Hughes 1930 oder Wilsons Ernennungsvorschlag zugunsten von Louis D. Brandeis 1916 stießen auf starken Widerstand von Interessengruppen.

Eine Gruppe hat sich ein besonderes Monopol des Einflusses auf die Bestellung amerikanischer Richter erkämpft: die ›American Bar Association‹. 1949 hat die ABA ein spezielles Komitee für das Bundesjustizwesen geschaffen, das sich zum Ziel setzte, »die Ernennung . . . von kompetenten Personen für die Ernennung zum Richter der Gerichte der Vereinigten Staaten« zu fördern. Unter der Präsidentschaft Eisenhowers hat das Komitee dem ›Department of Justice‹ Bericht erstattet. 1952 wurde die Mitwirkung des Komitees dadurch institutionalisiert, daß man alle Kandidaten, außer jenen für den ›Supreme Court‹, die ernsthaft für eine Ernennung in Erwägung gezogen wurden, von dem Komitee prüfen ließ. Nach dem Tod von ›Chief Justice‹ Vinson bot das ABA-Komitee seine guten Dienste zur Beratung für eine neue Ernennung an. Es wurde ihm geantwortet, daß die Ernennungen zum ›Supreme Court‹ eine persönliche Angelegenheit des Präsidenten seien, daß man das Komitee aber konsultieren werde, falls man seine Hilfe brauche. 1956 wurde es bei der Ernennung von William J. Brennan um Rat gefragt. Aus diesen Vorteilen der ABA ist bisher kein fester Anspruch auf Konsultation erwachsen. Verschiedene Präsidenten haben die Konsultation unterschiedlich vorgenommen. Bei Präsident Kennedys Ernennung von Arthur Goldberg als Nachfolger von Felix Frankfurter wurde das ABA-Komitee erst nach einer Vorauswahl konsultiert. Die ABA bestreitet in Selbstdarstellungen, daß ihr Einfluß auf die Richterernennungen ein politischer oder gar interessengruppengebundener sei, sondern sie will im Gegenteil politische und Interessentenerwägungen bei der Ernennung stärker ausschalten (319, S. 313). Es wäre jedoch ein Irrtum anzunehmen, daß das Urteil der ABA über die Kompetenz und richterliche Qualifikation frei von ideologischen und Interessenstandpunkten sein kann. In der Regel hat die ABA eine konservative Laisser-faire-Politik gegen Planung und Staatsintervention unterstützt.

Interesseneinflüsse bei der Richterernennung sind nicht auf Amerika beschränkt. In Deutschland versuchen Interessenten ebenfalls, Einfluß auf die Personalpolitik zu nehmen. Selbst die »ständische Kooptation« der Richter ist nicht frei von Interessengesichtspunkten. Vor allem die Sondergerichtsbarkeit für einzelne soziale Bereiche (z. B. Arbeitsgerichte) ist vielen Juristen bereits ein bedenkliches Zeichen für wachsende Verbandseinflüsse auf die Justiz (133, S. 204). Richter haben vor ihrer Ernennung in der Regel – wie die meisten Menschen mit hoher Bildung und vielfältiger sozialer Kommunikation – Interessengruppen-Beziehungen. In vielen Ländern legen sie solche Mitgliedschaften in Verbänden nieder, um keinen Verdacht der Befangenheit aufkommen zu lassen. Formale Mitgliedschaften können aufgegeben werden, aber die Sympathie oder Antipathie für bestimmte organisierte und nichtorganisierte Interessen, die in einzelne Urteile einfließt, ist dadurch noch nicht ausgeschaltet (292, S. 489).

Eine besondere Form des direkten Einflusses von Verbänden auf die Justiz sind die Test- und Paradeprozesse, die von vielen Verbänden inszeniert werden, in denen entweder ein Verband selbst oder eine von ihm unterstützte Person als Kläger auftritt. Dieser Methode bedienen sich vor allem ideelle Förderverbände zum Schutz von sozial Schwachen, wie die ›National Association for the Advancement of Colored People‹ (NAACP), die 1939 eigens einen besonderen ›Legal Defence and Education Fund‹ unterhielt (325, S. 70). Die deutschen Studentenausschüsse (AStA) haben ähnliche Aktivitäten in großem Maßstab aufgenommen, teils zum Schutz materieller Interessen der Studenten (z. B. durch Musterprozesse im Kampf gegen Mietwucher) oder zum politischen Schutz ihrer Mitglieder (in den Rechtshilfefonds, die z. T. in Zusammenarbeit mit politischen Hochschulgruppen geschaffen wurden).

Eine weitere direkte Methode des Einflusses steht amerikanischen Interessengruppen durch die Möglichkeit, als »amicus curiae« aufzutreten, zur Verfügung. Die Gruppen reichen Schriftsätze zu anhängigen Prozessen ein, da im amerikanischen Recht die Möglichkeit besteht, daß Personen, Organisationen oder Anwälte der Exekutive vor dem ›Supreme Court‹ zu einzelnen Fällen Stellung nehmen. 1947 wurden in den vier anhängigen Prozessen in Rassenfragen 19 »briefs« von den sogenannten »Freunden des Gerichtshofes« durch Gewerkschaften und religiöse und andere Organisationen eingereicht (291, S. 118).

Zu den indirekten Methoden des Einflusses gehört die Lancierung von wissenschaftlichen Artikeln. Richter konsultieren vor schwerwiegenden Entscheidungen nicht nur Gesetze und Kommentare, sondern auch die wissenschaftliche Literatur in den ›Law Reviews‹ (291, S. 119). In Amerika – stärker als in Europa – sind Massenpetitionen an Gerichte und alle möglichen Formen der Urteilsschelte (die in Deutschland von den Juristen noch überwiegend abgelehnt werden) und das Demonstrieren vor Gerichtsgebäuden Formen der Einflußsuche durch Verbände (325, S. 71). Seit 1950 wurde jedoch Demonstrieren (»picketing«) vor bundesstaatlichen Gerichten verboten.

5. Parteien

Die meisten Gruppenforscher halten an einem Unterschied von Parteien und Pressure-groups fest. Nur bei V. O. Key bestand auf Grund seiner – nur auf Amerika gestützten – Erfahrungen die Tendenz, Partei- und Interessenverbandsorganisation als funktional kaum unterscheidbar anzusehen (86, S. 243). Parteien verfolgen im Gegensatz zu den Interessengruppen primär politische Ziele. Zwar gibt es auch Verbände, die nur gegründet worden sind, um auf politische Entscheidungen Einfluß zu nehmen (wie die ›Anti-Saloon League‹ in den USA), aber im Gegensatz zu den Parteien streben selbst solche Verbände mit primär politischen Zwecken nicht den Erwerb der Macht oder politische Verantwortung für ihre Tätigkeit an.

Je größer die Rolle der Parteien in einem politischen System ist, um so aussichtsreicher erscheint es für viele Verbände, die Parteien als Adressaten von Einflüssen zu wählen, um ihre Ziele in den Staatsorganen durchzusetzen. Den politischen Parteien fällt in komplexen industrialisierten Demokratien die Aufgabe zu, als spezialisierte Organe der Interessenartikulation zu wirken. Die Parteien sind bei der Interessenaggregation auf die Unterstützung der organisierten Interessen angewiesen. Die Symbiose zwischen Parteien und Verbänden hat Vorteile für beide Seiten. Für die Parteien bedeutet sie vor allem die Zuführung überschaubarer Stimmpakete, die Erschließung von Finanzquellen, die besonders im Wahlkampf unerläßlich sind, die Gewinnung von Verbandsexperten als Kandidaten und Abgeordnete, vor allem für die Ausschußarbeit in Parlamenten und Fraktionen. Die Verbandsdurchlässigkeit der Parteien hat zudem den generellen Vorteil, daß die Sonderinteressen von der politischen Eigenorganisation abgehalten werden (139, S. 329), was die Parteienzersplitterung mildert.

Zwischen Parteien und Verbänden sind mehrere Formen der Beziehung denkbar. Die wichtigsten sind:

a) *Ein Verband organisiert sich als Partei.* Beispiele dafür sind die Agrarparteien und religiöse Parteien, der BHE in Deutschland, Duttweilers Partei in der Schweiz, die Poujadisten in Frankreich, die radikale Bauernbewegung in den Niederlanden. Dritte Parteien im amerikanischen Zweiparteiensystem dienten häufig dem Ziel, einer Gruppe beim Übergang zu einer anderen Partei eine Übergangsform der Organisation zu verschaffen (306, S. 304), weil den Mitgliedern nicht sofort der Massenübertritt zur ehemaligen Konkurrenzpartei zugemutet werden konnte.

b) *Interessengruppen versuchen, die Programme und Entscheidungen aller Parteien zu beeinflussen.* Dies wird als der Normalfall in einer demokratischen Gesellschaft angesehen, obwohl selbst im Zweiparteiensystem starke Unterschiede in der Intensität bestehen, mit der einzelne Verbände sich um Einfluß in beiden Parteien bemühen (283, S. 96f.).

c) Ein Verband oder eine Gruppe von verwandten Verbänden *kooperiert vornehmlich mit einer Partei.* Manche Gewerkschaften beherrschen geradezu eine sozialistische Partei.

d) Parteien versuchen *zahlreiche Verbände als Anhängeorganisationen zu bilden,* um Bevölkerungsgruppen für ihre Ziele zu mobilisieren, die nicht direkt für die Parteien zu gewinnen sind. Vor allem sozialistische und kommunistische Parteien haben oft Anhängeorganisationen, die vom Arbeitskampf bis zur Freizeitgestaltung, vom sozialistischen Kindergarten bis zum sozialistischen Feuerbestattungsinstitut alle Bereiche des Lebens organisieren. Sie dienen zum Teil dazu, die Mitglieder mit den der Partei nahestehenden Organisationen in einem nahezu abgeschlossenen sozialen Subsystem abzuschirmen, das mit anderen Bereichen nur schwache Kommunikation hat.

e) *Eine Partei beherrscht alle Verbände.* Dieser Fall ist nur in totalitären Diktaturen denkbar. Selbst die autoritären und Militärdiktaturen, die zwar die äußere Macht in den Händen halten, nicht aber auch ideologische Gleichschaltung und Indoktrinierung der Bürger in großem Maßstab versuchen, dulden meist noch Organisationen, die nicht nur eine von der Einheitsbewegung abgeleitete Macht haben (z. B. Spanien).

Regelmäßigkeiten, die für die Interessengruppenforschung von Bedeutung sind, lassen sich vor allem zu den Punkten a und c feststellen. Selbst Verbände, die ihren unpolitischen Charakter betonen und selten direkten Einfluß auf die Staatsorgane zu nehmen versuchen, unterhalten oft Kontakte zu Parteien und unterstützen einzelne Kandidaten der Parteien (224, S. 208).

Interessengruppen als Partei

Duvergers Parteilehre unterscheidet die Parteien im Hinblick auf ihren Ursprung als Parteien, die als Parlamentsfraktionen entstanden, und solche, die sich außerhalb des Parlaments organisierten. Letztere sind häufig Partei gewordene Interessengruppen. Wo die ständische Aufteilung der Repräsentation bis ins 19. Jahrhundert andauerte, wie in Schweden, konnten sich einzelne Parteien auch innerhalb des Parlaments aus Interessengruppen entwickeln, wie die schwedische ›Lantmanna‹-Partei, die sich schon vor der Umwandlung des Ständereichstags in ein modernes Zweikammersystem im Rahmen des Bauernstands in den Jahren 1862–1863 gebildet hatte[76]. In der Arbeiterbewegung war es lange umstritten, ob sich die Arbeiterklasse auch als Partei im Rahmen des bürgerlichen Parlamentarismus konstituieren sollte. Aber nur die syndikalistische Richtung hielt daran fest, daß man sich politisch der »großen Weigerung« hingeben müsse und nur mit ökonomischen Mitteln kämpfen dürfe. In keinem Land hat sich die Arbeiterbewegung jedoch in der Haltung einer politik-feindlichen Interessengruppe konservieren lassen. Ebensowenig sind die sozialistischen Parteien, die überall entstanden, bloße Interessenparteien geblieben. Ihr Verhältnis zu den Interessenvertretungen der Arbeiter ist vielschichtig und widersprüchlich geworden. Die engste Verbindung zwischen beiden schuf ein Verhältnis Partei-Interessengruppe, das unter den Typ c der obigen Klassifikation zu subsumieren ist. Seit dem Ende des 19. Jahrhunderts waren es vornehmlich Gruppen, die von Statusfurcht befallen waren, die sich als Partei organisierten, wie die Bauern und Gruppen des Kleinbürgertums, die von einer Deklassierung bedroht schienen. Der Poujadismus im Frankreich der Vierten Republik war eines der markantesten Beispiele für eine Interessengruppe des Kleinbürgertums, die vorübergehend als Partei Erfolg hatte. Die Bewegung geriet dabei rasch in Konkurrenz mit den Interessengruppen, die bis dahin vorwiegend die Interessen der Anhänger Poujades vertreten hatten, wie die ›Confédération générale des petites et moyennes entreprises‹ (CGPME), deren Satelliten und einige Handwerkerverbände. Es kam dabei zu starker Rivalität zwischen dem Führer der CGPME, Gingembre, und Poujade[77].

Der Block der Heimatvertriebenen und Entrechteten (BHE) in der Bundes-

76 Edvard Thermaenius: Lantmannapartiet. Dess uppkomst, organisation och tidigare utveckling. Uppsala 1928, S. 199.

77 Stanley Hoffmann: Le mouvement Poujade. Paris 1956, S. 307.

republik Deutschland ist ein weiteres berühmtes Beispiel für die Interessengruppe, die sich vorübergehend als Partei konstituierte und als solche Einfluß auf das politische Gesamtsystem gewann.

In der Parteienlehre wurden solche Interessenparteien für minderwertiger als die Parteien erachtet, denen man entweder zubilligte, daß sie das Gemeinwohl im Auge hätten (manchmal wurden sie geradezu als »Gemeinwohlparteien« bezeichnet), oder aber wenigstens nachsagte, daß ihre parteiische Ideologie sich bemühe, auf alle politischen Fragen eine Antwort zu geben und zur Gesamtpolitik eine Konzeption zu entwickeln. Es muß demgegenüber betont werden, daß alle Parteien mehr oder weniger ausgesprochen partikulare Interessen vertreten. Der Begriff Interessenpartei darf nicht diskriminierend gebraucht werden, sondern hat allenfalls eine differenzierende Eigenschaft, wenn er Gruppen charakterisiert, deren politischen Streben »vordringlich eine eindeutige Interessenkonstellation zugrundeliegt«[78].

Die Klassifikation von Parteien kann zudem ein allzu statisches Bild suggerieren. Die Entwicklung einer Interessengruppe zur Partei ist nicht irreversibel. Parteien können auch zu einer Art Pressure-group degenerieren, vor allem wenn sie im Huckepacksystem von einer größeren Gruppe in den Wahlen am Leben gehalten werden (wie zeitweise die Deutsche Partei) oder permanente Klienten einer anderen Partei werden wie die australische ›Country Party‹, die auch ohne dieses Dauerbündnis nie ganz den Charakter einer Interessenpartei verloren hat.

Verbindungen der Verbände mit allen Parteien

Viele Verbände verstehen sich als überparteilich und kooperieren mit mehreren Parteien. Die Erforschung der Anfänge des Nationalsozialismus hat oft dazu geführt, daß mächtige Interessenten als nazistisch hingestellt werden. Man machte den Fehler, die Summen, welche Unternehmungen oder Verbände den Nazis zukommen ließen, isoliert zu betrachten, und stellte zu wenig die Gegenrechnung auf, in der die Summen berücksichtigt waren, die einzelne Interessenten den anderen Parteien gaben. Viele Interessenten pflegten sich durch Zuwendungen gegen Eventualitäten rückzuversichern, ohne deshalb eine Partei bereits mit vollem Herzen zu unterstützen.

Den mächtigsten Interessengruppen von Kapital und Arbeit gelingt es selten, sich unparteiisch zu verhalten, da sich der Klassengegensatz noch im

78 Neumann, a. a. O. (Anm. 30), S. 376.

Parteiensystem partiell widerspiegelt. Auch die Gewerkschaften können dies nicht. Die deutsche Einheitsgewerkschaft (DGB) mußte formell ihre Neutralität stärker wahren als die Gewerkschaften in der Weimarer Republik. Aber de facto neigt der DGB zur SPD, auch wenn die finanzielle Unterstützung auf Schwierigkeiten stößt und die politische Unterstützung sich in neutrale Formen kleidet, wie in dem Slogan des DGB für die Bundestagswahlen von 1953: »Wählt einen besseren Bundestag«. Die Parteilichkeit des DGB kann nur soweit gehn, wie der Toleranzspielraum der Mehrheit der Mitglieder reicht (125, S. 53). Alle Verbände, die sich selbst in gewissen Fällen ein politisches Mandat beimessen, können von ihrem Selbstverständnis her gar nicht parteipolitisch neutral sein.

Die Tendenz der Arbeiterbewegung, mit einer Partei zu kooperieren, wird in Ländern mit einem starken Föderalismus gemildert, weil in vielen Staaten eine andere Partei an der Macht war als im Bund. Daher haben amerikanische Gewerkschaften nie so einseitige Beziehungen zu den Demokraten unterhalten, wie die europäischen Arbeiterbewegungen sie zu den Arbeiterparteien hatten (322, S. 442). Gleichmäßige Verbindungen zu allen wichtigen Parteien zu unterhalten gelingt am ehesten den ideellen Fördererverbänden. Die amerikanische Prohibitionsbewegung war Meisterin in der Unterhaltung mehrseitiger Kontakte zu beiden Parteien. Aber auch ihre materiell interessierten Gegner unter den Brauern und Schnapsbrennern waren nicht ungeschickt. Allein 1884 wurden 1002 Conventions und »primaries« von beiden Parteien abgehalten. 633 davon fanden in Wirtshäusern statt (263, S. 248). Durch Überlassung von Räumen und Vergünstigungen beim Getränkeausschank konnte sich der Einfluß der Alkohol-Lobby auf die Parteien auswirken.

Manchmal haben Interessenten, die in einer Partei wirkten, durch ihre Beziehungen zu anderen Parteien einen Druck ausüben können. Linus Kather, einer der Promotoren der Lastenausgleichsgesetzgebung, hatte großen Einfluß, solange er mit seinem Übergang von der CDU zum BHE drohen konnte (136, S. 168). Die Geschädigtenverbände, in denen Kather hohe Funktionen innehatte, unterhielten auch Beziehungen zur FDP, in geringerem Maße zur SPD. Die Rolle von Wenzel Jaksch war daher später in manchem noch einflußreicher, weil er drohen konnte, wichtige Stimmenanteile der Vertriebenen in das Lager der SPD zu führen, der er angehörte.

Die Theorie der pluralistischen Demokratie geht nicht selten davon aus, daß die Verbände mit allen politisch relevanten Parteien zusammenarbeiten und so eine Reihe von »cross pressures« die einseitige Kooperation verhindert. Dieses Bild ist allenfalls für Zweiparteiensysteme wie das amerikanische richtig. Aber auch in Amerika gibt es Schwerpunktbildungen des Einflusses bei einzelnen Parteien, und selbst das Zweiparteiensystem schafft nicht überall »cross pressure«, wie die enge Symbiose der Labourparty mit den Gewerkschaften in England beweist. In Vielparteiensystemen mit starker Gruppenfragmentierung besteht erst recht die Tendenz bei Verbänden, sich auf einzelne Parteien zu spezialisieren. In vergleichender Sicht ist daher dieser Typ von Beziehungen der häufigste Fall.

Spezialisierung der Verbände auf die Kooperation mit einer Partei

Die Pressure-group-Forschung hat diesem Typ der Beziehungen zwischen Parteien und Verbänden begreiflicherweise die meiste Aufmerksamkeit geschenkt. Die Suche nach Einflüssen impliziert meist auch den Verdacht, daß überproportionierter und unkontrollierter Einfluß von Interessengruppen feststellbar ist. Eine Politikwissenschaft, die sich nicht auf die wahllose Untersuchung einzelner Gegenstände beschränkt, sondern mit ihren Forschungen einen Beitrag zur Demokratisierung der Gesellschaft leisten will, konzentriert sich daher auf die »Entlarvung« jener Symbiosen von Verbänden und Parteien, die einer pluralistisch demokratischen Willensbildung gefährlich werden können.

Wenn die amerikanische Gruppentheorie selbst für die USA ein allzu beschönigendes pluralistisches Bild der »cross-cutting pressures« unterstellt, so wird dieses Bild für Europa erst recht irreführend. Ein amerikanischer Forscher mit europäischem »background« wie La Palombara hat diese Einsicht auch bei der Untersuchung des Verhältnisses von Parteien und Verbänden angewandt und festgestellt, daß die amerikanische Situation mit der Europas nicht zu vergleichen ist:

1. Es fehlen weitgehend scharfe ideologische Differenzen in der amerikanischen Wählerschaft.

2. Die Verbandseliten haben zum Teil eine bewußt antipolitische Tradition. Der »Tweedledee-tweedledum«-Charakter des amerikanischen Parteiensystems ohne scharfe ideologische Unterschiede ist in Europa nirgendwo anzutreffen.

3. Die Eigenart amerikanischer Landwirtschaft und die geographische Verteilung der Industrie schufen die Bedingungen für die Entstehung einer Arbeiterpartei nicht in gleichem Maße wie in Europa.

4. Die andersartige Einstellung des amerikanischen Managements. Die

amerikanische Arbeiterbewegung wurde niemals im gleichen Umfang wie die europäische gezwungen, mit einer progressiven, auf die Arbeiterinteressen zunächst spezialisierten Arbeiterpartei zu kooperieren (8, S. 81).

Gleichwohl hat es Zeiten und Staaten in den USA gegeben, in denen sich eine relativ enge Kooperation zwischen Arbeiterbewegung und Demokratischer Partei herausbildete. In der Zeit des ›New Deal‹ erlangten einige Gewerkschaftler Einfluß in der Demokratischen Partei (317, S. 178). Aber ihr Verhältnis zur Partei war immer von pragmatischen Rücksichten bestimmt und schloß kein prinzipielles, langfristiges und von allen Mitgliedern gebilligtes Engagement ein.

Die europäische Arbeiterbewegung hat sich niemals so unpolitisch verstehen können, wie die amerikanische es in der Regel tat, und ist daher niemals bloß »trade-unionistisch« gewesen, wie ihr die marxistische Kritik sozialistischer Länder manchmal allzu undifferenziert vorwirft.

Am engsten ist die Verbindung von Verbänden und Parteien in den Ländern, in denen Gewerkschaften kollektive Mitglieder in der Arbeiterpartei sind. In einigen Ländern entstand die Arbeiterpartei aus der Gewerkschaftsbewegung, wie in Großbritannien. Auf dem Gewerkschaftskongreß von 1871 wurde beschlossen, ein ›Parliamentary Committee‹ zu schaffen, einen Ausschuß, der zwischen den jährlichen Kongressen die Tätigkeit des Parlamentes verfolgen und beeinflussen sollte. Während der ersten Jahrzehnte standen die meisten Mitglieder dieses Ausschusses der Liberalen Partei nahe, obwohl es schon viele gab, die nach einer unabhängigen Arbeiterpartei riefen. Im Jahre 1900 erst waren die Gewerkschaften bereit, mit anderen sozialistischen Gruppen außerhalb der Gewerkschaften ein ›Labour Representative Committee‹ zu gründen, aus dem 1906 die ›Labourparty‹ entstand (182, S. 111). Die Initiative lag indessen nicht allein in gewerkschaftlichen Kreisen. Keir Hardie und seine ›Independent Labour Party‹ (ILP) benutzten die Gewerkschaften zum Teil als Instrument, um finanzielle Mittel für eine politische Bewegung zu bekommen, deren primäres Ziel war, nach parlamentarischer Macht zu streben[79].

Bis heute machen die Gewerkschaften etwa $^2/_3$ der Mitglieder aus. Von den 9,8 Millionen Mitgliedern der Gewerkschaften Ende 1961 führten jedoch nur rund 8 Millionen an die Kasse ihrer Gewerkschaft den politischen Beitrag (»political levy«) ab. Von den Beitragszahlern schätzt man, daß etwa 65 % der Partei angehören. Die Gewerkschaft kann den von ihr erhobenen

79 H. Pelling: The Origins of the Labour Party. Oxford [2]1965, S. 219.

politischen Fonds auch zur Unterstützung einer anderen Partei als der Labourparty oder zur Unterstützung eigener Kandidaten verwenden. Die Gewerkschaft hat jedoch ein Interesse, ihre politische Unterstützungstätigkeit nicht zu zersplittern, da von der Zahl der affiliierten Mitglieder ihr Stimmgewicht beim Jahreskongreß der Labourparty abhängt, auf dem eine Stimme auf tausend Mitglieder entfällt. Nach dem ›Trade Union Act‹ von 1913 wurde die Verwendung von Mitgliedsbeiträgen für politische Zwecke für zulässig erklärt. Jedes Mitglied der Gewerkschaft konnte sich jedoch durch eine schriftliche Erklärung davon ausschließen (»contracting-out«), wovon nur relativ wenige Mitglieder (1925 von über 3 Millionen nur etwa 100 000) Gebrauch machten[80]. 1927 nutzten die Konservativen ihren Wahlsieg in kurzsichtiger Form durch die Verabschiedung der ›Trade Disputes Act‹ aus, in der nicht nur der Generalstreik verboten wurde, sondern auch ein ›contracting-in-System‹ den Mitgliedern von Gewerkschaften bei der Bezahlung politischer Beiträge aufgezwungen wurde. Die Gewerkschaftsmitglieder mußten nun ausdrücklich ihre Bereitschaft erklären, den politischen Beitrag zu zahlen[81]. Es hieß in dem Gesetz: »It shall not be lawful to require any member of a trade union to make any contribution to the political fund of a trade union unless he has at some time after the commencement of this Act ... required to make such a contribution delivered at the head office of some branch office of the trade union, notice in writing in the form set out in the First Schedule to this Act of his willingness to contribute to that fund and has not withdrawn the notice in manner hereinafter provided.«[82] Die bürokratischen Vorschriften spekulierten auf die Apathie der Arbeiterschaft, die nur ungern zur Feder griff. Nur etwa 60 % machten von der Möglichkeit der Willenserklärung Gebrauch, was die Labourparty finanziell schwächte und für ihren Niedergang in den dreißiger Jahren mitverantwortlich gemacht wurde. Der Laboursieg 1945 führte zur Aufhebung des Gesetzes[83].

Wenn die Gewerkschaften bis heute die stärkste Basis der Organisation der Labourparty sind, so entspricht dem kein adäquater Einfluß auf die Parteileitung. Die Gewerkschaften benutzten ihren Einfluß auf die an der Macht befindlichen Labourregierungen. Wenn die Konservativen herrschten, gaben sie jedoch ihrer Neigung nach, lieber direkt mit der Regierung als auf

80 Loewenstein, a. a. O. (Anm. 16), Bd. I, S. 179; Bd. II, S. 340.

81 H. Pelling: A Short History, a. a. O., S. 61.

82 G. H. L. Le May: British Government. 1914–1963. Select Documents. London ²1964, S. 37 f.

83 Ebd., S. 102.

dem Umweg über die Labourparty zu verhandeln. Es gab auch Gewerkschaften, die kein Interesse am parlamentarisch-politischen Kampf zeigten, selbst wenn sie Kandidaten unterstützt hatten, weil das so üblich war. Als die Konservativen nach der Wahlniederlage der Labourparty im Oktober 1951 an die Macht zurückkehrten, erklärte das General Council des ›Trade Union Congress‹: »It is our long standing practice to seek to work amicably with whatever Government is in power and through consultation jointly with Ministers and with the other side of industry to find practical solutions to the social and economic problems facing this country. There need be no doubt, therefore, of the attitude of the T.U.C. towards the new Government« (171, S. 23).

Wenn die Labourparty an der Macht war, kam es nicht immer zu ungetrübten Beziehungen zwischen der Partei und den Gewerkschaften, die sie unterstützten. Für die Labour-Administration von 1945–1951 hat man drei Phasen der Beziehungen unterschieden:

1. 1945–Herbst 1947: Kritisches, aber vorwiegend freundliches »detachment« der Gewerkschaften. Fortsetzung der Zusammenarbeit, wie sie während des Krieges bestand.

2. 1947–1950: Enge Beziehungen dank einiger Konzessionen des T.U.C. bei einer fast unkritischen Hinnahme der Regierungspolitik.

3. 1950–1951: Rebellion gegen die Politik des Lohnstopps. Abnehmen des gewerkschaftlichen Einflusses auf die Regierung.

In den Zeiten der engen Zusammenarbeit waren seltsamerweise nicht Arthur Deakin und die Gewerkschaftsführer die wichtigsten Bindeglieder, sondern ein Politiker wie Ernest Bevin, der sowohl mit Deakin als auch mit Attlee befreundet war (171, S. 287 ff.).

In Vielparteiensystemen mit der Notwendigkeit zur Koalitionsregierung konnte das Mißtrauen der Gewerkschaften gegen die sozialistischen Minister so weit gehen, daß sie eine besondere Repräsentation im Kabinett neben den sozialdemokratischen Ministern verlangten (30, S. 51). In Italien überwog zeitweilig genau die entgegengesetzte Ansicht, daß die Regierungsbeteiligung der Gewerkschaften diese kompromittiere und daher vermieden werden müsse (224, S. 234). In den Niederlanden, wo selbst die Parteien sich nicht gern eng mit einer heterogenen Koalitionsregierung verbinden, gibt es nur selten prominente Verbandsführer im Kabinett oder im Parlament. Eldersveld (13, S. 30) vertrat die These, daß sie die üblichen Interessengruppen-Aktivitäten und die Arbeit im Sozialökonomischen Rat (vgl. S. 182 ff.) dem direkten politischen Engagement vorzögen. Allen (171, S. 313) hat aus den zeitweiligen Spannungen zwischen Arbeiterparteien und Gewerkschaften den generellen Schluß gezogen, daß man den Einfluß von Gewerkschaften selbst bei enger Verbindung mit der Partei überschätzt, weil diese meist nur auf ökonomische Entwicklungen reagieren, sie aber nicht schaffen und planen. Dieses Urteil kann jedoch nicht für alle Länder und für alle Verbände in gleicher Weise gelten. In einigen Ländern haben die Gewerkschaften wissenschaftliche Institute und Planungs- und Beratungsgremien geschaffen, die manchmal geeigneter erscheinen, Politik zu planen und nicht nur auf sie zu reagieren, als die Möglichkeiten der Planungsarbeit, welche die meisten kontinental-europäischen Parteien schufen.

Auch die norwegische Arbeiterpartei war bei ihrer Gründung 1887 zugleich politische Partei und Föderation von Gewerkschaften. Diese Allianz dauerte bis 1899 als die ›Nationale Föderation der Gewerkschaften‹ (›Arbeidernes Faglige Landsorganisasjon‹) gegründet wurde. Aber auch nach Auflösung des engen Verhältnisses ist die Partei mit Interessengruppen verbunden durch Überlappung von Führungsposten, durch informelle Kommunikation, durch Verbindungskomitees und durch kollektive Mitgliedschaft, wie sie die norwegische Arbeiterpartei auf lokaler Ebene kennt. Nur örtliche Gewerkschaftsorganisationen können noch kollektiv Parteimitglieder werden. 1953 machten sie mehr als 50 % aus (93 000 von 178 000). Artikel 13 des Parteistatuts räumte den kollektiven Mitgliedern ein Vorbehaltsrecht ein. Die Mitgliedsgewerkschaften überwiesen der Partei einen jährlichen Beitrag von 5–6 Kronen je Mitglied. Wer Gebrauch von dem Vorbehaltsrecht macht, bekommt jedoch keine Ermäßigung des Gewerkschaftsbeitrags und unterstützt so indirekt doch die Partei, was von nichtsozialistischer Seite scharf kritisiert worden ist (293, S. 154). Neben der Unterstützung durch Mitgliedschaft, Beiträge und Propaganda gibt es noch den Einfluß der Gewerkschaften durch die Organe der Zusammenarbeit in einem gemeinsamen Komitee (›samarbeidsnemnda‹). Diese enge Symbiose von Parteien und Interessengruppen hat dazu geführt, daß in Norwegen (im Vergleich mit den USA) die Parteien weit mehr als Adressaten der Gruppeneinflüsse erscheinen als die höchsten Staatsorgane (297, S. 328).

In Schweden kam es schon in den dreißiger Jahren zu Klagen über eine unbefriedigende Zusammenarbeit zwischen Gewerkschaften und Sozialdemokratie (251, S. 232), obwohl die organisatorischen Beziehungen zwischen Gewerkschaften und Arbeiterpartei hier noch enger sind als in Norwegen. In Schweden sind zwei Drittel der Mitglieder kollektiv durch die Gewerkschaften mit der Partei affiliiert. Für 1957/58 hat man 70,6 % der 776 000 Parteimitglieder als kollektive Mitglieder gezählt, was einer Zahl von 38,5 % der Mitglieder der Gewerkschaft (LO, ›Landsorganisationen i Sverige‹) entspricht. Elvander (260, S. 249) hält die Zahl für überhöht und schätzt die wirkliche kollektive Mitgliedschaft auf etwa 60 %. Auch in Schweden gab es starke Kritik des Prinzips trotz des Vorbehaltsrechts der Einzelmitglieder der Gewerkschaften, die einen Parteibeitritt nicht billigen. Von sozialistischer Seite ist die kollektive Mitgliedschaft und der nicht zu leugnende soziale Druck, der auf den Gewerkschaftlern lastet, die sich einer Parteimitgliedschaft entziehen wollen, mit dem Argument gerechtfertigt worden, daß die Arbeiterklasse zu solchen Pressionen greifen müsse, um ein Gegengewicht gegen die Macht der Arbeitgeber und der Industrieverbände zu schaffen. Diese Argumentation steht jedoch auf schwachen Füßen, seit sie selbst von Sozialisten (vor allem Syndikalisten und Kommunisten) verworfen wird.

Die Zusammenarbeit der schwedischen Sozialdemokratie mit den Gewerkschaften ruht auf mehreren Säulen: Bis 1955 gab es ein Komitee der Zusammenarbeit wie in Norwegen (›samarbetskommitté‹); danach wurde die Kooperation formloser (260, S. 247). Bei den informellen Kontakten zwischen sozialdemokratischer Regierung (mit oder ohne Koalitionspartei neben sich) waren die Gewerkschaften immer im Vorteil vor anderen Verbänden. In der Presse und in einzelnen Organisationen besteht noch immer eine enge Zusammenarbeit.

Generell zeigt sich jedoch in allen Ländern ein Trend, die Bande zwischen Gewerkschaften und Arbeiterparteien weniger formell zu gestalten. In Belgien wurde die kollektive Mitgliedschaft von Gewerkschaften in der sozialistischen Partei nach dem Zweiten Weltkrieg nicht wieder eingeführt. In den übrigen Ländern hat die kollektive Mitgliedschaft abnehmende Zahlen. Fusilier[84] nannte noch folgende Ziffern:

	Kollektive Mitgliedschaft
Englische Labourparty	87,24 %
Schwedische Sozialdemokratie	61,3 %
Norwegische Arbeiterpartei	34,31 %
Indische Sozialistische Partei	rd. 17 %

Inzwischen sind die Zahlen in einigen Ländern gesunken. Die Abschaffung der kollektiven Mitgliedschaft scheint zunächst finanzielle Nachteile für die sozialistischen Parteien zu haben. Sie hat jedoch auch einige Vorteile: Die

84 Raymond Fusilier: Le parti socialiste suédois. Paris 1954, S. 71.

Partei kann ihre Basis verbreitern und erscheint weniger als Werkzeug einer Interessengruppe. Kompromisse zwischen den Flügeln in den Parteien werden leichter, wenn sie nicht mehr zwischen kompakten Blöcken geschlossen werden müssen. Die innerparteiliche Willensbildung – gerade in der britischen Labourparty – wird durch kollektive Mitgliedschaften zusätzlich erschwert. Schließlich kann man sich dem Argument immer weniger verschließen, daß die kollektive Mitgliedschaft gewisse Nachteile für die Mitglieder einer Gewerkschaft hat, die bei Mehrheitsbeschluß zum Anschluß an die Arbeiterpartei überstimmt worden sind. Das gilt vor allem für die Gewerkschaften, in denen das einzelne Gewerkschaftsmitglied keine Möglichkeit des »contracting out« besitzt. In Australien wurden einzelne Arbeiter, die sich weigerten, die politische Abgabe zu zahlen, sogar aus der Gewerkschaft ausgeschlossen (30, S. 21). Die Finanzlage der meisten Arbeiterparteien, die heute zum Teil dank guter Rücklagen und Investitionspolitik schon ein kleines Vermögen angesammelt haben, macht die kollektive Mitgliedschaft als Mittel zur Sicherung der Parteifinanzierung weniger wichtig. Auffällig bleibt die Tatsache, daß sozialistische Parteien bisher nur in den Ländern für längere Zeit allein die Regierungsverantwortung tragen konnten, in denen eine enge Symbiose zwischen Arbeiterpartei und Gewerkschaften besteht (wie in England, Norwegen und Schweden), ohne daß damit unterstellt werden soll, daß die organisatorische Allianz allein ursächlich für die Stärke der sozialistischen Parteien im System ist.

Seltener als bei den Arbeiterparteien, die Gewerkschaften und Parteien nur als zwei Ausdrucksformen der Macht der Arbeiterklasse auffaßten, war die Symbiose zwischen Verbänden und Parteien in anderen politischen Gruppierungen. In Norwegen bestand zwischen 1921 und 1938 eine organisatorische Allianz zwischen der Agrarpartei und dem Bauernverband (›Landmandsforbundet‹; 257, S. 313). Die meisten konservativen Parteien konnten sich nicht nur auf eine Gruppe stützen. Wo es enge organisatorische Verbindungen zwischen Verbänden und Parteien gab, ruhte eine Partei meist auf mehreren Säulen, wie die Österreichische Volkspartei (ÖVP) auf dem Wirtschaftbund, dem Bauernbund und dem christlichen Gewerkschaftsflügel (69, S. 113). Andere christdemokratische Parteien, wie die CDU in Deutschland, die DC in Italien, der M.R.P. in Frankreich, haben ebenfalls enge Verbindungen mit Verbänden, wenn es auch meist nicht zu kollektiven Mitgliedschaften kam. Die italienische ›Democrazia Cristiana‹ wird von zwei mächtigen religiösen Organisationen unterstützt, die zum Teil ausgesprochen politische Ziele haben, um die Partei der Katholiken zu unterstützen (223, S. 152), wie die

›Azione cattolica italiana‹ und die »Bürgerkomitees«, die im Gegensatz zur ›Katholischen Aktion‹ keine Organisationen mit Statuten und Mitgliedschaft sind und daher viel offener für politische Ziele streiten können, als es nach dem Konkordat für eine von der Kirche gesteuerte Gruppe möglich ist (182, S. 159). Daneben genießt die Partei die Unterstützung einer Reihe von erwerbsständischen Gruppierungen wie der christlichen Gewerkschaften (›Associazioni cristiane dei lavoratori italiani‹, A.C.L.I.) und der kleinen Landwirte (›Confederazione nazionale dei colticatori diretti‹). 1962 waren 9,3 % der Mitglieder der DC auch Mitglieder der AC, die oft die Parteiaktivisten stellt, 4,4 % der Mitglieder waren in der ACLI, 4,2 % in der CISL und 4,1 % bei den Coltivatori Diritti organisiert[85].

Die Kirche hat es verstanden, über ihre Organisationen fast jedes Jahr eine neue politische Kampagne zu starten und ihre Mitglieder für politische Ziele zu mobilisieren (175, S. 420). Auch die übrigen Parteien Italiens haben versucht, sich politisch durch Einfluß auf Verbände – vor allem auf Gewerkschaften – zu stärken. Die Confederazione italiana sindacati lavoratori (CISL) steht der DC nahe, die größte Gewerkschaft jedoch, die Confederazione generale italiana del lavoro (CGIL) mit rd. 3–4 Millionen Mitgliedern wurde 1948 durch eine Gruppe um di Vittorio durch geschickte Taktik unter kommunistischen Einfluß gebracht. In den letzten Jahren ist jedoch die Unabhängigkeit dieser Gewerkschaft von der Kommunistischen Partei wieder größer geworden. Der Unione italiana lavoratori (UIL) steht unter sozialdemokratischem und republikanischem Einfluß und die Confederazione italiana sindacati nazionali del lavoro (CISNAL) wird von den Neofaschisten kontrolliert. Keine italienische Partei konnte jedoch im gesellschaftlichen Bereich den organisatorischen Vorsprung der DC aufholen.

Die Einflüsse von Gruppen über die Parteien auf die Bürokratie nennt La Palombara (224, S. 306) eine »Parentela«-Beziehung. Er versteht darunter die enge Verbindung zwischen Verbänden und Partei. Voraussetzungen einer Parentela-Beziehung sind:

1. Die *hegemoniale Stellung einer Partei* (wie der ›Democrazia Cristiana‹), die in ihrem Selbstverständnis eine Berufung zur Regierung hat.

2. *Bereitschaft der Partei zugunsten der ihr verbündeten Gruppen* im administrativen Prozeß zu *intervenieren.* In Italien spricht man nicht selten schon von »sottogoverno«.

3. Die *Fähigkeit der Gruppe,* sich *in der Partei eine feste Basis zu schaffen.*

85 F. Cervellati Cantelli u. a.: L'organizzazione partitica del PCI e della DC. Bologna 1968, S. 414.

Der bloße Einfluß auf die Partei von außen allein genügt nicht. Der ›Azione cattolica‹ wird meist nachgesagt, daß sie am reinsten die Parentela-Beziehung zur christlich-demokratischen Partei verwirklicht habe, obwohl einzelne Parteiführer – wie Fanfani – versucht haben, den Einfluß dieses Verbandes in der Partei einzudämmen (224, S. 336).

4. Auch die *Struktur der Bürokratie* kann Parentela-Beziehungen begünstigen. Geographisch und funktional zentralisierte Verwaltungsstrukturen begünstigen sie. In föderalistischen Staaten dagegen können sie sich auf nationaler Ebene schwerer entwickeln.

In Vielparteiensystemen hat nicht immer eine Partei eine so hegemoniale Stellung wie die ›Democrazia Cristiana‹, und es ist daher wenig erfolgversprechend für die Verbände, ihre Einflußbemühungen auf eine Partei zu konzentrieren. Sinnvoller erscheint in einem solchen Parteisystem auch für Verbände die Anwendung des Prinzips der gestreuten Mitgliedschaft, das La Palombara (224, S. 345) bei sizilianischen Familien antraf. Man schickt dort häufig je ein Familienmitglied in eine andere Partei, von der kommunistischen Partei bis zum neofaschistischen MSI, um sich für alle Fälle rückzuversichern.

Die einseitige Kooperation einzelner Verbände mit bestimmten Parteien hat zum Teil historische Ursachen. Die Radikale Partei Frankreichs ist in Entstehung, Struktur und Finanzierung tief von der Freimaurerbewegung beeinflußt. Während diese jedoch bis um 1895 opportunistisch taktierte, hat sie ihre Kräfte danach eindeutig auf die Radikale Partei konzentriert (191, S. 229 ff.). In der Vierten Republik war die gaullistische Partei ›Le Rassemblement du peuple français‹ (R.P.F.) ein Beispiel für eine enge Beziehung zu einer Gruppe von Verbänden, nämlich den Veteranen (›les anciens combattants‹), die bis zu 75 und 80 % die Partei unterstützten (199, S. 150).

Bisher wurde der Zusammenhang von Partei und Verbänden nur in seinen großen Linien verfolgt. Die Interessengruppenforschung muß jedoch – je nach Parteistruktur – den Kanälen des Einflusses in der Partei im einzelnen nachgehen. Über die Organe der Partei, die bevorzugt zum Adressaten von Verbandseinfluß gemacht werden, lassen sich jedoch kaum generelle Aussagen machen. Bei Parteien mit straffer Führung und einer charismatischen Gestalt an der Spitze kann der *Parteivorsitzende* zum Hauptadressaten von Einfluß werden. Das informelle Kommunikationsgesetz persönlicher Freundschaften ist jedoch auch in relativ demokratisch geleiteten Parteien von Einfluß, wie an der Rolle Bevins in seiner Vermittlerfunktion zwischen Deakin und Attlee gezeigt wurde (vgl. S. 133). In Parteien, in denen die *Fraktion* eine relativ unabhängige Rolle von der Parteiführung spielt oder gar mit dieser identisch ist, wird die Fraktion Hauptaddressat für Verbandseinflüsse sein. Das gilt in Deutschland vor allem für die CDU, deren Fraktion eigentlich nur eine Föderation von Verbandsgruppen ist, die sich (in der Reihenfolge ihrer »organisatorischen Dichte« und personellen Kohärenz) als »Arbeitnehmergruppe«, »Diskussionskreis Mittelstand«, »Arbeitsgemeinschaft Landwirtschaft und Ernährung«, »Unternehmer-Abgeordnete« und »Arbeitsgemeinschaft vertriebener Abgeordneten« einteilen läßt (134, S. 33). In den Parteien, in denen die *Parteitage* eine eigenständige Rolle als Organ der Willensbildung spielen, kommen auch sie als Adressat von Verbandseinflüssen in Frage. Die Bedeutung von Parteitagen für die Willensbildung in der Partei wird in der Parteiforschung meist gering veranschlagt. Selbst in Amerika, wo den »party conventions« wenigstens optisch eine große Bedeutung zukommt, figurieren die Pressure-groups im allgemeinen nicht direkt, weil die Hauptaufgabe der »conventions« die Kandidatenaufstellung ist und die Interessengruppen stärker an Sach- als an Personalfragen interessiert sind (291, S. 135).

Einflüsse von Verbänden auf Parteien werden nicht mehr nur negativ gewertet, aber es gilt eine Reihe von undemokratischen Ämterkumulationen zu bekämpfen. In der Literatur (146, S. 65 f.) wurden gelegentlich strenge Inkompatibilitätsbestimmungen gefordert. Die italienische Gewerkschaft CISL hat daher im Juli 1969 die Unvereinbarkeit zwischen Gewerkschaftsämtern, Parteiposten und Parlamentsmandaten beschlossen. Diese Regelung würde nur die informellen Kommunikationskanäle noch an Bedeutung gewinnen lassen, nicht aber den Verbandseinfluß auf die Parteien ausschalten. Wo die Parteien zum Spielball des Einflusses mächtiger Interessenten zu werden drohen, kann man allenfalls die politische Struktur der Parteien reformieren. Schattschneider (265, S. 192) schlug schon während des Zweiten Weltkrieges für Amerika vor, die Parteidisziplin zu straffen, die Parteiführung zu stärken und das Interesse an politischen Streitfragen (im Gegensatz zur bloßen personellen Patronagepolitik) zu heben, um den Gruppeneinfluß zu mindern. Wie dies zu erreichen ist, darüber sind sich auch die amerikanischen Wissenschaftler heute nicht einig; es gibt verschiedene Rezepte von der Änderung des Regierungssystems bis zur Einführung eines »more responsible Party Government«[86].

86 Vgl. Klaus von Beyme: Das präsidentielle Regierungssystem der Vereinigten Staaten in der Lehre der Herrschaftsformen. Karlsruhe 1967, S. 30 ff.

Mit den Kontroversen um ein »gutes« und »verantwortliches« Parteisystem, das zwar verbandsdurchlässig ist, aber in dem die Parteien nicht zu Agenturen des Interessentenwillens werden, verbindet sich häufig der Streit um das Zweiparteiensystem. Zweiparteiensystemen wird im allgemeinen nachgesagt, daß sie die Rolle der Interessenaggregation wirkungsvoller erfüllen als Vielparteiensysteme, da die Parteien im Wahlkampf breite Unterstützung suchen und beide Parteien versuchen, die wichtigsten großen Interessen für sich zu gewinnen (71, S. 102 f.). Mit dieser Annahme ist nicht selten eine Wertung verbunden, die dem Zweiparteiensystem (und dem dies fördernden relativen Mehrheitswahlrecht) den Vorzug gibt. Dieser Wertung ist angesichts der Entstehung der großen »Omnisbusparteien« in der Bundesrepublik scharf widersprochen worden. Es wird kritisiert, daß es den neuen Volksparteien an »gesellschaftlicher Durchlässigkeit« mangelt. Den Parteien wird nachgesagt, daß sie nur noch »Organisationen« sind, die die Wünsche organisierter Interessen kanalisieren, aber nicht mehr in »politische Form« gießen. Sie verfolgen angeblich keine spezifisch politischen Ziele mehr, außer daß sie zur Macht drängen, und »bejahen ... von den Gruppen getrieben, ohne weiteres den bestehenden Verteilerstaat« (145, S. 230). Die großen Parteien, besonders jene, denen eine hegemoniale Stellung in einzelnen politischen Systemen zufällt, wie der CDU in der BRD bis 1969, der ›Democrazia Cristiana‹ in Italien, der gaullistischen Partei in Frankreich, der ›Mapai‹ in Israel, haben den Charakter von Wahlmaschinen, die durch ein Vielfraktionensystem innerlich gespalten und unfähig zu einer konsequenten Politik sind. In Italien spricht man angesichts der Ohnmacht der ›Democrazia Cristiana‹ und ihres »Flügelkampfes« bereits von »correntocrazia«.

Nicht alle Flügel und Strömungen in großen Massenparteien entsprechen dauerhaft organisierten Interessen. Es gibt auch die Macht lokaler und personaler Cliquen, die Koalitionen alter Führungsgruppen, die ihren Status gegen eine neue Generation verteidigen. Sie überlappen sich jedoch in wechselnden Koalitionen mit den organisierten Interessen und »parentela«-Gruppen in der Partei (37, S. 35). Die Verbände sind im allgemeinen die dauerhaftesten Fraktionen in der Partei. Ihnen fällt oft die Aufgabe zu, konkrete politische Alternativen zu formulieren und kontinuierliche soziale und wirtschaftliche Planungsarbeit für die Parteien zu leisten.

Wo das Parteisystem allzu undurchlässig für gesellschaftliche Tendenzen wird, entstehen soziale Bewegungen außerhalb des Parteien- und Parlamentssystems, wie in Amerika der ›Know-Nothingism‹ und die verschiedenen sozialrevolutionären Strömungen. Außerparlamentarische Opposition der Jugend, der Studenten und der Intelligenz Ende der sechziger Jahre sind unter anderem aus einem ähnlichen Überdruß am vorherrschenden politischen Parteibetrieb entstanden. Die Kräfte der Außerparlamentarischen Opposition haben sich nicht selten zunächst als innerparteiliche Opposition in den Linksparteien zu formieren gesucht.

In den angelsächsischen Demokratien sind außerparteiliche Protestbewegungen häufig durch die Entstehung einer dritten Partei aufgefangen worden. Konservative Demokraten scheuten sich, direkt zur Republikanischen Partei der USA überzugehen (316, S. 304), weil diese seit dem Bürgerkrieg als Feind betrachtet worden war, und wählten mehrfach den Weg einer dritten Partei oder wenigstens einer Sondergruppe mit eigenem Präsidentschaftskandidaten wie im Falle von Senator Thurmond aus South Carolina (1948) und George Wallace aus Alabama (1968). Wo aber durch bloße Wahlbeteiligung nicht so spektakuläre Erfolge (angesichts des Proporzsystems und der Parteizersplitterung) zu erzielen sind, droht der Überdruß an den Parteien noch stärker zu werden als im kompetitiven Parteisystem. Außerparlamentarische Oppositionen brachen in solchen Systemen von Zeit zu Zeit den Konsens der Parteieliten auf und sorgen für eine verbesserte Kommunikation von unten nach oben.

Parteifinanzierung

Ein vieldiskutiertes Sonderproblem des Verhältnisses von Verbänden und Parteien stellt die Parteifinanzierung dar. Die Parteifinanzierung ist jedoch nicht der wichtigste Aspekt des Verhältnisses von Parteien und Verbänden. Dieser Weg des Einflusses ist wichtiger für individuelle Interessenten, die über wenig Möglichkeiten verfügen, durch gemeinsame Organisationen, durch Konsultationen oder Vertrauensmänner auf die Parteien einzuwirken.

Nicht für alle Parteien spielt die Parteifinanzierung von außen die gleiche Rolle. Duvergers Parteilehre unterscheidet *Beitragsparteien* und *Spendenparteien*, Idealtypen, die auf die SPD und die CDU nur *cum grano salis* angewandt werden können, zumal die SPD weder den Weg kollektiver Mitgliedschaften gehen konnte (wie einige ausländische Arbeiterparteien), noch vom Deutschen Gewerkschaftsbund offen dotiert werden konnte, wenn dieser nicht die Einheitsgewerkschaft aufs Spiel setzen wollte. Th. Eschenburg[87] vermutete jedoch: »Seit 1959 sprechen beachtliche Anzeichen dafür, daß die

87 Theodor Eschenburg: Zur politischen Praxis in der Bundesrepublik. München 1966, Bd. II, S. 250.

Sozialdemokratie vom DBG und dessen Unternehmungen ... soweit Sozialdemokraten auf diese einen maßgeblichen Einfluß haben, ansehnliche Beiträge erhalten hat.« Immer wieder ist jedoch die Existenz solcher finanzieller Beziehungen zwischen DGB und SPD dementiert worden, zuletzt im Wahlkampf 1969. Die sieben Einnahmequellen der Parteien (Beiträge, Abgaben der Mandatsträger, Sammlungen, Erträge aus Veranstaltungen, Veröffentlichungen und Inserate, Einnahmen aus Eigenbetrieben und Vermögen, Spenden und Zuwendungen aus öffentlichen Mitteln) haben für die Parteien sehr unterschiedliches Gewicht. Spenden sind etwa für die CDU wichtiger als für die SPD, die ein höheres Beitragsaufkommen und ein größeres Vermögen besitzt. Sie hat zudem eine größere Mitgliederzahl und eine höhere Beitragstreue der Mitglieder. Man schätzt, daß bei der CDU nur etwa die Hälfte der fälligen Parteibeiträge wirklich eingehen, während bei der SPD 90–95 % der Beiträge von den Ortsvereinen abgerechnet werden.

Die sechste Einnahmequelle ist die im Hinblick auf die Verbandseinflüsse relevanteste, obwohl sich auch unter anderen Einnahmequellen faktisch Spenden verbergen können. Nicht selten tarnen einzelne Mitglieder die Spenden als zehnfach überhöhten Mitgliedsbeitrag. Die Verbände wenden in vielen Ländern einen Teil ihrer Mitgliederbeiträge den Parteien zu. Daneben finden sich zur Zentralisierung des Spendenwesens noch die ›Fördergesellschaften‹, die als Mittlerstelle nach einem bestimmten Schlüssel an die unterstützten Parteien verteilen. In der Bundesrepublik war die ›Staatsbürgerliche Vereinigung e.V.‹ mit Sitz in Köln von Bedeutung. Sie soll 1957 allein 19,4 Millionen Mark verteilt haben, von denen 11 Millionen an die CDU/CSU, 4,6 an die FDP und 3,3 an die DP/FVP und 0,5 Millionen an den BHE gegangen sind[88]. 1957 sollen die Fördergesellschaften rund vier Fünftel der Kosten der CDU-Zentrale getragen haben, und bei der CDU hat man im Nichtwahljahr 1963 damit gerechnet, daß 40 %, und bei der FDP, daß 28 % ihres Etats aus Spenden resultieren.

A. J. Heidenheimer und F. C. Langdon (156, S. 206 ff.) haben in einer vergleichenden Studie über »conveyer organizations« nachgewiesen, daß die deutschen Fördergesellschaften zwar die erfolgreichsten, aber keineswegs die einzigen von Bedeutung waren. Sie bevorzugten – wie ideelle Fördergesellschaften mit politischen Nebenabsichten – wohlklingende Namen. In Norwegen z. B. ›Libertas‹, in Japan ›Rat des wirtschaftlichen Wiederaufbaus‹ (›Keizai Saiken Kondankai‹). Sie waren alle von Handel und Industrie unter-

88 Heiko Plate: Parteifinanzierung und Grundgesetz. Berlin 1966, S. 50.

stützt, in Deutschland vom BDI, in Norwegen war eine mächtige Interessentengruppe, die Reeder, am stärksten beteiligt. Die erfolgreiche Rolle, welche die deutschen Fördergesellschaften im Vergleich zu ähnlichen Organisationen im Ausland spielen konnten, lassen sich auf sehr verschiedene Faktoren zurückführen. Einmal stand hinter dem BDI ein gutorganisiertes und relativ homogenes Interesse. Der Verband hatte keinen Dissens in bezug auf die Geldverteilung unter seinen Mitgliedern zu befürchten. Die einseitige Unterstützung der bürgerlichen Parteien konnte nicht dazu führen, daß gewerkschaftliche Gegenmaßnahmen herausgefordert wurden, da die Gegenorganisation des DGB relativ heterogen war. In Deutschland konnten die Fördergesellschaften ihre finanziellen Anstrengungen mit geschickter Propaganda für einen starken Mann, Adenauer, verbinden, während in Japan Kishis Versuche, seine Führerschaft in den Vordergrund zu stellen, eher negativ ausfielen. Die deutschen Wähler waren durch Kriegs- und Nachkriegsereignisse zu höheren Prozentsätzen als in anderen Ländern nicht von vornherein parteipolitisch festgelegt. Für 1957 schätzte man die »party identifiers« auf 40 bis 50 % im Vergleich zu 66 % in Norwegen. Finanzielle Anstrengungen in der Wahlkampagne versprachen hier besonderen Nutzen.

Die Entstehung der Fördergesellschaften lag nicht nur im Interesse der begünstigten Parteien. Die Verbände, die hinter ihnen standen, durften hoffen, durch die Zentralisierung des »fund raising« und durch Verbesserung ihrer »bargaining position« ihren Einfluß zu erhöhen. Die Bedeutung der Fördergesellschaften hat seit den fünfziger Jahren abgenommen. Einmal hat man die Entstehung der Massenparteien dafür verantwortlich gemacht, die es für einzelne Interessenten weniger geraten erscheinen läßt, alles auf eine politische Karte zu setzen (156, S. 233). Diese Begründung hat allenfalls für die Bundesrepublik eine gewisse Wahrscheinlichkeit. In Japan oder Norwegen hat sich das Parteiensystem nicht substantiell verändert. Wichtiger ist jedoch für die Bundesrepublik die Entstehung anderer Parteifinanzierungsmethoden, wie die Zuwendung aus öffentlichen Mitteln, die 1959 in Deutschland begann und die bis dahin nur in Puerto Rico existiert hatte. In den Vereinigten Staaten ist sie von einzelnen Politikern wie Theodore Roosevelt vorgeschlagen worden. Senator Neuberger, ein Demokrat aus Oregon, hat 1956 einen Gesetzentwurf eingebracht, den Humphrey und andere unterstützten und in dem Zahlungen an das ›National Committee‹ der Parteien erlaubt werden sollten. Solche Vorschläge kamen in den USA meist von der Linken und fanden keine breite Unterstützung (317, S. 435). Die Erfahrungen von Puerto Rico, wo die Partei von Muñoz Marin durch staatliche Zuwendungen begünstigt schien, hat bei den amerikanischen Parteien starke Befürchtungen hinsichtlich der Chancengleichheit ausgelöst, vor allem in den Staaten, in denen es kein ausbalanciertes Zweiparteiensystem gibt.

Durch Urteil des Bundesverfassungsgerichts und ein neues Parteigesetz sind die Auswüchse der staatlichen Parteifinanzierung in Deutschland wieder beschnitten worden. Die Erstattung von Wahlkampfkosten durch den Fiskus, wie sie Frankreich, Deutschland, Costa Rica und Uruguay kennen, deckt noch nicht den gesamten Finanzbedarf der Parteien. Das Problem der Fremdfinanzierung durch Verbände und Einzelinteressenten ist daher nicht endgültig gelöst.

In den Vereinigten Staaten spielen Spenden noch immer eine überragende Rolle, zumal es keine Beitragsparteien im europäischen Sinne gibt. Die Spender der größten Summen waren in den USA jedoch keineswegs identisch mit den Personen, die sich stark mit Lobbyismus befaßten (308, S. 81). Von den 918 Personen, die als Lobbyisten nach dem ›Federal Lobbying Act‹ 1950 registriert waren, haben nur etwa 4,5 % mehr als 500 Dollar im Jahre 1952 gegeben (317, S. 99). Bei einigen Verbänden, die besonders aktiv in der Suche nach politischem Einfluß waren, wie die ›American Medical Association‹ oder die ›American Bar Association‹ haben nur wenige führende Verbandsfunktionäre viel Geld gestiftet. Dagegen taten sich zahlreiche Mitglieder dieser Interessengruppen durch finanzielle Unterstützung der Parteien hervor (317, S. 103). Nicht selten vermeidet der Verband selbst die direkte finanzielle Intervention, ermuntert aber seine Mitglieder zu Spenden für eine bestimmte Partei, die schwer als verbandsgesteuert zu erkennen sind. Auch zwischen den amerikanischen Parteien bestehen substantielle Unterschiede in den Zuwendungen. Die Republikaner gelten als die »Partei der Reichen«. Für 1952 hat man festgestellt, daß 60 % des für die Republikaner von Industriellen gespendeten Geldes von den 400 größten Firmen kamen, während die Vergleichszahl bei den Demokraten nur 38 % betrug (317, S. 121). In den Spitzen der Wirtschaftshierarchie ist mehr Geld für die Republikaner aufzutreiben, weiter unten in der Hierarchie verteilen sich die mobilisierbaren Fonds jedoch etwas gleichmäßiger.

In den Vereinigten Staaten hat man keine neue politische Lösung für die Parteifinanzierung gefunden, sondern nur mit rechtlichen Mitteln eine Beschränkung der Zuwendungen und eine größere Durchsichtigkeit des Spendenwesens zu erreichen versucht. 1959 hatten 30 Staaten in den USA Beschränkungen für Geldzuwendungen an Parteikandidaten durch Korporationen vorgenommen. Die Regelungen waren in den Staaten außerordentlich verschieden. Einige verboten nur Banken und den Wasser-, Energie-, Gas- und anderen »public utilities«-Gesellschaften, finanziell in den Wahlkampf einzugreifen (317, S. 130). Die Bundesgesetzgebung bemühte sich seit 1907 einzugreifen. Zunächst mit dem Verbot für alle politischen Beiträge der bundesstaatlich inkorporierten Gesellschaften und der staatlich korporierten bei Bundeswahlen. Der ›Taft-Hartley Act‹ von 1947 verbot Kapitalgesellschaften und Gewerkschaften politische Ausgaben und bezog in dieses Verbot auch die Vorwahlen, Parteikonvente und »Caucuse« ein, soweit sie Bundeswahlen betrafen. Die Verfassungsmäßigkeit dieses Gesetzes wurde angefochten, aber der Oberste Gerichtshof umging eine Entscheidung (United States v. C. I. O. 1948). In der Entscheidung United States v. Auto Workers (1956) wurde eine Gewerkschaft strafrechtlich dafür verantwortlich gemacht, daß bei den Wahlen von 1954 Mitgliedsbeiträge zum Kauf von Rundfunkzeiten für Wahlkampfzwecke verwendet wurden. Das Gericht der unteren Instanz, an das der Fall vom ›Supreme Court‹ zurückverwiesen wurde, sprach die Gewerkschaft frei (1957) mit der Begründung, daß die Sendezeiten allgemeinen bildungspolitischen Zwecken und nicht dem Wahlkampf gedient haben[89]. Das Gesetz zwang die Gewerkschaften zudem, ein Exemplar ihres Finanzberichts an das ›Department of Labour‹ zu senden (317, S. 197).

Dem Versuch, die Geldeinnahmen der Parteien legislatorisch zu begrenzen, waren Begrenzungen von politischen Ausgaben vorangegangen. Der ›Federal Corrupt Practices Act‹ von 1925 setzte die Höchstausgabe eines Senatskandidaten auf 5000 Dollar, die Höchstausgabe für einen Kandidaten fürs Repräsentantenhaus auf 2500 Dollar fest.

Eine dritte Maßnahme versucht die Offenlegung der Ausgaben durchzusetzen (»disclosure«).

Alle drei Maßnahmen waren nur von begrenztem Erfolg, weil die »primaries« in die Regelung nicht einbezogen waren und die reichen Familien leicht Strohmänner finden konnten, um den Parteien höhere Spenden als die zulässigen Summen zukommen zu lassen. Loewenstein[90] weist noch auf einen wichtigen Zug des amerikanischen Lebens hin: Es fehlt den Behörden am Vollzugswillen. Die Verwendung von Geld in der Politik gilt allgemein als »Kavaliersdelikt«. Außerdem sind die indirekten Vergünstigungen, die einzelne Geldgeber oder Verbände gewähren können, durch die Höchstsummen und Offenlegungsvorschriften schwer zu erfassen. Dazu gehören vor allem Postversand, Überstellung von Arbeitskräften zu Wahlkampfvorbereitungen, Er-

89 Loewenstein, a. a. O. (Anm. 16), S. 166.
90 Ebd.

stattung von Anwaltskosten, Zahlungen an andere Organisationen, die als Glied zwischen einen Verband und einer Partei zwischengeschaltet werden.

Die Interessengruppenforschung rückt mehr und mehr davon ab, Geld monokausal als den entscheidenden Faktor in der Politik anzusehen. Auch in Amerika setzt sich die Ansicht durch: »Who pays the piper does not always call the tune« (317, S. 6). Key (284, S. 563) kam an Hand älterer Forschungen von Lundberg und Overacker zu dem Ergebnis, daß die eingesetzte Geldsumme im Kampf der Parteien in den meisten Wahlkreisen den Ausschlag gab. Aber selbst vor der Zeit der Beschränkungen war das für viele Wahlen nicht zutreffend. Der Sieg Roosevelts gegen den finanziell stärkeren Gegner, der in fanatischer Statusfurcht große Summen zur Bekämpfung des demokratischen Kandidaten gab, kann nicht mit dem Faktor »Geld« erklärt werden. Nicht nur der Geldeinsatz muß in die Berechnung mit einbezogen werden, sondern auch der Einsatz, die Opferbereitschaft und der Ideenreichtum der Mitglieder. Neuere Forschungen über Parteifinanzierung kommen zu wesentlich vorsichtigeren Urteilen über die Bedeutung der Geldzuwendungen (317, S. 16 ff.). In Amerika, wo sich strukturell ähnliche Parteien gegenüberstehen, hat der Faktor Geld jedoch größeres Gewicht als in Europa im Kampf zwischen konservativen Honoratiorenparteien und disziplinierten Mitgliederparteien, die sich hauptsächlich aus der Arbeiterklasse rekrutieren. Während die CDU in Deutschland 1957 etwa 25–30 Millionen DM von Förderergesellschaften mobilisieren konnte, schätzt man, daß die SPD über rd. 6 Millionen Stunden freiwillig für den Wahlkampf zur Verfügung gestellter Arbeitsstunden ihrer Mitglieder gebieten konnte, deren Nutzen (je nach Effektivität des Einsatzes) sich schwer in finanziellen Werten ausdrücken läßt (156, S. 216). Die Bedeutung von Geldspenden an Parteien ist also in einer Vielfaktorenanalyse je nach dem Land sehr individuell zu beantworten. Es ist bezeichnend, daß auch ein marxistischer Wissenschaftler wie Stanislaw Ehrlich zu einer sehr differenzierten Betrachtungsweise vorgedrungen ist, die sich wohltuend von der Eintönigkeit sowjetischer Feststellungen über die Manipulation der Wahlen durch einige ›Wallstreet‹-Konzerne abhebt (73, S. 125 f.).

Wahlunterstützung

Verbände, die nicht nur ad hoc auf einzelne parlamentarische Entscheidungen Einfluß suchen, unterstützen – vor allem in den USA – in der Regel bevorzugte Kandidaten bei den Wahlen. Einige Lobbyisten sind der Meinung, daß der Handlungsspielraum für den Einflußsuchenden gering ist und kaum ein

Abgeordneter, der einmal ohne Verbandshilfe ins Parlament kam, sich umstimmen läßt. Man kam daher zu dem Schluß: »There is simply no substitute for electing the right folks and defeating the wrong folks« (300, S. 193). Für Interessengruppen, deren Position im politischen Prozeß relativ schwach ist, wie die der Gewerkschaften vor dem »New Deal« in Amerika, war der Versuch, Einfluß auf die Wahlen zu nehmen, eine Art Selbstbescheidung, die Samuel Gompers, der Gründer der ›American Federation of Labor‹, in die Worte kleidete: »Elect your friends and defeat your enemies« (315, S. 37). Die Möglichkeiten, Einfluß auf die Wahlen zu nehmen, sind nicht bei allen Wahl- und Parteisystemen gleich günstig.

Die Zusammenarbeit von Parteien und Verbänden vor den Wahlen hat für die Parteien den Vorteil, daß diesen überschaubare »Stimmpakete« versprochen werden. Einzelne Verbandsführer haben daher mit dem Angebot von Stimmpaketen oder der Drohung, diese zu entziehen, recht unverblümt gearbeitet. Der Präsident des Deutschen Bauernverbandes schrieb 1964 an Bundeskanzler Erhard: »Ich verstehe nicht, daß Sie so wenig tun, um die einzig große geschlossene Kerntruppe des sogenannten Bürgertums zu verpflichten« (154, S. 89). Das Argument schien stichhaltig, denn die deutsche Bauernschaft stand mit 93 % Wahlbeteiligung an der Spitze aller Berufsgruppen. Sie wies einen hohen Organisationsgrad auf und war – im Vergleich zu anderen Verbänden – von der Verbandsspitze politisch stark mobilisierbar. Zudem nahm die Bauernschaft eine »Grenznutzenposition« ein. Gleichwohl konnte man die Bauern nicht unbegrenzt in ihrer Stimmabgabe manipulieren. Ein Wechsel der Parteipräferenz fand nur innerhalb des bürgerlichen Lagers – vorwiegend zwischen FDP und CDU – statt, und auch die Stimmverteilung der Bauern zwischen diesen beiden Parteien war in einigen Gegenden stärker von konfessionellen Gründen als von der Verbandspolitik abhängig (154, S. 99). Drohungen des Bauernverbandes gegenüber Adenauer, man werde der CDU die Unterstützung bei Wahlen aufkündigen, konnte daher nur begrenzten Erfolg haben, solange ein Bündnis der FDP (als dem Nutznießer dieses Verbandskurswechsels) mit der SPD nicht ernsthaft zu befürchten war. Eine Drohung, die Oppositionspartei zu unterstützen, war bei der geringen Zahl der Bauern, die SPD wählten, sogar absolut unglaubhaft. Fast alle Drohungen von Verbänden auf Entzug der Stimmpakete gehen von einer falschen Auffassung der Ursachen des Wechsels von Parteipräferenzen aus[91].

Es wird oft behauptet, daß ein Proporzwahlrecht den Einfluß der Verbände

91 Vgl. Max Kaase: Wechsel von Parteipräferenzen. Meisenheim 1967, S. 119 ff.

auf die Wahlen begünstige (73, S. 165). Das ist nur bedingt zutreffend. Zwar gibt das Proporzwahlrecht den Verbänden, die sich auf die Symbiose mit einer Partei spezialisiert haben und Parentela-Beziehungen unterhalten, größere Möglichkeiten als in strikt kompetitiven Systemen mit relativem Mehrheitswahlrecht. Andererseits schafft gerade das relative Mehrheitswahlrecht so große unstrukturierte Massenparteien, daß ihre Verbandsdurchlässigkeit besonders groß ist.

Genauso wichtig wie das Wahlsystem kann die Wahlkreiseinteilung sein. Gewisse Interessengruppen profitieren von der Überrepräsentation der ländlichen Bevölkerung in den Parlamenten. Andere Interessen werden durch die ungleiche Repräsentation und eine einseitig zugeschnittene Wahlkreiseinteilung stark benachteiligt (172, S. 37). Bei den Präsidentschaftswahlen in Amerika können die Interessengruppen kaum nenenswerten Einfluß ausüben (73, S. 111), bei Wahlen zum Kongreß und besonders zu den Staatenlegislativen ist ihr Einfluß jedoch nicht zu unterschätzen.

Ein Sonderforschungsbereich sind schließlich die Einflüsse von lokalen Verbänden auf Gemeindewahlen. Einflußreich ist die Intervention einer für den Ort wichtigen Firma, die ihren Einfluß durchaus nicht im Sinne des Verbandes geltend machen muß, dem sie angehört. Einzelhandelsverbände und Industrie- und Handelskammern haben auf lokaler Ebene meist ganz anderes Gewicht als auf höheren Ebenen politischer Willensbildung[92].

Kandidaten der Interessengruppen

Am auffälligsten ist der Einfluß von Interessenverbänden, wo diese eigene Kandidaten zu lancieren versuchen. Die Tendenz ist dort am stärksten, wo eine enge Symbiose zwischen einem Verband und einer Partei besteht. Die meisten Interessenverbände versuchen nicht, eigene Kandidaten aufzustellen (318, S. 12). In einigen Ländern haben »promotional groups« stärkeren Einfluß auf die Kandidatenauslese genommen als die Wirtschaftsinteressenten. In der französischen Dritten Republik haben die Freimaurer bei den Radikalen und katholische Organisationen bei den rechten Gruppen den stärksten Einfluß bei der Kandidatenauslese ausgeübt[93]. Deshalb ist es problematisch, die Zahlen, die etwa A. Roth (181, S. XVII) für Großbritannien erarbeitet hat,

92 Vgl. Bernhard Vogel – Peter Haungs: Wahlkampf und Wählertradition. Eine Studie zur Bundestagswahl von 1961. Köln/Opladen 1965, S. 340 f.

93 Mattei Dogan: Les filières de la carrière politique en France. Revue Française de sociologie, 1967 (S. 468–492), S. 475.

durch Analogieschluß für andere Länder als Hypothese zu unterstellen. Er stellte fest, daß von den Mitgliedern des Parlaments der gegenwärtigen Legislaturperiode (1966) 270 Konservative, 71 Labourmitglieder und 6 Liberale führende Posten in Handels-, Industrie-, Finanz- oder Landwirtschaftsunternehmungen innehatten. Man kann aus diesen Zahlen weder auf eine direkte Unterstützung durch ihre ehemaligen Firmen und die hinter ihnen stehenden Interessengruppen noch auf einen direkten Einsatz für deren Interessen auf seiten der Abgeordneten schließen. Der Ausruf eines Abgeordneten »Nobody here but us Bankers!« wird selbst von Marxisten nicht wörtlich genommen.

Die Gewerkschaften, die sich im Kampf um ihre Interessen am stärksten benachteiligt fühlten, haben in einigen Ländern zuerst in größerem Umfang eigene Kandidaten aufgestellt. In England haben die Gewerkschaften und Kooperative meist Kandidaten ihres Vertrauens in der Labourparty gefördert. Bei den Wahlen von 1959 waren 129 Labourabgeordnete von den Gewerkschaften und 30 von den Kooperativen unterstützt. Von den 258 Labourkandidaten, die gewählt wurden, waren 93 von den Gewerkschaften und 16 von den Kooperativen unterstützt (173, S. 247).

Die meisten Gruppen warten jedoch mit ihrer Förderung, bis der Kandidat selbst einen Wahlkreis gefunden hat. Sie enthalten sich in der Regel konkreter Pressure zur Förderung der Karriere in der Partei, obwohl auch hier die Verbandsverbindungen subsidiär von Nutzen sein dürften. Die Unterstützung der Verbände wird von den Konservativen offiziell weit mehr mißbilligt als von der Labourparty. Für viele Kandidaten der Arbeiterpartei ist vor allem die finanzielle Hilfe unentbehrlich zur Führung des Wahlkampfs und zur Bezahlung der Kaution, die jeder Kandidat hinterlegen muß. Die Statuten der Labourparty fördern die Verbandsunterstützung durch die Bestimmung, daß keine Person Kandidat für die parlamentarische ›Labour Party‹ werden kann, die nicht »an Individual Member of the Party« ist »and, if eligible, is not a member of a Trade Union affiliated to the Trades Union Congress or recognized by the General Council of the Trades Union Congress as a bona fide Trade Union ...« (180, S. 135). Seit 1874 – schon vor der Zeit, da die Labourparty existierte – gab es Kandidaten, die von den Gewerkschaften unterstützt wurden und deren Wahlkampfausgaben sie trugen. In den dreißiger Jahren sank die Zahl der für die Labourparty zu gewinnenden Sitze in Folge des Schismas von 1931 und damit auch die Zahl der Gewerkschaftskandidaten. In der Zeit nach dem Zweiten Weltkrieg hielt sie sich relativ konstant (1945: 124, 1950: 137, 1951: 136, 1955: 127, 1959: 129, 1964: 138 Sitze; 180, S. 223).

In Norwegen hat man 1953 68 von 133 Mitgliedern der Fraktion der Arbeiterpartei zu den gewerkschaftlich geförderten Kandidaten gezählt. Dennoch wurde die gewerkschaftliche Repräsentation im Parlament wegen der engen Verbindung zwischen Partei und Gewerkschaften noch als ungenügend angesehen (253, S. 158 f.). In Italien war die Zahl der gewerkschaftlichen Abgeordneten auf Grund der Zersplitterung der Linken geringer als in den meisten nordeuropäischen Ländern. Für die Wahlen von 1953 hat man 23 gewerkschaftliche Abgeordnete und einen Senator festgestellt (224, S. 227). Auf der Gegenseite hat die Industrie (›Confindustria‹) erheblichen Einfluß auf die Kandidatenaufstellung der Liberalen Partei (PLI; 224, S. 75). Von der SPD-Fraktion haben im 2. Deutschen Bundestag 21 % der Fraktionszugehörigen leitende Stellungen in erwerbsständischen Verbänden der Beschäftigten, meist im DGB, innegehabt. Bei der CDU/CSU gaben nur 4½ % der Fraktionsmitglieder solche leitenden Stellungen an, ein Teil ebenfalls in Gewerkschaften (93, S. 123, 125). Bei der CDU hingegen fällt das Element der Landwirte stark ins Gewicht, auch wenn nicht alle, die diesem Beruf entstammen und dieses Interesse zu fördern versuchen, auch wichtige Verbandsförderung genossen haben (131, S. 111). Die bäuerlichen Abgeordneten verteilten sich im 4. Bundestag auf die Fraktionen (154, S. 104): CDU/CSU: 47, FDP: 12, SPD: 12 (insgesamt 71 von 521). Noch wichtiger als die bloße Quantität war die Tatsache, daß fünf Präsidenten von Landesbauernverbänden in der CDU-Fraktion saßen. Immer wieder versuchte man die »grüne Front« auf eine entschlossene Interessenvertretung festzulegen. Eine Untersuchung der Kandidatenaufstellung in deutschen Parteien hat zwar in CDU und SPD eine große Zahl von Kandidaten nachgewiesen, die mit Verbandsinteressen (bei der CDU hauptsächlich mit Gewerkschaften, Handwerksverbänden, Bauernverbänden und Organisationen der katholischen Laienbewegung, bei der SPD hauptsächlich mit Gewerkschaften) sympathisieren. Ein Zusammenhang zwischen Verbandsunterstützung und Nominierungserfolg konnte jedoch in beiden Parteien nicht nachgewiesen werden[94].

Die direkt von einem Verband geförderten Abgeordneten sind am leichtesten ausfindig zu machen und haben daher immer das Interesse am stärksten auf sich gelenkt. Nicht weniger effektiv kann jedoch der Verbandseinfluß sein, wenn ein Mitglied oder gar ein leitendes Mitglied sich als Kandidat aufstellen läßt, ohne daß der Verband diese Kandidatur direkt unterstützt.

94 Bodo A. Zeuner: Kandidatenaufstellung zur Bundestagswahl 1965. Den Haag 1970, S. 87 f.

Die Handbücher der Parlamente sind meist sehr lakonisch in bezug auf Verbandsmitgliedschaften. Die Kenntnis der bloßen Mitgliedschaft allein reicht zudem nicht aus, wenn man nicht die Funktion oder frühere Funktionen eines Abgeordneten im Verband kennt. Darüber hinaus erfaßt selbst die Untersuchung des Organisationsgrades von Abgeordneten nicht alle Einflußfaktoren. Oft sind Abgeordnete, die keine organisatorische Verbindung mit einer Gruppe haben, die entschiedensten Verfechter des Interesses und kämpfen ideologischer dafür, als ein Verbandsmitglied dies wagen würde.

Unterstützung von Kandidaten durch Verbände

Eine ganze Reihe von Verbänden können nicht hoffen, Männer aus ihren Reihen ins Parlament zu bekommen, und sie beschränken sich darauf, die Haltung der Parteikandidaten zu ihrem Interesse zu testen. In angelsächsischen Ländern ist es wesentlich üblicher als auf dem Kontinent, Fragebogen an die Kandidaten zu senden. Die günstigsten Ergebnisse haben dabei häufig die »promotional groups« mit sehr allgemeinen Zielen, die von der vorherrschenden Moral gebilligt werden, wie die ›Lord's Day Observance Society‹, die ›National Temperance Federation‹ oder die Anti-Vivisektionisten in England (173, S. 252 f.). Sie können davon sprechen – nach den positiven Antworten der meisten Kandidaten, die sie anschrieben, zu urteilen –, daß sie die »Wahl gewonnen« haben. Solche unverbindlichen Erklärungen der Kandidaten zugunsten eines relativ allgemeinen Interesses können jedoch nicht bereits als Bereitschaft zum politischen Einsatz für dieses Interesse gedeutet werden. Amerikanische Kirchenorganisationen haben daher mit dem Versuch, Kandidaten vor der Wahl zu verpflichten, immer wieder Enttäuschungen erlebt (280, S. 76).

Verbände mit enger begrenzten Zielen haben bessere Erfahrungen gemacht. Die Alkohol-Lobbies, die gegen die Prohibitionsbewegung kämpften, führten geradezu schwarze Listen über ihre Feinde. In diesen wurden nicht nur gegnerische Kandidaten geführt, sondern auch Organisationen von der ›Pennsylvania Railroad Company‹ bis zur ›United States Steel Corporation‹, die sogenannten »trockenen« Kandidaten finanzielle Unterstützung gewährt hatten (263, S. 265). Beim Kandidaten wurde nicht nur nachgeforscht, ob er ein »liberaler« (sprich: antiprohibitionistischer) oder »trockener« Mann war, sondern auch nach seiner Religionszugehörigkeit, seiner Zugehörigkeit zu »fraternities«, ja sogar nach seinen Hobbies (263, S. 162).

Bei der Parteienfinanzierung (vgl. 141 ff.) wurde bereits darauf hingewiesen, daß die finanzielle Unterstützung nicht die einzig entscheidende ist. Die Arbeitszeit, welche die Gewerkschaften für den Wahlkampf zur Unterstützung einer Arbeiterpartei zur Verfügung stellen können, kann nicht weniger wichtig sein als das Geld anderer Verbände. Für die italienische ›Democrazia Cristiana‹ sind die Bürgerkomitees der katholischen Interessenten und ihre Werbetätigkeit ebenfalls von großer Bedeutung (223, S. 157).

Über den Einfluß von Interessengruppen auf Wahlen gibt es viel zu wenig Studien, um die weitreichenden Generalisierungen zu tragen, die sich bis heute in der Literatur finden. Oft wird unterstellt: Je mehr Unterstützung ein Kandidat von einem wichtigen Verband erhält, um so besser. Key (324, S. 521) hat jedoch nachgewiesen, daß eine allzu starke Gruppenunterstüzung dem Kandidaten auch schädlich sein kann. Ebensooft wird unterstellt, daß Kandidaten, die keinen sehr sicheren Wahlkreis haben, sich den Wünschen mächtiger Interessenten in ihrem Wahlkreis beugen müssen. Wenn der Einfluß jedoch von einem Kandidaten als Druck empfunden wird, kann ein Erpressungsversuch durchaus abgewehrt werden. Einzelne Abgeordnete in Amerika – wie der republikanische Abgeordnete Clifford P. Case in New Jersey – erklärten sich als unabhängig von allen Pressure-groups und gewannen die Wahlen trotzdem (291, S. 116). Drohungen gegen Abgeordnete oder Kandidaten wurden erfolgreich mit Gegendrohungen beantwortet (vgl. S. 101 f.). Drohungen eines Verbandes, er werde einem Kandidaten seine Unterstützung entziehen, erweisen sich meist als »ungeladenes Gewehr« (324, S. 522). Es ist durchaus zweifelhaft, ob die Interessengruppen in der Lage sind, kompakte Stimmpakete dem Kandidaten einer Partei zu übergeben. In einem relativ homogenen und gutorganisierten Interessenverband erscheint dies am leichtesten möglich. Untersuchungen über die Haltung von Gewerkschaftsmitgliedern bei Wahlen haben ergeben, daß die Mitglieder in der Regel den Empfehlungen ihrer Gewerkschaften Vertrauen entgegenbringen und nur 15–20 % abweichende Meinungen vertreten (287, S. 262). Verbände mit geringerer Homogenität und mit unpolitischerer Einstellung haben teilweise überhaupt keine Empfehlungen für ihre Mitglieder herausgegeben, wie sie sich bei Wahlen verhalten sollten. In Norwegen hat selbst eine so wichtige berufliche Gruppe wie die Fischer sich 1957 jeder Stellungnahme zu den Wahlen enthalten (257, S. 307). Viele Verbände fordern ihre Mitglieder nur auf, vom Wahlrecht Gebrauch zu machen, und ihr einziger Erfolg ist die Erhöhung der Wahlbeteiligung.

Aber auch eine konkrete Einmischung in den Wahlkampf läßt nicht immer auf politischen Erfolg schließen. Selbst einer homogenen Interessengruppe kann nicht eine große Schwankung in der Unterstützung der Parteien von ihren Führern klargemacht werden. Die Drohung, einer Partei die Unterstützung zu entziehen, die traditionell von einer Gruppe bevorzugt wurde, ist daher in der Regel bei den Mitgliedern gar nicht realisierbar. Nicht jede Wahlpropaganda eines Verbandes geht bei den Leitern der Gruppe davon aus, daß man das Wahlverhalten der Mitglieder oder der übrigen Wähler nennenswert beeinflussen könne. Viele Verbände benutzen die Wahlen nur als Anlaß, sich selbst wieder einmal Publizität zu verschaffen. Bei ausgesprochenen Protestgruppen, die der bestehenden Gesellschaft skeptisch oder gar feindlich gegenüberstehen, kommt es nicht selten zu dem Drang nach »parasitärer Publizität«, Wahlen und politische Kontroversen werden nur zum Anlaß der Darlegung der eigenen Gruppenziele benutzt.

Die Wahlforschung gibt immer weniger Anlaß dazu, die Bedeutung des Verbandseinflusses in Wahlen zu überschätzen. Das Studium der Motive von Wechselwählern räumt der Wirkung gewandelter Parolen von Verbänden an ihre Mitglieder keinen sehr hohen Rang ein[95]. Interessengruppen können die Stimmen ihrer Mitglieder in der Regel nicht in eine beliebige Richtung dirigieren. Die Führer von Interessengruppen werden bei der Schwerfälligkeit von Wandlungen im Wählerverhalten Gefangene ihrer früheren Allianzen. Selbst bei einer Wahl wie der Kennedys war nicht von vornherein feststehend, daß ihm die Unterstützung der Katholiken mehr nützen als schaden würde. Der Anteil katholischer Stimmen für den demokratischen Kandidaten wuchs laut ›Gallup Poll‹ von 51 % (1956) auf 78 % (1960)[96]. Die Aversion gegen einen katholischen Präsidenten bei den Protestanten erwies sich nicht als so stark, wie man angenommen hatte, aber es war für die Strategie katholischer Organisationen schwer vorauszusehen, ob die starke Betonung der katholischen Religion Kennedys in der Gesamtrechnung ein Vorteil oder ein Nachteil sein werde. Die Propaganda einer Interessentengruppe kann leicht zu einem großen Einsatz von Propaganda eines mächtigen Gegeninteresses führen und die Initiative der ersten Gruppe zum Bumerang werden lassen, der sich gegen sie selbst kehrt. Selbst dort, wo die Gruppenzugehörigkeit zu einem hohen Grad homogenen Wahlverhaltens führt, ist dies nicht immer der Propaganda der Gruppenbürokratie zuzuschreiben, sondern oft schwer meßbaren Faktoren der sozialen Umgebung, des Einflusses der Kollegen am Arbeitsplatz, die sich oft als schwerwiegender erweisen als die offiziellen Parolen der Gruppenführer (315, S. 50).

95 Kaase, a. a. O. (Anm. 91), S. 127 ff.

96 N. W. Polsby – A. B. Wildavsky: Presidential Elections. New York 1964, S. 17.

Referenden

Referenden sind ein Lieblingskind der plebiszitären Demokratieauffassung. Die plebiszitären Möglichkeiten der Willensbildung und Initiative sind bei der geringen Partizipation, die sie in den meisten Ländern auslösen, jedoch zu einem wichtigen Instrument der Politik von Interessengruppen geworden. Die Untersuchung von Abstimmungs- und Partizipationsverhalten bei Referenden warnt deutlich vor der Annahme, daß sich in ihnen der Volkswille am deutlichsten und unmittelbarsten ausdrücke. Wo es – wie in vielen amerikanischen Staaten – Volksinitiative neben dem Referendum gibt, hat man festgestellt (318, S. 141), daß wirtschaftliche Interessenten das Referendum der Volksinitiative vorgezogen haben, weil sie generell mehr an der Erhaltung eines Status quo (eventuell durch Anfechtung eines Gesetzes der Legislatur) interessiert waren als an einer positiven innovatorischen Gesetzgebung. Die konservative Funktion von Referenden zeigt sich vor allem in den Ländern, in denen Verfassungsänderungen dem Volk vorgelegt werden müssen. In ihnen kommen meist nur wenige Verfassungsänderungen durch. In den USA ist so die Rechtssprechung des (vergleichsweise ebenfalls konservativen) ›Supreme Court‹ zu einer wichtigeren Ursache des Verfassungswandels geworden als die Amendmentprozedur. Konservative Interessen (wie die der Prohibitionisten) haben es daher auch in den USA häufig abgelehnt, sich der Referendumsinitiative zu bedienen. In Illinois wurde der Vorschlag der ›Anti-Saloon League‹ mit dem Hinweis abgelehnt, daß dann die Großstadt Chicago dem Staat Illionois ihren Willen aufzwingen könne (263, S. 121). Auch der Versuch, 1957 in Schweden eine Volksumfrage (»folkomröstning«) in den Dienst einer progressiven Pensionsregelung zu stellen, hat die Progressiven entmutigen müssen[97]. Selbst das vielgelobte Schweizer Referendum kann seine einstigen Funktionen heute nicht mehr erfüllen. Es wirkt keineswegs als Gegengewicht gegen die dispersiven Tendenzen des Pluralismus, und es dient nur bedingt einer öffentlichen Meinungsbildung auf allen Ebenen. Oft dominiert die Propaganda und Mobilisierung eines Sonderinteresses. Die Stimmbeteiligung ist von rd. 60 % (1880–1890) auf 54,1 % gesunken, und bei vielen Referenden kann von Mehrheit nicht mehr die Rede sein, da schon die Beteiligung am Referendum unter 50 % blieb (242, S. 75). In den eidgenössischen Abstimmungen von 1959 bis 1967 betrug die durchschnittliche Beteiligung nur noch 46 % (249, S. 442).

97 Samhälle och riksdag. Stockholm 1966, Bd. II, S. 319.

Nur in der marxistischen Theorie einiger Volksdemokratien wird das Referendum heute noch als brauchbarstes Instrument allseitiger Willensbildung und Diskussion gefeiert[98]. Diese optimistische Einschätzung ist allein durch die Protestbewegungen der zweiten Hälfte der sechziger Jahre widerlegt worden. Man kann nicht nachweisen, daß Länder, die das Institut des Referendum kannten, in der Gesetzgebung durchlässiger für gesellschaftliche Interessen gewesen sind. Auch die Systeme mit Referendum sind unter den Beschuß der Kritik außerparlamentarischer Oppositionen geraten.

Die Bedeutung der Möglichkeit des Referendums liegt heute weniger in den positiven Gestaltungsmöglichkeiten als in der Tatsache, daß die Referendumsdrohung kompromißfördernd bei Verhandlungen zwischen Verbänden und staatlichen Stellen wirkt (245, S. 95).

6. Öffentliche Meinung

Die meisten Versuche einer Verbandseinflußnahme sind – unabhängig davon, welches der bevorzugte Adressat des Einflusses ist – vom Appell des Verbandes an die öffentliche Meinung begleitet. Seit die Ausgaben der Verbände für politische Zwecke in einigen Ländern begrenzt und kontrolliert sind, wächst die Versuchung, die Ausgaben für Propaganda im Vergleich zu anderen politischen Aktivitäten zu erhöhen, zumal in den USA Propaganda nicht als Lobbyismus im Sinne des ›Lobby Regulation Act‹ gewertet wird (291, S. 121). Manche lobbyistische Aktivität tarnt sich als Verlagstätigkeit, als Erziehungsarbeit (283, S. 111) oder als »wissenschaftliche Institutsarbeit«, wie sie in Amerika vom ›Committee for Constitutional Government‹, von der ›Foundation for Economic Education‹, dem ›National Economic Council‹ oder dem ›Public Affairs Institute‹, hinter dem ein Teil der Gewerkschaften steht, wahrgenommen werden (325, S. 49).

Der Einfluß auf die öffentliche Meinung wird teils über eine verbandseigene Presse, teils über unabhängige Zeitungen und Organe zu lancieren versucht. Vor allem ideelle Förderverbände, wie die amerikanische ›Anti-Saloon League‹, überfluteten das Land mit einer Fülle von halbwissenschaftlicher Literatur und Traktaten (263, S. 75 ff.). In Italien geben von 68 untersuchten Interessengruppen 58 an, daß sie wenigstens eine Publikation herausgäben, abgesehen von dem üblichen Jahresbericht (224, S. 173). Der Erfolg der Öf-

98 E. Zieliński: Referendum w świecie współczesnym. Breslau/Warschau/Krakau 1968, S. 104 ff.

fentlichkeitsarbeit wird häufig danach bemessen, wie oft es einem Verband gelungen ist, in den Zeitungen oder im Rundfunk erwähnt zu werden. Die DAG strich im Jahresbericht 1960–63 heraus, daß sie in den Jahren 1951–54 14265mal in Zeitungsberichten erwähnt wurde, während es ihr für die Jahre 1961–1963 gelang, ihren Publizitätserfolg auf 45915 Erwähnungen zu steigern (69, S. 93). Nur wenige Interessenten haben zuviel Publizität zu befürchten, wie die Sportverbände, denen eine zu ausgiebige Fernsehberichterstattung die Zuschauer von den Sportplätzen abzuziehen droht und die daher sogar ein Abkommen mit der ARD schlossen, in dem die Sportberichterstattung im Fernsehen geregelt wurde (68, S. 94). Die Erfolge der Interessengruppen in Rundfunk und Fernsehen hängen von der Struktur und dem Ausmaß staatlicher Kontrolle der Anstalten ab. In Italien hat die starke zentralisierte Kontrolle Radio und Fernsehen für die Gruppen weniger zugänglich gemacht (224, S. 193), ähnliches läßt sich von der französischen Fünften Republik sagen. Nicht überall ist der Rundfunk als Adressat von Einfluß gleich wichtig. In Schweden hat man an Hand der Korrespondenz mit den Rundfunkanstalten nachzuweisen versucht, daß nur etwa 0,5 % der Korrespondenz zwischen 1946–1964 als Einflußversuche von Gruppen gewertet werden können (260, S. 270). Solche Zahlen sagen wenig über die Intensität des Einflusses aus, da wichtige Einflußnahmen schwerlich brieflich vorgenommen werden. In fast allen europäischen Ländern sind die Gruppen mit den Möglichkeiten der Einflußnahme auf die Rundfunk- und Fernsehanstalten nicht zufrieden. In der Bundesrepublik wurde daher versucht, das Handikap des erschwerten Zuganges zu den Massenmedien durch ein privates Werbefernsehen, wie Axel Springer es anstrebte, auszugleichen. Umgekehrt förderten sogar Bundeskanzler Adenauer und Justizminister Schäffer Pläne für eine staatliche »Deutschland-Fernsehen GmbH«, die sich als verfassungswidrig entpuppten. In einem aufsehenerregenden Fernsehurteil kam das Bundesverfassungsgericht auf Grund der Interpretation von Art. 5 GG zu der Ansicht, daß der Rundfunk als modernes Instrument der Meinungsbildung weder dem Staat noch einer gesellschaftlichen Gruppe ausgeliefert werden darf. Das Gericht erklärte, daß alle in Betracht kommenden gesellschaftlichen Kräfte in den Rundfunk-Organen Einfluß haben und im Gesamtprogramm zu Wort kommen müßten, und lehnte eine Anstalt ab, die völlig in der Hand des Staates war, wie die geplante GmbH[99].

99 Heinz Laufer: Verfassungsgerichtsbarkeit und politischer Prozeß. Tübingen 1968, S. 464.

Der Einfluß von Interessengruppen auf »die öffentliche Meinung« ist schwer festzustellen. In Deutschland wird die Pressepolitik der Arbeitgeberverbände von 35,3 % der befragten Journalisten als erfolgreicher angesehen als die der Gewerkschaften (die von 17,2 % als am erfolgreichsten gewertet wurde), obwohl die Gewerkschaften mit 29,3 % weit vor dem BDI und BDA (mit 17,2 %) in der Beurteilung der Zugänglichkeit bei der Informationsbeschaffung rangierten (160, S. 93 f.). Die Forschung rückt immer mehr von der Fiktion einer einheitlichen öffentlichen Meinung ab. Selbst angesichts der Gefahr der Monopolbildung im Pressewesen kann von der Privilegierung einzelner Gruppen und Interessenten nicht auf einen adäquaten Einfluß auf die öffentliche Meinung des ganzen Volkes geschlossen werden. Springers Meinungen werden nicht annähernd von so vielen Menschen geglaubt, wie sie konsumiert werden. In der Regel wirkt der Einfluß auf die öffentliche Meinung nur als Verstärker neben anderen Aktionen der Verbände. Die Teile der Bevölkerung, die einem Interesse nahestehen, sind auf Grund ihrer höheren Bereitschaft, interessengebundene Meinungsäußerungen zur Kenntnis zu nehmen, Verbandspublikationen zu lesen und auf Grund ihres höheren Organisationsgrades in der Regel aufgeschlossener für die Ansichten, die ein Verband fördert (34, S. 512). Neuere Manipulationstheorien machen sich jedoch die Sache allzu einfach, wenn sie schlicht von der »Machbarkeit« jeder Meinung durch kleine organisierte Minderheiten ausgehen. Viele Pressekampagnen von Verbänden dienen gar nicht allein dem Zweck, Einfluß zu nehmen, sondern dienen auch der Klärung des eigenen Interesses, das keineswegs immer a priori feststeht, wie vielfach unterstellt wird. Der Einfluß von Verbänden auf die Öffentlichkeit hängt vom Reservoir der Sympathisierenden ab, das ein Verband unter denen mobilisieren kann, die nicht formell Verbandsmitglieder sind. Je stärker bestimmte Ideologien für die vertretenen Interessen eingesetzt werden, und je stärker diese Wurzeln in Werthaltungen haben, welche die meisten Bürger des Staates teilen, um so mehr kann der Erfolg der Öffentlichkeitsarbeit gesteigert werden.

7. Internationale Organisationen

Internationale Organisationen nehmen als Adressaten für Verbandseinflüsse ständig an Bedeutung zu. Am stärksten ist der Lobbyismus naturgemäß bei solchen Organisationen, die Entscheidungen über wirtschaftliche und soziale Fragen treffen können, die für die Nationalstaaten bindend sind. Daher hat die EG eine starke europäische Konzentration der Verbände hervorgerufen, und die Organisation der Brüsseler Behörden hat dem Verbandseinfluß Rechnung getragen. Außer den drei im Vertrag vorgesehenen Ausschüssen (Wirtschafts- und Sozialausschuß, Beratender Verkehrsausschuß und Ausschuß des Europäischen Sozialfonds) sind 13 weitere Ausschüsse eingerichtet worden. Neben der institutionalisierten Mitwirkung der Verbände hat man eine rege Aktivität von 273 Verbänden festgestellt, die sich auf der Ebene der Neunergemeinschaft zusammengeschlossen haben (211, S. 43). Da den Brüsseler Behörden der bürokratische Unterbau in den Mitgliedsstaaten fehlt, sind die Verbände in vielen Fällen ein besonders unerläßlicher Gesprächspartner. Die nationalen Verbände beeinflussen die Politik der EG-Kommission vorwiegend über die beratenden Ausschüsse. Viele Verbände erkannten, daß sie sich in Brüssel nicht nur zur Beeinflussung der EG-Organe organisieren mußten, sondern auch zur Sammlung von Material für die Arbeit der nationalen Verbände in ihren Heimatländern. Nach einem Wort von Neunreither (213, S. 386) mußte man »in Brüssel das Gras wachsen hören, um dem Gärtner zu Hause sagen zu können, wann und wie hoch er es schneiden sollte«. Die Industrieverbände sind am stärksten vertreten und haben die Zahl der landwirtschaftlichen Organisationen bereits überflügelt, obwohl auf dem Agrarsektor der Zusammenschluß am stärksten gefördert wurde. Die einflußreichste Gruppe ist die ›Union des Industries de la Communauté Européenne‹ (UNICE), in der die industriellen Spitzenverbände der neun EG-Länder zusammenarbeiten: FIB, CNPF, Confindustria, FIL; aus Deutschland sind der BDI und der BDA vertreten, die Niederlande sind mit vier Arbeitgeberverbänden repräsentiert (213, S. 439 f.). Wichtigster Gesprächspartner der Organisationen ist vornehmlich die EG-Kommission; weniger Ansatzpunkte finden die Verbände beim Ministerrat.

Das Europäische Parlament als Konsultativorgan ist als Adressat von Lobbyisten noch wenig interessant. Typisch für den Lobbyismus in den Europäischen Gemeinschaften ist die Mehrstufigkeit der Einflüsse, die auch den Lobbyismus auf nationaler Ebene in der Regel charakterisiert. In einer vorbereitenden Stufe läßt sich die Kommission bei Vorschlägen und Projekten in Beiräten beraten. In einer zweiten »offiziell-konsultativen« Stufe werden das Europäische Parlament und der Wirtschafts- und Sozialausschuß zu den von der Kommission verabschiedeten Vorschlägen gehört. Auf dieser Stufe schalten sich vorwiegend die nationalen Verbände – besonders beim Wirtschafts- und Sozialausschuß – ein. In der dritten Phase der Entscheidung des Rates setzt ein reger Lobbyismus der nationalen Verbände ein; zum Teil spielen aber auch schriftliche Kontakte der Neunerverbände mit dem Ratssekretariat eine Rolle. Auf einer vierten Stufe der Gesetzesausführung, mit der vorwiegend die Kommission betraut ist, haben die Neunerverbände ein gewisses Mitwirkungsrecht. Die Bildung von Clientela-Gruppen in den Organen der EG ist bisher dadurch erschwert, daß die wichtigen Posten durch Absprachen der Regierungen besetzt werden, trotz allem was man auch in dieser Hinsicht über die Gefahren der »Bürokratie« gesagt hat. Die Kompliziertheit des Entscheidungsprozesses wird von Fischer als eine gewisse Barriere gegen die Übermacht der Interessengruppen angesehen (211, S. 199). Außerdem fehlen den Lobbyisten die Sanktionen, die nationale Verbände ihren Regierungen oft androhen (z. B. Entzug der Unterstützung bei Wahlen). Da die Mitwirkung der Verbände in der EG von Anfang an stark institutionalisiert wird, entfällt mancher Anreiz zur indirekten Einflußnahme.

Das politische Gleichgewicht der Europäischen Gemeinschaft wird daher vermutlich solange auf »dem Dualismus zwischen supranationaler und intergouvernementaler Bürokratie und der Repräsentation organisierter Interessen beruhen« (208, S. 192), als es kein direkt gewähltes europäisches Parlament und kein vollparlamentarisiertes System in der EG gibt.

VII Methoden der Interessengruppen

Die Interessengruppenforschung hat bisher überwiegend mit einer Beschreibung der Gruppen und den von ihnen bevorzugten Adressaten gearbeitet und sich zu wenig Rechenschaft über die Tiefenwirkung der von den Gruppen angewandten Methoden gegeben. Nicht jedes Verhalten von Politikern, das Wünschen von Lobbyisten zu entsprechen scheint, kann als Ergebnis von Druck bezeichnet werden. Den Forderungen von Lobbyisten stehen internalisierte Werthaltungen der Einflußadressaten gegenüber, und es ist nicht immer leicht festzustellen, welcher von beiden Faktoren den Ausschlag für eine Entscheidung gegeben hat. Scott und Hunt (320, S. 14) haben das Verhältnis der beiden Faktoren in einer Vierfeldermatrix zu veranschaulichen gesucht:

	Internalisierte Werte	Nicht-internationalisierte Werte
Keine Forderungen	1	2
Forderungen	3	4

Nur das Zusammentreffen der Faktoren in Feld 4 rechtfertigt es, von »pressure« zu sprechen. Aber auch die Konfrontation dieser beiden Variablen ergibt nur ein sehr grobes Schema, das vor allem die Methoden, mit denen Forderungen geltend gemacht werden, nur ungenügend berücksichtigt. In der Entscheidungslehre hat man oft unterstellt, daß Entscheidungen durch Machtbeziehungen zustande kommen, und Macht wurde oft als die Fähigkeit von A definiert, B seinen Willen aufzuzwingen. Gegen diesen Ansatz haben sich generelle theoretische Einwände erhoben. P. Bachrach und M. S. Baratz[100] haben nachgewiesen, daß Machtbeziehungen unter Androhung von Sank-

100 Bachrach-Baratz, a. a. O. (Anm. 12), S. 640.

tionen nur eine der möglichen Beziehungen sind, die B veranlassen könnten, sich dem Willen von A zu beugen. Ebenso häufig treten Autoritätsbeziehungen, Einflußbeziehungen (»influence«) oder manipulierte Beziehungen auf, die alle dadurch ausgezeichnet sind, daß sie ohne Sanktionen bestehen. Darüber hinaus haben die Autoren nachgewiesen, daß eine ganze Reihe von Entscheidungen nicht stattfinden und daß die »Nichtentscheidung« ebenfalls in die Betrachtung mit einbezogen werden muß, wenn man alle Einflußbeziehungen zwischen Handelnden richtig analysieren will. Zudem wäre es verkehrt anzunehmen, daß die verschiedenen Beziehungen von Autorität bis zur nackten Gewalt Einbahnstraßen des Einflusses und der Sanktionen wären. Gerade in der Interessengruppenforschung hat man nachweisen können, daß der Abgeordnete oder Politiker keineswegs ein wehrloser Spielball äußerer Einflüsse von Interessenten ist (vgl. S. 100 f.). Banfield (302, S. 4) hat aus den allgemeinen Machtmodellen Schlüsse für die Methoden gezogen, die bei politischem Einfluß angewandt werden. Politischer Einfluß wird vor allem durch Autorität, Freundschaft, rationale Überzeugung, Bestechung, Betrug oder gar durch Zwang ausgeübt. Die extremen Methoden, wie Betrug oder Zwang, sind weder die häufigsten noch (auf die Dauer) die erfolgreichsten Mittel des Einflusses.

1. Korruption und Bestechung

Noch immer werden Fälle aufgedeckt, in denen Lobbyisten versuchten, mit Bestechung zu arbeiten. 1963 erhielt ein Abgeordneter der Staatenlegislatur von Maryland in den USA ein Angebot über 300 Dollar für den Fall, daß er sich bei der Abstimmung über ein Verbot von Glücksspielmaschinen »zufällig« auf einem Spaziergang befinden sollte (375, S. 9). Im 19. Jahrhundert waren solche Methoden weit üblicher, wo sie die Eisenbahnlobbies anwandten. Erfolgreich waren auch einzelne Unternehmer wie Samuel Colt, der Erfinder des gleichnamigen Revolvers, der mit Bestechungen arbeitete, um die Laufzeit seiner Patente zu verlängern (325, S. 17).

Einer der größten Mängel der Gruppenforschung ist bisher, daß es kaum eine Untersuchung aller wichtigen Entscheidungen in einem politischen System über einen längeren Zeitraum hin gibt. Die illustrative Methode der Darstellung überwiegt. Man unterstellt nicht selten, daß die paar Beispiele, die man anführen kann, ein generalisierbares Verhalten exemplifizieren. Die gescheiterten Versuche der Einflußnahme dagegen werden sehr selten untersucht (320, S. 6), da sie nicht in das Bild der »Folklore« über Interessengruppen passen. Trotz der Einzelfälle von Korruption, die noch immer nachweisbar sind, kommen führende Interessengruppenforscher auch für die USA zu der Ansicht, daß der Einfluß auf gesamtstaatlicher Ebene vergleichsweise mit wenig Korruption verbunden ist. Der Grund für diese Entwicklung ist nicht die Effektivität der legalen Kontrollen, die der Staat inzwischen entwickelte (vgl. S. 106 ff.), sondern liegt in den ins System eingebauten indirekten Kontrollen, indem jeder Akteur mit einem anderen verbunden und jeder verwundbar ist, so daß sich keiner ein allzusehr von der Norm abweichendes Verhalten in den Einflußmethoden erlauben kann. Ein Teil der funktionalistischen Systemtheoretiker rückt in den USA davon ab, von Korruption in den Termini eines kontinentalen Beamtengesetzes zu sprechen. Heard weist darauf hin, daß der gesamte Prozeß repräsentativer Regierung in Begriffen von Bestechung und Korruption interpretiert werden könnte, weil politische Unterstützung generell für irgendeine Gegenleistung erworben wird (317, S. 106). Einige Funktionalisten gehen sogar so weit, daß sie Korruption im engeren Sinn als funktional und daher unvermeidbar ansehen, wie Banfield (302, S. 257) mit seiner lapidaren Feststellung: »Some corruption is inevitable in a city like Chicago«, da sonst wichtige Entscheidungen nicht zustande kämen. Den Kauf der Zustimmung von Vetogruppen, die anders für eine Entscheidung nicht zu gewinnen sind, sieht Banfield offenbar als »läßliche Sünde« an. Die Methoden offener Drohung von Einflußsuchenden für Politiker, die mit Geld nicht zu kaufen sind, haben sich in vielen Fällen als Schuß nach hinten erwiesen, da sie oft unrealisierbar waren, weil die Mitgliedschaft einer Gruppe nur in begrenztem Rahmen Schwankungen in der Unterstützung von Parteien oder einzelnen Politikern mitvollziehen kann. Wichtiger als die Androhung von Sanktionen ist die Manipulationsbeziehung (30, S. 193), die in der Entscheidungslehre und heute vor allem auch von der neuen linken Sozialkritik eingehend untersucht wird. Deren Ergebnisse sind jedoch für die Interessengruppenforschung noch nicht genügend ausgewertet worden. Manipulation wird sich in jedem Fall schwer vom indirekten Druck durch Rollenerwartungen trennen lassen, wie sie in der Gruppenforschung immer stärker in den Vordergrund gestellt wurde[101].

101 Froman, a. a. O. (Anm. 48), S. 14.

2. Überzeugung, freundschaftliche Kontakte

Die Pflege persönlicher Beziehungen und die rationale Überzeugung gelten als die einflußreichsten Methoden im Verkehr zwischen Interessenten und Politikern. Gesellschaftliche Veranstaltungen wie Cocktailparties, die für alle Beteiligten nur den »Leerlauf des Dabeigewesenseins« zu bedeuten scheinen, haben für Gruppenvertreter eine wichtige Bedeutung als Mittel zur Informationssammlung und zur Anknüpfung von Kontakten. Alle Beteiligten mokieren sich über die Mittel der »social lobby«, aber niemand hat bisher darauf verzichten wollen. Freundschaftliche Beziehungen zwischen Lobbyisten und Abgeordneten werden meist einseitig als Bedrohung für die »objektive Entscheidung« des Deputierten angesehen. Sie können jedoch auch dem Schutz vor allzu dreisten Forderungen der Lobbyisten dienen. Ein amerikanischer Senator formulierte einmal lapidar: »You just can't pressure a friend« (300, S. 189).

3. Drohung, Nötigung, Gewalt

Nötigung und Zwang, die in revolutionären Zeiten zum vorherrschenden Mittel von Vetogruppen werden, sind im normalen Einflußprozeß von zweitrangiger Bedeutung. Im allgemeinen bedeutet der Versuch der Einflußnahme bereits eine stillschweigende Anerkennung der bestehenden staatlichen Ordnung, an deren Leistungen man einen gebührenden Anteil verlangt (172, S. 32). Besonders in Deutschland – einem Land ohne revolutionäre Tradition – waren Pressionsversuche durch Streiks und Demonstrationen zur Durchsetzung wirtschaftspolitischer Interessen vor 1871 selten (155, S. 249).

Gewaltloser Konfliktaustrag zwischen den Interessen der Gesellschaft wurde in der politischen Soziologie als wichtige Variable demokratischer Stabilität herausgestellt. J. Steiner (249, S. 265 ff.) hat am Beispiel der Schweiz ein System von Hypothesen überprüft, um die Bedingungen der gewaltlosen Konfliktregelung in subkulturell segmentierten demokratischen Systemen zu erforschen. Es zeigte sich, daß die Neigung zur Gewaltlosigkeit mit der Zahl der intermediären autonomen Gruppen zunahm, wenn diese sich stark überlappen. Die Existenz von Subkulturen führt zu gewaltloser Konfliktschlichtung, wenn keine Subkultur eine hegemoniale Stellung einnimmt. Die Angehörigen einzelner Schweizer Subkulturen befinden sich zur Zeit (mit Ausnahme der Jurassier) meist in einer Hinsicht in einer Minderheitenposition (zum Beispiel sind viele Welschschweizer als französischsprachige Bürger in einer Minderheitsposition, als Protestanten in einer Mehrheitsposition). Als weitere Bedingung für gewaltlose Konfliktschlichtung wurde herausgearbeitet: die häufige Interaktion von Eliten der einzelnen Subkulturen. Lijphart vertrat noch die These, zu den Voraussetzungen der gewaltlosen Konfliktaustragung gehöre, daß die Mitglieder der einzelnen Subkulturen relativ wenig Kommunikation miteinander haben, eine These, die sich nicht überall verifizieren ließ. Weitere Voraussetzungen sind, daß die Methoden des gütlichen Einvernehmens stärker angewandt werden als das Mehrheitsprinzip, daß die Rollenmuster der Konfliktregulierung in der Politik und in anderen sozialen Bereichen relativ ähnlich sind, daß Kommunikationskanäle zur Artikulation von Dissens bestehen (wie Volksabstimmungen), daß ein System unter äußeren Druck steht, wenn die nationalen Gefühle nicht sehr ausgeprägt sind, daß die soziale Norm der Gewaltlosigkeit bei allen Gruppen akzeptiert ist und andere Variablen. Welche dieser Variablen jedoch Conditio sine qua non der Gewaltlosigkeit sind, läßt sich bisher nicht nachweisen, da vergleichende Studien noch fehlen. Länder mit vergleichbaren nationalen, religiösen und Stadt-Land-Konflikten, wie sie die Schweiz kennt – etwa Belgien und Kanada –, haben keineswegs die gleiche Neigung zur friedlichen Konfliktschlichtung entwickelt wie die Schweiz.

Für die Interessengruppenforschung ist die Gewaltanwendung immer nur ein Randproblem. Kampfmethoden, die psychisch als »Gewalt« und juristisch als »Nötigung« empfunden werden, müssen jedoch in die Betrachtung einbezogen werden. Das Verhältnis der Gruppen zu solchen Methoden ist keineswegs konstant, so wenig wie die Abnahme von gewaltlosen Methoden der Konfliktschlichtung ein geradliniger Prozeß ist. Methoden der Nötigung und Provokation der öffentlichen Meinung können von einer Gruppe auf andere übergreifen. Die Anerkennung der Anwendung neuer Kampfmethoden zur Durchsetzung ihrer Interessen durch immer neue Gruppen schreitet fort. Im Kampf der Wirtschaftsinteressen wurde in liberalen Staaten noch um die Jahrhundertwende der »Boykott« als gewalttätiger Eingriff in die Handels- und Gewerbefreiheit angesehen. In der Schweiz haben die Gerichte zwischen 1905 und 1914 eine Wandlung durchgemacht und solche Zwangsmaßnahmen als erlaubt betrachtet, wenn sie zur »Wahrnehmung berechtigter Berufsinteressen« eingesetzt wurden (239, S. 354).

Die neuen Protestbewegungen haben sich unter anderem auch eine Pluralisierung jener Kampfmethoden zum Ziel gesetzt, wie sie bisher nur zwischen den privilegierten Interessenten der Tarifpartner toleriert wurden. Die

Bauernverbände haben zum Teil zu Mitteln der Nötigung und Drohung gegriffen, wie Straßenblockaden durch Traktoren. Schon in den 1890er Jahren wurde es zum Kampfruf amerikanischer Bauern: »Raise less corn und more hell!«, um die Regierung auf das Problem der landwirtschaftlichen Überproduktion nachdrücklicher hinzuweisen (318, S. 9).

Eine humorvollere Form der Nötigung wählten die französischen Bauern, als sie dem Landwirtschaftsminister Pisani in der Regierung Pompidou Tausende von Kartoffelsäcken ins Ministerium schickten und so tagelang die Eingänge blockierten. Bauernverbände haben zu den Mitteln der Nötigung zum Teil schon deshalb greifen müssen, weil sie zu Gefangenen der übertriebenen Drohungen ihrer eigenen Propaganda geworden waren (154, S. 62). Ein Verband wird unglaubhaft, wenn er der Regierung ständig Ultimaten stellt und Maßnahmen ankündigt, ohne sie je auszuführen.

Nur wenige große Gruppen, wie die Organisationen der Arbeiter, konnten so weit gehen, Streiks aus politischen Gründen anzudrohen. Einige Staaten versuchten dieser Drohung durch gesetzliche Barrieren zuvorzukommen. In England wurde der politische Streik erst 1927 – nach dem fehlgeschlagenen Generalstreik von 1926 – gesetzlich verboten. Aber nicht solche Vebote, sondern die immer begrenzteren trade-unionistischen Ziele, welche sich die Gewerkschaften setzen, und ihre Strategie des begrenzten Konflikts mit den Gegeninteressen haben das Mittel des Generalstreiks obsolet werden lassen.

Angesichts der neuentwickelten Kampfmethoden einzelner Gruppen (›go-in‹, ›teach-in‹, ›happening‹), die staatliche Autorität der Lächerlichkeit preisgeben, und anderer flexibler Kampfformen, die am Rande des juristischen Tatbestands der Nötigung liegen, erscheint die Alternative: Gewaltanwendung – friedliche Konfliktschlichtung heute zu schematisch. Auch bei Gruppen, die ein bestehendes System ablehnen, wird die Proklamation offener revolutionärer Gewalt immer seltener. Zum anderen verbreitet sich die Einsicht, daß die Kompliziertheit hochindustrieller Gesellschaften offene revolutionäre Gewaltanwendung immer sinnloser macht. Schon der späte Engels hatte vor der alten Barrikadenromantik von 1848 gewarnt (MEW, Bd. 22, S. 521). Wenn der Staat jedoch den Grundsatz der Verhältnismäßigkeit der Mittel im Kampf gegen Systemgegner aufgibt und zu offener Repression greift, kann der Rekurs auf die Gewalt in der Gesellschaft jederzeit wieder zunehmen. Politische Streiks, Massenansammlungen, Sternfahrten, Drohungen gehören zu den Mitteln der »action directe«, die nicht nur von syndikalistischen Bewegungen immer wieder proklamiert und angewandt worden sind. Diese Mittel, die einst typisch für die Arbeiterklasse zu sein schienen, wurden von anderen gesellschaftlichen Interessen übernommen, besonders von jenen, die sich in eine starke Statusfurcht hineinsteigerten. Das Monopol der Arbeitergruppen auf die Anwendung einiger Methoden ist durch eine neuere Entwicklung gebrochen worden. Selbst die Intellektuellen-Verbände, wie Ärzte und Lehrer, haben zu Mitteln des Streiks und der Demonstration gegriffen, die früher als nicht »standesgemäß« abgelehnt wurden.

Eine dynamische Auffassung des sozialen Systems kann nicht mehr von einem sich langsam wandelnden labilen Gleichgewicht der sozialen Kräfte ausgehen und hoffen, daß alle Gruppen sich an die institutionalisierten, kanalisierten und kontrollierten Methoden des Austrags von Interessenkonflikten halten. Wäre das harmonisierende Pluralismusbild richtig, dürfte es keine Revolutionen mehr geben, denn Revolutionen sind Ausdruck eines Mißerfolgs im Konfliktmanagement (61, S. 117). Interessen, die sich weder durch unsere Parteien noch die Vielfalt der Interessengruppen mehr hinreichend vertreten fühlen, durchbrechen von Zeit zu Zeit den Kodex der Rollen und Rollenerwartungen, der von den meisten Gruppen im Interessenkampf respektiert wird. Da die kritische Theorie der neuen Linken die Gefahr sieht, daß die Opposition in kleine und häufig einander widerstreitende Gruppen isoliert wird, rechtfertigen einige ihrer Vorkämpfer ein Widerstandsrecht gegen diese Gesellschaft. Marcuse geht so weit zu postulieren: »Aber ich glaube, daß es für unterdrückte und überwältigte Minderheiten ein ›Naturrecht‹ auf Widerstand gibt, außergesetzliche Mittel anzuwenden, sobald die gesetzlichen sich als unzulänglich herausgestellt haben« (81, S. 127). Marcuse bestreitet den Intellektuellen das Recht, der Protestbewegung Enthaltsamkeit in der Anwendung gewaltsamer Mittel zu predigen. Die Theoretiker des »Non-Violence-Movements« in zahlreichen Schattierungen aber nehmen sich gerade dieses Recht und verweisen die unterdrückten und zu kurz gekommenen Interessen auf den Weg gewaltlosen Widerstandes, auf dem sich etwa die Studentenbewegung mit ihren neuen Propaganda-Methoden trotz gelegentlicher Ausschreitungen im ganzen bisher gehalten hat.

Interessengruppen ordnen sich in der Regel in die arbeitsteilige Gesellschaft ein und suchen funktionspezifische Kanäle zur Artikulation ihrer Wünsche und streben nach Mitteln, die dem Rechtssystem angepaßt sind. Physische Gewalt wenden hingegen vornehmlich unstrukturierte, anomische Gruppen an, denen es an Organisation und Führung fehlt (71, S. 81). Die Führerlosigkeit der schwarzen Bevölkerung in den USA nach dem Tod Martin Luther Kings hat die Gefahr der Ausbrüche von unkoordinierten und auf ihre politische Wirksamkeit hin nicht durchdachten Aktionen vergrößert.

Ein ähnliches Dilemma zeigte sich in der Außerparlamentarischen Opposition der neuen Linken in mehreren europäischen Ländern, nachdem die anarcho-syndikalistische Organisationsfeindschaft sich überwiegend durchgesetzt hat.

Die modernen Massenkommunikationsmittel üben eine ambivalente Funktion dabei aus: Einerseits fördern sie die raschere Information der politischen Eliten und aktivieren die Politik zur Beseitigung der Mißstände. Andererseits ermöglichen sie eine raschere Mobilisierung der Kräfte, denen es (wenn die Gewaltaktionen vorübergehenden Erfolg hatten) gar nicht mehr auf die Lösung der Konflikte durch Reformen ankommt (85, S. 128).

Selbst wenn das Mittel der Gewalt von der Führungsgruppe einer Bewegung dosiert und kalkuliert eingesetzt werden soll, bleibt dies Mittel – im Gegensatz zu allen anderen, die von vornherein an stärker verbindliche soziale Spielregeln gebunden sind – nicht kontrollierbar. Es droht in die Hände von Gruppen zu fallen, die das politische und interessenpolitische Motiv nur zur Verschleierung und Ideologisierung quasi-krimineller Aktionen benutzen.

Gewalt hat im Vergleich zu allen anderen Methoden der »pressure« auch den Nachteil, daß sie den Rückzug auf friedlichere Methoden durch die Anheizung des Hasses auf beiden Seiten am wenigsten offenläßt. Diese Erfahrung läßt sich vor allem durch Analogien im Bereich der internationalen Beziehungen belegen. Gewalt, die aus der Kontrolle gerät, droht ebenso unproportionierte Gewalt der Gruppen hervorzurufen, die den sozialen und politischen Status quo verteidigen. Ein Konflikt, der mit dem Hohn auf die schwächlich-liberale Gesellschaft auf der Seite der Rebellierenden begann, endet nur allzu leicht mit der Brutalisierung des Establishments. Soweit diese Entwicklung von den Protestierenden anhand von »Faschismustheorien« bereits vorausgesagt wurde, handelt es sich dann meist um typische »self-fulfilling prophecies«.

4. Gewaltloser Widerstand

Von herrschenden Schichten werden heute die Methoden des gewaltlosen Widerstandes nur als Abart der Gewalt empfunden, zumal sie häufig den rechtlicher Tatbestand der Nötigung erfüllen. Gleichwohl besteht ein grundsätzlicher Unterschied zwischen beiden, der am Anfang der Protestbewegung auch von der Außerparlamentarischen Opposition klar gesehen wurde, wenn

Rudi Dutschke über den prinzipiellen Unterschied in der Anwendung von Steinen und Tomaten im politischen Aufklärungskampf sprach. Der Unterschied von Gewalt gegen Sachen und Gewalt gegen Menschen, den die APO machte, ließ sich jedoch bei konkreten Kampfsituationen nicht immer klar aufrechterhalten. Radikale Gruppen sahen zum Beispiel in der Polizei nur noch »Sachen« und nicht mehr Menschen. Bürokratie und Bürokraten ließen sich ebenfalls nicht immer säuberlich trennen.

Inzwischen hat sich ein neuer Forschungszweig der Politikwissenschaft mit der Strategie des gewaltlosen Aufstandes befaßt, über die Theodor Ebert schrieb: »Das gewaltfreie Verhalten bei diesen Konfrontationen soll die Atmosphäre schaffen für die Verhandlungen, in denen von den Herrschenden erwartet wird, daß sie auf Grund rationaler Überlegungen von ihren bisherigen Positionen entweder entsprechend den Forderungen der Aufständischen abrücken oder sich doch zu einem Kompromiß bereitfinden.«[102] Es läßt sich nicht leugnen, daß diese Methoden in der Bürgerrechtsbewegung in Amerika und in den Protestbewegungen der Jugend und Studenten begrenzte Erfolge erzielten, wo der Staat liberal und rational genug war, auf scharfe Repressionsmaßnahmen zu verzichten. Schon Gandhi wäre aber vermutlich bei jeder weniger liberalen Kolonialregierung mit dieser Methode gescheitert. Auch ihre Anwendung bei der sowjetischen Besetzung der ČSSR 1968 war nur vorübergehend (auf Grund der großen Einmütigkeit des Volkes und der Desorientiertheit des sowjetischen Gegners) möglich. Aus ihr kann noch keine generelle Tauglichkeit dieses Mittels in sozialistischen Staaten geschlossen werden, und allenfalls im Vergleich mit umstürzlerischen Methoden läßt sich eindeutig ein positives Urteil über diese Methode von »pressure« abgeben. Zu den Methoden des gewaltfreien Kampfes kommt es im Interessenkonflikt in der Regel nur, wenn die widerstreitenden Gruppen ihre Lage in einem klar dichotomisch zu fassenden Über- und Unterordnungsverhältnis sehen.

5. Alternative Strategien

Kein Mittel ist zur Durchsetzung von allen Interessen in gleicher Weise geeignet. Jeder Interessengruppe stehen eine Reihe von alternativen Strategien zur Verfügung, die sie je nach sozialer Lage, nach Organisationsgrad, nach Einfluß ihrer Gegner und nach bevorzugtem Adressaten in Staat und

102 Theodor Ebert: Gewaltfreier Aufstand. Freiburg 1968, S. 64.

Gesellschaft unterschiedlich wählen und (bei simultaner Verwendung) unterschiedlich dosieren muß. Meyerson und Banfield (311, S. 305) unterschieden vier Strategien: 1. Kooperation, 2. Eindämmung (»contention«) mit den Varianten des Kampfes oder des Verhandelns, 3. Akkommodation und 4. Diktat. Politischen Bewegungen im engeren Sinn stehen ebenfalls vier Strategien zur Verfügung, wie Dahl (322, S. 429 f.) anhand amerikanischer Bewegungen aufgezeigt hat:

1. Die Bewegung kann sich als politische Partei konstituieren. Die »Free Soilers«, Sozialisten, »Greenbackers«, Kommunisten, Prohibitionisten, »Single Taxers« und andere Gruppen haben diesen Weg mit wenig Erfolg beschritten.

2. Die Bewegung kann eine neue Koalitionspartei bilden und mit anderen Gruppen, die ähnliche, aber nicht identische Ziele haben, zusammenarbeiten. Diese Strategie wandten die Populisten an, als sie den demokratischen Kandidaten Bryan unterstützten, und dies war die Methode der progressiven Bewegungen 1924 und 1948.

3. Die Gruppe hält sich parteipolitisch neutral und kooperiert mit verschiedenen Parteien, wie es die meisten Pressure-groups tun (vgl. S. 128 ff.).

4. Die Gruppe tritt in eine bestehende Partei ein. Außerparlamentarische Oppositionen entwickeln sich nicht selten zu innerparteilichen Oppositionen oder zu radikalen Flügeln in einer weiterbestehenden Partei zurück.

Je nach der Wahl einer Strategie im Parteisystem wird sich die Anwendung der übrigen Methoden gegenüber den staatlichen Institutionen bestimmen. Nur Illusionisten gehen von einem Junktim eines visionär erlebten (und kritischer Diskussion nicht mehr ausgesetzten) Zieles mit einer ganz bestimmten Methode der Durchsetzung aus. Die Ideologen einer engen Theorie-Praxis-Beziehung haben damit nicht selten einer extrem unpolitischen (weil alternativ-feindlichen) Betrachtung von Zweck-Mittel-Relationen Vorschub geleistet.

VIII Institutionalisierte Interessenrepräsentation

Die Aversion gegen den wildwachsenden Interessenpluralismus hat zur Suche nach Mitteln geführt, eine legalisierte und möglichst fest institutionalisierte Interessenrepräsentation zu schaffen, um der unkontrollierbaren Einflüsse Herr zu werden. Selbst in den USA ist man sich darüber einig, daß die bloße »Lobby Regulation« durch Gesetz das Problem nicht lösen kann, wenn nicht positive Maßnahmen hinzutreten.

Die Vorschläge und Verwirklichungen, die bisher zur Diskussion stehen, sind:

1. Institutionalisierung der Anhörung,
2. Ausbau von Hearings,
3. Institutionalisierung der Mitwirkung in Beiräten und Kommissionen,
4. Einrichtung von Sozial- und Wirtschaftsräten,
5. Ersetzung des Parlamentarismus durch andere Repräsentationssysteme, wie Rätesystem oder Korporatismus.

1. Institutionalisierung der Anhörung im Referentenstadium der Gesetzgebung

Von der Verbandsforschung wird die Anhörung der Verbände durch die Bürokratie bei der Vorbereitung eines Gesetzentwurfes im Referentenstadium in der Regel sehr gelobt. Als vorbildlich gelten das Schweizer Vernehmlassungsverfahren und die Möglichkeit der »remissyttrande« in Schweden (38, S. 547).

Die Institutionalisierung der Vernehmlassung erfolgte in der Schweiz 1947 mit der Einfügung des Artikels 32,3 in die Verfassung: »Die zuständigen

Organisationen der Wirtschaft sind vor Erlaß der Ausführungsgesetze anzuhören und können beim Vollzug der Ausführungsvorschriften zur Mitwirkung herangezogen werden.« Mit dieser Bestimmung wollte man die Willensbildung zur Ausführung der umstrittenen Wirtschaftsartikel (vgl. S. 70) pluralisieren. Das Anhörungsrecht gilt als bloß fakultativ, wenn es sich um Ausführungsbeschlüsse handelt, die sich auf andere als die Wirtschaftsartikel stützen (z. B. von Handelsabkommen mit dem Ausland). Seit 1933 war in der Schweiz um diesen Verfassungszusatz gekämpft worden (240, S. 8). Kaum jemand bestritt in den jahrelangen Auseinandersetzungen, daß die Verbände ein Teilnahmerecht bei Entscheidungen politischer Institutionen hätten, aber der Umfang dieser Rechte und die Frage, ob das Anhörungsrecht obligatorisch oder fakultativ sein sollte, waren heftig umstritten, bis das Volk die Wirtschaftsartikel am 6. Juli 1947 mit relativ knapper Mehrheit (556 803 : 494 414) billigte. Nach der Inkraftsetzung der Bestimmung haben führende Schweizer Staatsrechtler, wie Hans Huber, Dietrich Schindler und Werner Kägi, sich noch immer skeptisch über den Nutzen der Einrichtung geäußert und Befürchtungen über die Aushöhlung der direkten Demokratie und die Übermacht der »Zwischengewalten« geäußert (240, S. 18). Andere Kritiker befürchteten, daß die Meinung, welche die Verbandsoligarchien bei der Anhörung äußerten, nicht mit der Meinung der Mitgliedermehrheit identisch sei, und hatten Bedenken, weil die nichtorganisierte Bevölkerung ungehört bleibe, weil die Entwertung der Parteien befürchtet wurde und weil man sich von Expertenkommissionen bessere Arbeit versprach.

In der Ausführung der neuen Bestimmung war umstritten, ob der Bundesrat die Stellungnahmen der Verbände ganz oder teilweise in den Botschaften zu den Bundesgesetzes- oder Bundesbeschlußentwürfen wiedergeben sollte. Ex-Bundesrat Rubattel hat in seinem Bericht an den Bundesrat für diesem völlige Freiheit verlangt, die ihm übermittelten Eingaben zu erwähnen oder zu verschweigen. Die Befürchtungen mancher Kritiker, daß aus der unterschiedlich gehandhabten Praxis von den Gruppen die ihnen jeweils genehmen Ansprüche auf »wohlerworbene Rechte« abgeleitet werden, sind verschiedentlich in Erfüllung gegangen. Selbst in der Bundesrepublik hat sich eine gelegentliche Übergehung eines Anhörungsrechts für Politiker als gefährlich erwiesen. Der DGB zog eine Klage gegen den damaligen Wirtschaftsminister Erhard wegen Übergehung seines Anhörungsrechts erst zurück, nachdem dieser sich öffentlich entschuldigt hatte.

Noch gewissenhafter wird die schwedische Gesetzgebungsarbeit vorbereitet. Königliche Kommissionen bereiten Enqueten (»utredning«) vor, viele von ihnen sind wertvolle Beiträge zur vergleichenden Regierungslehre von führenden Gelehrten. Im Gegensatz zum Schicksal der Berichte, die solche Kommissionen in anderen Ländern erstellen, wird die Arbeit nicht zur geheimen Kabinettsberatung in den Akten vergraben. Der Minister, der eine Kommission einberufen hat, wählt eine Reihe von Institutionen und Interessengruppen aus, die eingeladen werden, sich zu den Ergebnissen der Enquete in einer »Rückantwort« (»remissyttrande«) zu äußern. Die Publikation dieser Vorarbeiten in einer Publikationsreihe der Regierung (›Statens Offentliga Utredningar‹) enthält nicht selten den Bericht, Minderheitenstellungnahmen, die Äußerungen der Interessenten und Experten und die Bemerkungen des Ministers. Durch diese Veröffentlichung erhalten sie eine weite Publizität. Eventuelle Überarbeitungen der Enqueten sind in der Regel von ausgiebiger Diskussion in Zeitungen und Verbandspresseorganen begleitet.

Die wichtigsten Organisationen Schwedens haben in einem Jahr (1964) zwischen 7 (›Hyresgästernas riksförbund‹) und 108 (›Industriförbund‹) Rückäußerungen abgegeben (260, S. 86). Nicht selten haben die Verbände Gegenuntersuchungen aus eigener Initiative in Angriff genommen, um die Ergebnisse einer Enquete begründet in Zweifel ziehen zu können. Das schwedische Verfahren hat bei all seinen Vorzügen nur einen Nachteil – es ist langwierig. Innovationen kommen nur nach jahrelanger Diskussion zustande, und nicht wenige standen in der Gefahr, »zerredet« zu werden[103], zumal wenn noch eine informative Volksabstimmung hinzutritt. In Ländern mit starken sozialen Spannungen und lokalen Unterschieden – etwa in Italien – würde dieses System vermutlich nicht ebensogut funktionieren wie in Schweden.

Die gesetzliche Garantie der Anhörung ist Ziel der Politik vieler Verbände und Teil der rechtlichen Privilegien, die zahlreiche Organisationen genießen. Je stärker die Unzufriedenheit vieler Interessenten wächst, und je mehr sich die Interessenartikulation zu radikalisieren droht, um so häufiger versuchen Staat und Bürokratie, die Anwendung scharfer Pressure-Methoden durch institutionalisierte Anhörungsrechte und durch Ausbau von Beiräten zu unterlaufen.

103 Björn Molin: Tjänstepensionsfrågan. Göteborg 1965, S. 59 ff.

2. Ausbau von Hearings in Parlamentsausschüssen

Eine zweite vieldiskutierte Form der Beteiligung von Verbänden an der politischen Willensbildung sind die Anhörungen der Interessengruppen vor den Ausschüssen des Parlaments (»Hearings«). Da diese Form der Beteiligung der Verbände auf einer späteren Stufe des Gesetzgebungsprozesses einsetzt als die Anhörung im Referentenstadium, haben manche Kritiker sie für wirkungsloser als die erste gehalten. Im Vergleich zur schweizerischen »Vernehmlassung« hat das amerikanische Hearing einen breiteren Informationsradius. Nicht nur repräsentative Organisationen, sondern auch Einzelpersonen und Kleingruppen können am Hearing teilnehmen (240, S. 35).

1911 wurden die Hearings in den Vereinigten Staaten eingeführt. Es besteht jedoch bis heute kein gesetzlicher Anspruch der Gruppen auf Anhörung. Die Entscheidung, ob ein Hearing abgehalten wird, steht im Ermessen des Ausschusses (325, S. 61). Der Wert von Hearings wurde in Ländern, die das amerikanische System bewunderten, zuweilen überschätzt. Amerikanische Lobbyisten sind sich nach Umfrageergebnissen darüber im klaren, daß die Politiker nur sporadisch den Hearings ihre Aufmerksamkeit schenken; oft finden sie nur in Anwesenheit eines Ausschußmitgliedes statt, und selbst wenn mehrere anwesend sind, ist nicht gesichert, daß sie zuhören. Milbrath' Umfrage (301, S. 38) unter Lobbyisten ergab, daß diese das Auftreten (»Testifying«) in Hearings im Vergleich zum persönlichen Gespräch mit den Politikern und der Präsentation von Forschungsergebnissen geringer in seinem Wert für ihre Sache einschätzen. Die Einschätzung des Hearings als »sehr effektiv« fand sich nur in 24 Fällen, während dem persönlichen Gespräch die höchste Bedeutung beigemessen wurde (in 58 Fällen) und den Forschungsergebnissen die zweitgrößte Bedeutung in der Einschätzung der Lobbyisten zukam (die Höchstzahl bekam diese Methode in 35 Fällen).

Die spektakulären »public hearings« in Amerika sind jedoch immer mehr zu »ritualistischen Aufführungen« für das Publikum geworden (292, S. 375). Die Abgeordneten gründen ihre Entschlüsse nur selten auf die Eindrücke, die sie in solchen Hearings empfingen. Persönlicher Einfluß über informelle Kommunikationswege ist auch im Verkehr von Verbandsspezialisten mit Ausschußmitgliedern der wichtigere Weg.

Die Gefahr der Hearings (wie der Vernehmlassung) ist die Anhäufung von zu vielen Vorschlägen, die von den zuständigen Stellen nicht mehr wirklich verarbeitet werden können. Dem Stabsmitglied, das Kurzfassungen der Erörterungen in Hearings anfertigt, fällt daher eine wichtige Schlüsselstellung zu. Viele Gruppen versuchen das Problem des »overloads« im Kommunikationssystem dadurch zu umgehen, daß sie kurze schriftliche Stellungnahmen zu Protokoll geben und nur eine knappe Zusammenfassung vornehmen, an die sich einige Fragen anschließen. Die Bedeutung des Hearings in den Augen der Lobbyisten liegt weniger in der Vorstellung, daß man durch seine Stellungnahme die Entscheidung der Politiker, die nicht selten vor dem Hearing festliegt, ändern könne, als in der Publizität, die man seinem Anliegen damit gibt, weil die Massenmedien von den Hearings berichten. Auch zur Pflege des Images dient häufiges Auftreten in den Hearings, weil sich dadurch der Name eines Lobbyisten bei vielen Abgeordneten einprägt, was bei der Bitte um persönliche Unterredungen wiederum indirekt förderlich ist (308, S. 230 f.). Oft dient ausgiebiges Auftreten in Hearings auch nur dazu, einer Gegenlobby die Schau der Publizität zu stehlen. Eine weitere Funktion der Hearings ist es, Beamte der Verwaltung dazu zu bringen, sich für privat mit Verbänden getroffene Vereinbarungen einzusetzen[104]. Die Hearings können als eine Form der Petition aufgefaßt und als Ausfluß von Grundrechten angesehen werden. In Konflikt mit anderen Grundrechten droht diese Einrichtung jedoch zu geraten, wenn ein Zeuge gezwungen werden soll auszuzusagen. Das 5. Amendment schützt den amerikanischen Bürger zwar dagegen, Zeugnis abzulegen, wenn dies ihm selbst schaden kann. Aber trotzdem kann ein Zeuge wegen »contempt« vorgeladen und bestraft werden (291, S. 109).

Die »public hearings« können nur dort Bedeutung erlangen, wo die wichtigste Parlamentsarbeit in den Ausschüssen geleistet wird. In einem parlamentarischen System ohne ständige Ausschüsse, wie dem britischen, könnte diese Einrichtung nicht die Bedeutung erlangen wie im amerikanischen System, wo die Ausschüsse die »Werkstatt des Kongresses« sind. Schwer wird sich die Institution des Hearings dort einführen lassen, wo andere Formen der Anhörung sich eingebürgert haben, wie in der Schweiz und in Schweden. Die schwedischen Ausschüsse greifen zuweilen zu einer Art Hearing, aber sie werden in geschlossenen Sitzungen abgehalten und sind nicht öffentlich wie in Amerika (30, S. 167).

In der Bundesrepublik Deutschland erschien das System vergleichsweise geeignet, das amerikanische Anhörungsverfahren zu übernehmen. Paragraph 73,2 der Geschäftsordnung des Bundestages lautet: »Der nichtöffentlichen

104 Aaron Wildavsky: The Politics of the Budgetary Process. Boston/Toronto 1964, S. 84.

Sitzung können auf Beschluß des Ausschusses öffentliche Informationssitzungen vorangehen. Zu diesen sind nach Bedarf Interessenvertreter, Auskunftspersonen und Sachverständige, die Presse sowie sonstige Zuhörer zugelassen, soweit es die Raumverhältnisse gestatten.« Der Bundestag hat von dieser Möglichkeit bisher vergleichsweise wenig Gebrauch gemacht. Es gab einige Dutzend Hearings in der Bundesrepublik, die meisten davon in der 5. Wahlperiode 1965–69. Von den meisten existieren keine offiziellen Protokolle. Die Materien waren vergleichsweise von zweitrangiger Bedeutung[105]. Die wichtigsten Hearings waren die zum Stabilitätsgesetz (Okt. 1966), zum Parteiengesetz (April 1967), zu den Notstandsgesetzen (Nov.–Dez. 1967), zur Änderung des Betriebsverfassungsgesetzes (Mai 1968), zur Finanzreform (Okt. 1968), zur Krankenversicherungsreform (1969), zum Hochschulrahmengesetz (Juli 1970) und zur Strafrechtsreform (Nov. 1970), Geschwindigkeitsbegrenzung (Febr. 1974). In dem vierzigstündigen Marathon-Hearing vom November 1970 erlangte durch die Anhörung von Experten zur Frage der Freigabe von Pornographie erstmals ein Hearing umfassende Publizität.

Als Beispiel einer gelungenen Durchführung einer öffentlichen Informationssitzung in einer wichtigen Frage wird das Hearing des Finanzausschusses bei der Beratung des Nettoumsatzsteuergesetzes zitiert[106]. Der Ausschuß beschloß, probeweise die Spitzenverbände der Wirtschaft zu den Problemen des neuen Umsatzsteuersystems in öffentlicher Sitzung zu hören, und behielt sich vor, nichtöffentlich weiter zu verhandeln, wenn das praktische Ergebnis nicht zufriedenstellend ausfallen sollte. Sieben Tage lang wurden jeweils 4 Stunden für die Anhörung gebraucht. Das Ergebnis wurde von den Abgeordneten wie von den Verbänden als Erfolg gewertet. Trotz dieser ersten positiven Ergebnisse ist nicht anzunehmen, daß die Hearings in der Bundesrepublik eine ähnliche Bedeutung wie in den USA erlangen werden, obwohl die Ausschüsse im deutschen System eine vergleichbare Bedeutung haben. Einmal ist die Anwendung der Prozedur, die in Amerika von der Gerichtspraxis abgeleitet ist, in Deutschland nicht vertraut. E. Fraenkel hat auf Grund der Unterschiede der Gerichtspraxis und dem geringeren Ansehen der »records« in Deutschland bezweifelt, daß die Hearings sich in Deutschland einbürgern lassen[107].

Ein weiterer Unterschied des legislativen Systems der beiden Länder er-

105 Loewenberg, a. a. O. (Anm. 53), S. 327 f.

106 Friedrich Schäfer: Der Bundestag. Köln/Opladen 1967, S. 117.

107 Ernst Fraenkel: Das amerikanische Regierungssystem. Köln/Opladen ²1962, S. 307.

schwert das Einleben der Hearings in der Bundesrepublik. Verglichen mit den Kongreß-Ausschüssen bekommen die Bundestagsausschüsse die Projekte erst in einem relativ späten Stadium des Gesetzgebungsprozesses[108]. Die Einflußmöglichkeiten im Referentenstadium werden daher auch künftig den deutschen Verbänden wichtiger erscheinen als der Einfluß im Ausschußstadium, obwohl Stammer (143, S. 97 f.) anhand einer empirischen Studie über das Personalvertretungsgesetz nachgewiesen hat, daß die Verbände keineswegs auf die Einflußsuche nur in einer Phase des Gesetzgebungsprozesses festgelegt sind.

3. Institutionalisierung der Mitwirkung in Beiräten und Kommissionen

Die flexibelste Form der Konsultierung von Interessengruppen ist ihre Mitwirkung in Beiräten und Kommissionen. Eine größere Zahl von kleineren Beiräten hat heute den Wunsch nach einer schwerfälligen korporativen Kammer vor allem in den Ländern verdrängt, die wie Österreich mit dem Korporatismus Erfahrungen gemacht haben (146, S. 65). Die Flexibilität der Beiräte erlaubt es, ihre Mitwirkung dem jeweiligen Verhandlungsgegenstand anzupassen. In Italien werden die Beiräte vieler Ministerien je nach dem Gegenstand obligatorisch oder fakultativ konsultiert (224, S. 121). In Norwegen unterscheidet man Administrativräte (z. B. der Exportrat) und konsultative Räte (z. B. ›Det økonomiske samordningsråd‹, der 1945 geschaffen wurde[109]). In Australien hat man außerparlamentarische Kommissionen planmäßig als Pufferzone zwischen Regierungsinstitutionen und gesellschaftlichen Organisationen eingerichtet[110].

Die Aufzählung der Addressaten von Pressure-group-Einflüssen könnte zu dem Irrtum verleiten, daß diese immer von vornherein feststehen. Da es aber in der Bürokratie selbst eine Fülle von Kompetenzüberschneidungen und Konflikten gibt, greifen die Regierungen selbst zur Einrichtung von Koordinations- und Zusammenarbeitsausschüssen, in denen Beamte aller interessierten Behörden und nicht selten auch der Interessenverbände sitzen. Man spricht daher bereits von »government by committee«. 1959 war das

108 Loewenberg, a. a. O. (Anm. 53), S. 327.
109 Per Stavang: Parlamentarisme og maktbalanse. Oslo 1964, S. 254.
110 Crisp, a. a. O. (Anm. 71), S. 136.

State Department in den USA an etwa 700 solchen Ausschüssen beteiligt[111]. In England gab es nach Auskunft des ›Financial Secretary to the Treasury‹ 1958 etwa 850 »advisory bodies«, die der Zentralregierung zugeordnet waren, lokale Gremien nicht miteingeschlossen[112]. Allein der englische ›Trade Unions Congress‹ (T. U. C.) war in 62 verschiedenen Beiräten repräsentiert (178, S. 32). K. Wheare[113] unterscheidet in seinem Buch ›Government by Committee‹ für England sechs Typen von Komitees nach ihrer vorwiegenden Bestimmung (Beratung, Untersuchung, Verhandlung, Gesetzgebung, Verwaltung, Kontrolle). Für die Interessengruppenforschung ist vor allem der erste Typ von Bedeutung. Der Prozeß der Anerkennung und Integration von Interessenverbänden schreitet laufend fort. Als Illustration kann man eine Publikation des ›Ministry of Labour‹ in England ansehen, das einen Führer für sämtliche Organisationen herausgibt, die auf dem Zuständigkeitsgebiet des Ministeriums arbeiten (›Directory of Employers Associations‹, ›Trade Unions‹, ›Joint Organisation‹ etc.)[114]. Ein großer Teil der Kontakte zwischen Ministerien und Verbänden wird auf diese Weise institutionalisiert. Beide Seiten sind daran interessiert, weil beide Informationen und Unterstützung brauchen. Neben den permanenten Ausschüssen und Beiräten und den bekannten ›Royal Commissions‹ gibt es eine Fülle von Komitees zur Untersuchung von Spezialfragen, die meist nach dem Namen des Vorsitzenden genannt werden, vom ›Stedeford-Komitee‹, das die Zukunft der Britischen Transport-Kommission behandelt, bis zum ›Halsbury-Komitee‹ für das Dezimalsystem (178, S. 32), und die ohne die Mitwirkung der interessierten Verbände ihr Material nicht sammeln könnten.

Die Beamten sind an der Beratung durch Verbände und ungebundene Experten interessiert, weil sie die Grenzen ihrer eigenen Kompetenz in der Regel erkannt haben. Sie sind meist Juristen, aber keine wissenschaftlich ausgebildeten Sachexperten, auch wenn sie sich nach ihrem Studium in ein bestimmtes Gebiet eingearbeitet haben. Beamte haben auch selten den Überblick über alle mit einem Problem zusammenhängenden Sachfragen. Sie haben die notwendige Berufsneigung, Probleme isoliert zu betrachten und kurzfristige Lösungen anzustreben. Selbst wenn Beamte eine hervorragende Fachausbildung genossen haben, ist es ihnen unmöglich, neben ihrer Tätig-

111 Loewenstein, a. a. O. (Anm. 16), S. 361.

112 HC Deb. Vol. 595, col. 1305, vgl. P. C. Richard: Patronage in British Government. London 1963, S. 107.

113 Kenneth Wheare: Government by Committee. London 1955, S. 3.

114 Ebd., S. 32.

keit auf der Höhe des Forschungs- und Erkenntnisstandes zu bleiben, weshalb sie die Ergänzung durch Experten eher als Hilfe denn als Einmischung empfinden[115].

Mit Recht haben vor allem marxistische Kritiker des neuen Verwaltungspluralismus jedoch Bedenken gegenüber einem allzu positiven Bild vom »government by committee« angebracht. Die Integration der Verbände schreitet fort, aber sie werden durch die Mitwirkung immer weniger in Stand gesetzt, kritische Gegenkonzeptionen zu entwickeln. Der interessierte Verband steht in der Frage der Integration durch Beiräte vor einem ähnlichen Problem wie die Gewerkschaften angesichts der Mitbestimmung, die gerade in den Augen der Gegner dieser kapitalistischen Gesellschaft eine zu enge Bindung an das System bringt. Die Verteidiger des »government by committee« weisen dagegen darauf hin, daß die Verbände ihre Unabhängigkeit und die Verwaltung ihre Handlungsfreiheit wahren. Selbst wenn das richtig wäre, ist jedoch die größte Gefahr dieses Verfahrens nicht auszuschließen, daß jeweils vorwiegend die sozial starken Interessenten bevorzugt zur Konsultation herangezogen werden und selbst bei ausgewogener Heranziehung aller Interessen die stärksten sich durchsetzen (73, S. 195) und den schwachen jede Appellationsinstanz und zum Teil sogar die Öffentlichkeit fehlt. Auch die Gefahren für die innerverbandliche Demokratie, die entstehen, wenn die Verbandsführung sich allzu eng mit der Bürokratie verbündet, sind nicht zu übersehen.

4. Die Einrichtung von Sozial- und Wirtschaftsräten

Kommissionen, die sich mit der Verbesserung der Leistung und Durchsichtigkeit der Verwaltung befassen – wie etwa die Hoover-Kommission in den USA 1947 –, haben immer wieder das Chaos der Kommissionen beklagt. Selbst wenn man die informellen und unregelmäßigen Formen der Konsultation von Interessenten mit Ehrmann (38, S. 551) als »Quasi-Korporatismus« bezeichnet, ist nicht zu übersehen, daß sie mit dem Korporatismus wenig gemeinsam haben. Die Einrichtung von Sozial- und Wirtschaftsräten kann man als mittlere Lösung zwischen der lockeren und unkoordinierten Form der Konsultationen in vielen Beiräten und Kommissionen und der to-

115 Arnd Morkel: Politik und Wissenschaft. Hamburg 1967, S. 18 f.

tal vom Staat gelenkten korporativen Kammer (womöglich an Stelle des Parlamentarismus mit direkter Volkswahl) ansehen. Von manchen waren sie als eine Art dritter Kammer des Parlaments angesehen worden. In Frankreich wurde im Zuge der Senatsreform 1969 sogar die Verschmelzung des Wirtschaftsrats mit der zweiten Kammer, dem Senat, erwogen. Dabei muß vermutet werden, daß de Gaulle dem an sich nach der Verfassung der Fünften Republik schon stark geschwächten Parlament noch einen mächtigen Konkurrenten schaffen wollte, wie einst Bismarck für das Deutsche Reich die Einrichtung einer berufsständischen Vertretung erwog, um die Parteien des Reichstages zu entmachten (129, S. 279). Die meisten Befürworter solcher Räte lehnen dies jedoch mit Recht ab, weil die funktionale Repräsentation mit der territorialen Wahlbasis parlamentarischer Kammern wenig gemein hat.

Es sind verschiedene Stufen der Annäherung an den Status einer parlamentarischen Kammer denkbar. Ein Wirtschaftsrat kann als Mitbestimmungsorgan der Gesetzgebung konzipiert werden oder als Sonderorgan der Gesetzgebung, das als eine Art Wirtschaftsparlament neben das politische Parlament tritt. Daneben ist auch die Existenz eines Wirtschaftsrats als bloßer Dachorganisation von Interessenverbänden und beruflichen Selbstverwaltungskörperschaften möglich (186, S. 793).

Die hohe Zeit der Wirtschaftsräte war zwischen den beiden Weltkriegen. »Soziale Katholiken« und syndikalistisch gesonnenen Linke waren ihre entschiedensten Vertreter. Nach dem Zweiten Weltkrieg waren solche Einrichtungen in einigen Ländern diskreditiert, weil man sie in die Nähe faschistoider korporativ-staatlicher Tendenzen brachte. Als die Vichy-Regierung am 20. 12. 1940 den ›Nationalen Wirtschaftsrat‹ in Frankreich abschaffte, wurde ihm kaum eine Träne nachgeweint; er hatte weder nennenswert genutzt noch geschadet (186, S. 789). Er war 1925 als bloßer Beratungskörper der Regierung entstanden. Juristen haben in übertriebener Einschätzung der Bedeutung von Normen als ein entscheidendes Handikap angesehen, daß er in den Verfassungsgesetzen von 1875 nicht vorgesehen war. Entscheidender ist vielleicht die traditionelle Feindschaft gegen die »corps intermédiaires« in der vorherrschenden politischen Kultur der Franzosen, die sich von den Revolutionären, die die ›Loi Le Chapelier‹ schufen (vgl. S. 23), bis in radikales Gedankengut der Dritten Republik verfolgen ließ. Es gab jedoch eine korporationsfreundliche Denkrichtung auch in der französischen Linken seit Saint-Simon und Proudhon. So ist es zu verstehen, wenn ein führender französischer Wirtschaftswissenschaftler und Mitglied des Wirtschaftsrats, Perroux, einmal äußerte: »Wir sind alle mehr oder weniger Saint-Simonianer geworden« (201, S. 7). In der Vierten Republik wurden die Funktionen eines nationalen Wirtschaftsrats durch Gesetz vom 20. März 1951 festgelegt. Zu ihnen zählten:

a) Beratung des Parlaments. Der Rat mußte in Fragen des nationalen Wirtschaftsplanes gehört werden.

b) Beratung der Regierung vor allem bei der Diskussion der Sozial- und Wirtschaftspolitik. Bei Vorarbeiten für Gesetzentwürfe konnte die Regierung jederzeit ein Gutachten des Wirtschaftsrates einholen.

c) Schiedsfunktion. Das Gesetz von 1936 hatte dem Wirtschaftsrat der Dritten Republik die Aufgabe gegeben, bei Sozialkonflikten auf Antrag der Parteien für diese verbindlich schiedsrichterlich zu entscheiden, eine Funktion, die man in das Gesetz von 1946 übernahm, obwohl die Schiedsfunktion kaum ausgeübt worden war. 1951 wurde sie daher vom Gesetzgeber nicht wieder aufgenommen (186, S. 796 ff). Der Wirtschaftsrat hatte nach 1951 169 Mitglieder, davon 45 Vertreter der Landwirtschaft. Meynaud (190, S. 218), der beste Kenner französischer Interessengruppen, kam zu dem Schluß, daß die Landwirtschaft überrepräsentiert war (wenn man noch die 5 Vertreter der landwirtschaftlichen Kooperative hinzuzählte, kam man auf die gleiche Vertreterzahl für Landwirtschaft und Industrie), einige Interessenten (wie die Konsumenten) dagegen unterrepräsentiert und daß diese Institution im ganzen die sozialen Kräfte Frankreichs verzerrt widerspiegelte. Die konsultative Tätigkeit des Rates wird von Meynaud ebenfalls nicht hoch eingeschätzt. Vor allem scheint ihm das Hauptziel nicht erreicht worden zu sein: die Spezialisierung der Einflußkanäle über dieses legalisierte Organ und der Verzicht auf die indirekte Intervention (190, S. 220). Die Konsultation durch die Bürokratie hat durch ihre Spezialisierung und die Geheimhaltung der Beratung für die Gruppen wie für die Verwaltung in Frankreich größere Bedeutung behalten.

Paradoxerweise war es nicht der Wirtschaftsrat, sondern das Parlament, das überlastet war mit der Verhandlung der Anliegen kleiner, teilweise lokaler Pressure-groups (201, S. 16).

Obwohl die Spezialisten 1958 uneinig über den Nutzen eines Wirtschaftsrats waren und obwohl de Gaulle als Kritiker der Vierten Republik in einer berühmten Rede in Bayeux ein anderes Schema der Repräsentation funkionaler Interessen vorgeschlagen hatte, wurde in die Verfassung ein Titel X (Art. 69–71) über den neugeschaffenen ›Wirtschafts- und Sozialrat‹ aufgenommen, in dem er das Recht bekam, auf Ersuchen der Regierung zu Gesetzentwürfen oder Dekreten Stellung zu nehmen und von der Regierung »über jedes wirtschaftliche oder soziale Problem, das die Republik oder die Gemeinwirtschaft betrifft«, gehört zu werden. Der neue Rat wurde im Umfang erweitert; zunächst umfaßte er 205 Mitglieder. 1964 bestand er aus 141 Repräsentanten von gesellschaftlichen Organisationen und 59 vom Premierminister oder von anderen Ministern ernannten Mitgliedern (201, S. 23 f.). Neuerungen waren die Erstattung eines jährlichen Berichtes durch den Premierminister über die Empfehlungen des Rates und die Bildung von Sektionen von höchstens 21 Mitgliedern zum Studium der wichtigen ökonomischen und sozialen Vorgänge (194, S. 243). 1959 gab es 15 Sektionen, 1961 wurden sie auf 11 reduziert (201, S. 36). Selbst de Gaulle und die Regierung waren von der neuen Einrichtung enttäuscht. Am 31. Januar 1964 kündigte der Präsident auf einer Pressekonferenz an, daß der Sozial- und Wirtschaftsrat reformbedürftig sei, aber erst 1968 wagte er offen, zu seinen Vorschlägen von Bayeux zurückzukehren und ein integriertes Gremium vorzuschlagen, das den Senat ersetzen sollte. Er hatte im Juni 1946 einen dreiteiligen Senat aus Repräsentanten der lokalen Behörden, der Verbände und der überseeischen Territorien gefordert. Nach der Auflösung des alten Kolonialreichs schien der Weg frei für einen zweiteiligen Senat, in dem die funktionale Repräsentation im Vergleich zu dem älteren Plan noch an Bedeutung gewinnen würde. An der Senatsreform scheiterte de Gaulle jedoch 1969.

In *Deutschland* wurde in der Weimarer Republik ein Reichswirtschaftsrat geschaffen. Im Gegensatz zu seinem französischen Pendant von 1925 war die Zusammensetzung nicht nach einem volkswirtschaftlichen Schema angelegt, sondern beruhte auf der Einteilung des Erwerbslebens in sechs paritätisch aufgebaute landwirtschaftliche oder gewerbliche Berufsgruppen von insgesamt 256 Mitgliedern, zu denen 24 »neutrale Persönlichkeiten« hinzutraten. Die Befugnisse des Reichswirtschaftsrats gegenüber der Regierung waren größer als die des französischen Wirtschaftsrats, da er das Recht besaß, Gesetzentwürfe oder jede andere Frage von sich aus auf die Tagesordnung zu setzen. In seiner inneren Organisation war er von der Regierung auch sonst unabhängiger (192, S. 59). Die Mitglieder besaßen Indemnität für ihre Tätigkeit und bekamen Diäten. Der Reichswirtschaftsrat hat von seinen Möglichkeiten wenig Gebrauch gemacht, und er wurde vornehmlich auf Initiative der Regierung tätig. Seinen Gutachten wurde hohe Qualität nachgesagt, erstaunlich aber blieb, daß die Versammlung vieler durchaus bedeutender Persönlichkeiten nicht mehr Initiativen für eine dynamische Politik ergriffen hat. Die Regierung hat – wie in Frankreich – nicht darauf verzichtet, neben diesem offiziellen Konsultationsorgan Ad-hoc-Beiräte (oft diskriminierend »wilde Beiräte« genannt) zu schaffen. Seit Ende 1930 erhielt der Rat keinen Auftrag zu Gutachten mehr, und als die Reichsregierung 1931 beim Erlaß von Notverordnungen seiner Beratung bedurft hätte, schuf sie einen neuen Ausschuß unter dem Vorsitz des Reichspräsidenten (192, S. 62). In der Bundesrepublik hat sich keine größere Initiative zur Wiedererrichtung des 1934 abgeschafften Rates gezeigt.

Neben der italienischen Institution des ›Consiglio Nazionale dell'economia e del Lavoro‹ (Gesetz v. 5. Jan. 1957; 54, S. 288 f.) und der belgischen Einrichtung eines ›Conseil central de l'économie‹ vom September 1948 (147, S. 808 ff.) ist der niederländische ›Sozialökonomische Rat‹ (SER) von 1950 die meistdiskutierte Lösung. Er hat eine doppelte Funktion: Er ist Spitzen- und Lenkungsorgan der öffentlich-rechtlichen Wirtschaftsorganiation (»Publiekrechtelijke Bedrijfsorganisatie« POB) und gleichzeitig oberstes Gutachtergremium der Regierung, die verpflichtet ist, den Rat in allen wichtigen sozialen und wirtschaftlichen Angelegenheiten anzuhören (75, S. 99). Der SER ist drittelparitätisch zusammengesetzt aus Vertretern der zentralen Arbeitgeber- und Arbeitnehmerorganisationen und einem Drittel verbandsunabhängiger Mitglieder, die von der Krone ernannt werden. Meist sind dies Professoren oder Spezialisten, wie die Direktoren der Niederländischen Bank und des Zentralen Planungsbüros. Die weltanschauliche und religiöse Versäulung der Niederlande kommt selbst in den Kontingenten der Arbeitnehmer zum Ausdruck. Je nach Größe der Organisation entsenden die Gewerkschaften eine bestimmte Zahl von Vertretern (die protestantischen CNV =3, die katholischen NKV=5, die sozialistischen NVV=7). Die Arbeitgeber dagegen sind nach Branchen strukturiert, in denen dann auch die religiös-weltanschaulichen Gruppierungen die Sitze untereinander aufteilen (231, S. 85).

Der Rat zeichnet sich durch große Kontinuität der Mitglieder aus. 1962 bis 64 gab es noch 13 Mitglieder, die schon in der ersten Sitzungsperiode ab 1950 im Rat saßen. Eine noch größere Kontinuität zeigte sich im Vorstand. Dem niederländischen SER wird eine wichtige Bedeutung bei der Akkomodation der Interessen in einem System mit stark versäulten sozialen Subsystemen nachgesagt Der Rat ergreift im Gegensatz zu den deutschen und französischen Vorgängern häufig die Initiative zu Vorschlägen an Parlament und Regierung. Wenn seine Stellungnahmen mit großer Mehrheit zustande gekommen sind, stellen sie für die staatlichen Organe zuweilen geradezu ein »fait accompli« dar, so daß diese nicht wagen, die erreichte Gruppeneinigung wieder zu gefährden. Lijphart (232, S. 114) ging so weit, den SER an Macht auf eine Stufe mit Kabinett und Parlament zu stellen. Auch ausländische Betrachter sind zu einer hohen Einschätzung des Experiments gekommen und haben daraus allzu weitreichende Schlüsse für die Möglichkeiten sozialökonomischer Räte im allgemeinen gezogen (231, S. 180 ff.). Es wird gerühmt, daß die Vertreter im SER sich nicht als Verbandsvertreter fühlen, sondern Sachverstand und Gemeinwohlorientierung überwiegen. Die Studien zur niederländischen politischen Kultur scheinen dies Paradoxon zu bestätigen: Gerade weil die Gruppen stark versäult sind, erhöht sich ihre Bereitschaft zum Kompromiß, der ohne Verzicht auf manchen eigenen Vorteil nicht zu erreichen wäre. In den Niederlanden scheint die Zentralisierung der Beratungstätigkeit besser gelungen zu sein als in anderen Ländern. Damit ist die Voraussetzung für eine gesamtwirtschaftlich orientierte Gutachtertätigkeit besser gegeben als in anderen Ländern.

Es gibt jedoch auch in den Niederlanden noch unkontrollierbaren Lobbyismus und Konkurrenz von Gremien, etwa der Zentralen Plankommission, die viele mit dem SER-Ausschuß »Entwicklung der Volkswirtschaft« vereinigen möchten. Die Entwicklungstendenz des SER richtet sich mehr und mehr auf Gutachten zur Gesamtwirtschaftspolitik (»beleids-adviezen«) und Entscheidungen makro-ökonomischer Natur im Sinne der Lehren Jan Tinbergens. Der SER hat streng auf die Trennung von Gutachter- und Lenkungsfunktion geachtet und die Errichtung eines Ausschusses als Lohnrat mit der Funktion, eine aktive Rolle in der Tarifpolitik zu spielen, bisher abgelehnt (231, S. 187). Die Probleme der Lohnpolitik überließ der Rat (abgesehen von einigen Gutachten und Berichten) einem 1945 gegründeten freiwilligen Organ der Zusammenarbeit von Arbeitgeber- und Arbeitnehmerverbänden, der ›Stiftung der Arbeit‹ (›Stichting van de arbeid‹), die nach dem Krieg aus den gemeinsamen Erfahrungen der Untergrundbewegung und als Ausdruck des Willens zur Zusammenarbeit entstand. Man sagt dem Rat große Verdienste um die verbesserte Lohnpolitik und eine Reduzierung der Arbeitskämpfe nach (54, S. 245). Die Stiftung ist somit in sozialpolitischen Angelegenheiten zu einer vorberatenden Institution des Sozialökonomischen Rates geworden. Planungsspezialisten möchten die Wirtschaftsräte jedoch gerade in die Richtung eines lohnpolitischen Planungsorgans fortentwickeln. In den Niederlanden sieht man bereits die Möglichkeit, den Sozialökonomischen Rat mit Fragen zu betrauen, die in der BRD in informeller Weise durch die vom früheren Wirtschaftsminister Schiller eingeführte »Konzertierte Aktion« erledigt werden. Gegen diese Tendenzen entsteht jedoch ein doppelter Widerstand: Die neoliberale Nationalökonomie sieht in der Planung von Lohnpolitik durch einen Wirtschaftsrat nach den Richtlinien wirtschaftlicher Experten und ökonomischer Interessen eine technokratische Utopie. Bei den Gewerkschaften verstärken diese Tendenzen die Aversion gegen zusätzliche Institutionalisierung ihrer systemkonformen und integrativen Funktionen.

Einen Schritt weiter in der Koordinierung von Lohn- und Preispolitik ist man in *Österreich* gegangen. Die enge Zusammenarbeit der großen Interessengruppen auf diesem Gebiet hat dazu geführt, daß man bereits vom »Kammerstaat« zu sprechen begann. Nach dem Krieg wurden die Preis-Lohnabkommen in einer Wirtschaftskommission vorbereitet, die aus Vertretern der Regierung und der Interessenverbände zusammengesetzt war. Diese Zusammenarbeit versuchte man durch ein ›Wirtschaftsdirektorium der Bundesregierung‹ zu institutionalisieren, das jedoch vom Verfassungsgerichtshof für verfassungswidrig erklärt wurde, weil die Bindung der Minister an die Beschlüsse eines solchen Gremiums dem Grundsatz der Ministerverantwortlichkeit zuwiderlief[116]. 1957 wurde zur Bekämpfung inflationärer Tendenzen eine ›Paritätische Kommission für Preis- und Lohnfragen‹ gegründet. Der Präsident des ›Österreichischen Gewerkschaftsbundes‹ (ÖGB), Johann Böhm, hatte die ersten Anregungen zu einer »Kommission für Wirtschafts- und Sozialfragen« gegeben, die aber nach seiner Vorstellung weitergehende Aufgabenbereiche bekommen sollte, als sie die Paritätische Kommission erhielt. Im Dezember 1961 kamen Ex-Kanzler Raab, der nach seinem politischen Abgang wieder Präsident der Bundeskammer der gewerblichen Wirtschaft geworden war, und Olah – der Nachfolger Böhms – überein, die paritätische Kommission gesetzlich zu fundieren, um ihr einen größeren Einfluß auf Preis- und Lohnpolitik zu verschaffen. Man spricht bis heute vom »Raab-Olah-Abkommen« (235, S. 77). Dieses Abkommen bestand aus einer bloßen Forderung; erst nach langen Verhandlungen konnte der Widerstand der SPÖ und der Regierung überwunden werden. Legislatorischer Niederschlag dieses Ringens war die Novelle zum Preisregelungsgesetz vom April 1962, in der dem Innenminister die Möglichkeit gegeben wurde, auf eine gemeinsame Empfehlung der vier großen Interessenvertretungen die Preise behördlich befristet zu regeln, die nicht im Gesetz von 1957 aufgezählt worden waren. Eine noch stärkere Erweiterung der Kompetenzen der paritätischen Kommission (für die sogar Sanktionsmöglichkeiten gefordert wurden) war ohne Verfassungsänderung nicht durchsetzbar. Im Oktober 1963 gelang es jedoch, als

116 K.-H. Naßmacher: Das österreichische Regierungssystem. Köln/Opladen 1968, S. 104.

dritten Unterausschuß der ›Paritätischen Kommission‹ neben dem Unterausschuß für Preisfragen und dem für Lohnfragen einen ›Beirat für Wirtschafts- und Sozialfragen‹ einzusetzen, der wirtschaftspolitische Empfehlungen an die Regierung vorbereiten sollte (235, S. 84).

Das österreichische Experiment mit einer Kommission ist vor allem bei Verfassungsrechtlern bis heute als »Nebenregierung« beargwöhnt. Gewichtiger sind jedoch die Einwände der Kritiker, die eine elitäre Auswahl der Begünstigten und eine starke Asymmetrie zuungunsten der kleineren Verbände feststellen. Drei Kammerorganisationen (die ›Bundeskammer für gewerbliche Wirtschaft‹, der ›Österreichische Arbeiterkammertag‹ und die ›Präsidentenkonferenz der Landwirtschaftskammern‹), die Körperschaften des öffentlichen Rechts sind, arbeiten mit einer privaten Vereinigung, dem Gewerkschaftsbund, zusammen. Kritisiert wurde, daß die Vereinigung Österreichischer Industrieller nicht in der Kommission vertreten ist (statt der Landwirtschaftskammern) und daß die beiden Vertretungen der Arbeiterschaft ihre Bemühungen auf einer ähnlichen Grundlage nur in anderer Organisationsform duplizieren. Es war jedoch um des Proporzes willen unvermeidlich, je zwei Organisationen zu finden, die der ÖVP und der SPÖ nahestanden, damit der immer prekäre Koalitionsfrieden in der Zeit der großen Koalition nicht noch zusätzlich gefährdet wurde.

Die ›Paritätische Kommission‹ übt zwei Funktionen aus: sie dient als freiwillige Selbstkontrolle von Preisen und Löhnen und als Beratungsorgan für die Regierung, der sie wirtschaftspolitische Empfehlungen gibt. Sie dringt vor allem auf Mäßigung bei Preis- und Lohnforderungen. Die Verpflichtungen, die die Mitglieder der Kommission eingehen, sind keine rechtlichen Bindungen, sondern nur privatrechtliche »Verwendungszusagen«, mit der Bedeutung, daß sie sich persönlich dafür »verwenden« werden, um den Beschlüssen der Kommission Geltung zu verschaffen (235, S. 97). Die Unterwerfung der Verbände unter diese Vereinbarungen ist freiwilliger Natur. Sie resultiert aus Furcht vor weitergehenden staatlichen Interventionen für den Fall, daß die Selbstkontrolle nicht funktioniert. Auch die Unternehmer zeigen sich relativ loyal, da sie manchen Nutzen davon haben und auf das Entgegenkommen der staatlichen Organe bei Einfuhrgenehmigungen und öffentlichen Aufträgen angewiesen sind (235, S. 99 f.). Zudem ist diese Disziplin eine gewisse Sicherung für die Interessenten, die hinter einem der beiden Koalitionspartner stehen. Unabhängig von Verschiebungen der Machtverhältnisse in Parlament und Regierung haben beide Interessengruppen sich auch für die Zukunft paritätischen Einfluß gesichert (235, S. 104). Die freiwillige Disziplin, welche die Kommission bei den größten Gruppen auslöst, verstärkt in Österreich – ähnlich wie die Erfahrungen des Sozialökonomischen Rates in den Niederlanden zeigen – die Tendenz, proportionalistische Konfliktschlichtungsmechanismen den Majoritäten des Parlaments vorzuziehen. Erst seit auch die Parlamentarismus-Forschung von der früheren Diskriminierung von »Konkordanz-Systemen« (vgl. S. 83 ff.) abgerückt ist, wird in dieser Nebenwirkung nicht nur ein Nachteil gesehen.

Es ist schwerlich ein Zufall, daß in der Bundesrepublik – wo die neoliberale Planungsfeindschaft nach dem 2. Weltkrieg am stärksten dominierte – die »Anarchie der Produktion« sich auch in der stärksten Anarchie planender Institutionen widerspiegelte. Erst in der Regierung der großen Koalition wurde im »Stabilitätsgesetz« von 1967 ein gesetzliches Instrument zur Steuerung geschaffen. Neben den beratenden Institutionen wie dem Sachverständigenrat, dem Finanzplanungsrat und dem Konjunkturrat mußte mit der »Konzertierten Aktion« ein Organ für die Koordination der Interessenartikulation geschaffen werden[117]. Der Erfolg dieser Einrichtung ist jedoch bis heute umstritten. Die Arbeitgeberorganisationen waren zunächst mißtrauisch, weil sie einen neuen »Dirigismus« witterten, die Gewerkschaften fürchteten um ihre Tarifautonomie und die übrigen Interessenverbände kritisierten, daß sie nicht repräsentiert waren. Nur dem Bauernverband gelang es nachträglich, sich Zugang zu verschaffen. Die traditionell unterprivilegierten Interessenverbände fehlen gänzlich. Kurt H. Biedenkopf hielt die Beschränkung des Teilnehmerkreises als Ermessensentscheidung des Wirtschaftsministers für einen rechtlich unhaltbaren »closed shop«[118]. Begrenzte Erfolge der *konzertierten Aktion* lagen in ihrer generellen Erfolglosigkeit, da sie sich nur als funktionsfähig erwies, solange ihre Beratungen unverbindlich blieben. Gewerkschaften wie Arbeitgeberverbände hatten kein Interesse an einem Ausbau zum Beschlußorgan, und selbst der BDI verlor zunehmend das Interesse an den Beratungen, als klar wurde, daß diese Institution die Lohnentwicklung nicht nennenswert beeinflussen konnte (103, S. 89). Die Verbandsstruktur war gerade dafür denkbar ungeeignet, weil die eingeladenen Spitzenorganisationen selbst auf die Tarifpolitik der ihnen angeschlossenen Einzelverbände nur begrenzten Einfluß besaßen. Je schärfer die Lohnkonflikte wurden, um so stärker wurde der Trend zur betriebsnahen Tarif-

117 H. Ehrenberg: Konzertierte Aktion und gewerkschaftliche Einkommenspolitik. Gewerkschaftl. Monatshefte, 1968, S. 340–343.

118 Der Volkswirt, 2. Aug. 1968, S. 25. Vgl. dazu: O. Schlecht: Konzertierte Aktion als Instrument der Wirtschaftspolitik. Tübingen 1968, S. 15.

politik, und der Widerstand der mittleren Verbandskader gegen zentrale Vorentscheidungen. Mächtige Interessenten von einzelnen Gruppen in der CDU bis zum DGB forderten daher seit 1969 die Einrichtung eines Bundeswirtschafts- und Sozialrats zur Förderung der Mitbestimmung im gesamtwirtschaftlichen Bereich und der DGB legte 1971 einen Entwurf vor, nachdem der Rat – wie in Italien – sogar Gesetzesinitiative gegenüber dem Parlament haben sollte.

Damit lebte die Diskussion um die Zweckmäßigkeit einer solchen Institution erneut wieder auf. Geberth (192, S. 159) hat den Wirtschaftsräten generell eine wirkungsvolle Rolle im System hochindustrialisierter und komplexer Gesellschaften abgesprochen, weil er nicht an die Möglichkeit eines wirklichen Interessenausgleiches im Rahmen solcher Räte glaubte. In den meisten Ländern fehlte den Wirtschaftsräten die Resonanz in der Öffentlichkeit. Selbst wenn sie solide Arbeit leisteten, wurden mühsam erreichte Einigungen oft in den entscheidenden parlamentarischen Schlachten wieder umgeworfen. Der Rat kann die Parlamente in den meisten Fällen weder entlasten noch Lösungen anbieten, die vom Parlament nicht noch einmal diskutiert werden müßten. Eine gewisse Doppelarbeit und Verschwendung qualifizierter Arbeitskraft ist daher immer wieder kritisiert worden. Die Gefahr einer weiteren Benachteiligung des Parlaments gegenüber der Exekutive ist nicht ganz von der Hand zu weisen (240, S. 33). Die Regierungen haben sich in der Regel weite Vollmachten in der Verwertung der Arbeitsergebnisse solcher Räte gesichert. Selbst der vielgelobte niederländische SER hat nicht einmal die Befugnis, seine Gutachten ohne Einverständnis der Regierung zu veröffentlichen (231, S. 90 f.). Gute Arbeit – wie sie dem dänischen Wirtschaftsrat nachgesagt wird – hatte häufig nicht mehr Effekt als ein mit geringerem Aufwand arbeitendes Sachverständigengremium.

Institutionelle Sicherungen der innovativen Potenzen durch Rederecht im Parlament (wie in Frankreich), Initiativrecht im Parlament (wie in Italien), Pflicht der Regierung, Stellung zu den Gutachten zu nehmen (wie in der BRD gegenüber dem Sachverständigenrat) können zur Stärkung der Gremien führen, aber institutionelle Sicherungen dürfen nicht überschätzt werden, wie ein Vergleich der Räte mit Verfassungsrang (Frankreich, Italien) mit denen zeigt, die nur Koordinations- und Sachverständigenräte sind (Dänemark, BRD). Die institutionelle Absicherung war von geringerer Bedeutung als die Fähigkeit im Konfliktschlichtungsprozeß zwischen den Gruppen zu vermitteln (103, S. 146 ff.). Die Struktur des Planungssystems und die vorherrschenden Konfliktschlichtungsmuster erweisen sich als entscheidender für den Einfluß als die Form der Institutionalisierung. Flexiblere Formen der Vernehmlassung der wissenschaftlichen Beratung und der Kommissionsbildung, wie sie in der Schweiz, in Schweden und in England entwickelt wurden, sind oft anpassungsfähiger im Rahmen eines fragmentierten Planungssystems wie es für fast alle kapitalistischen Länder noch typisch ist.

5. Ersetzung des Parlamentarismus durch andere Repräsentationssysteme, wie Rätesystem oder Korporatismus

Die Lösung der Sozial- und Wirtschaftsräte strebt ein Willensbildungszentrum neben dem parlamentarischen Entscheidungszentrum an. Korporatismus und Rätesystem dagegen wollen den Parlamentarismus und seine territorial-repräsentative Basis durch eine funktionale und meist indirekte Repräsentation ersetzen.

Ständestaatliche Elemente finden sich im Denken selbst einer Reihe von großen Liberalen im 19. und 20. Jahrhundert, wenn auch nicht alle Liberalen, die Heinrich Herrfahrdt in den zwanziger Jahren korporatistischer Neigungen zu überführen suchte, die Ablösung des Parlamentarismus mit ihrem Eintreten für eine Interessenrepräsentation neben der territorial gewählten Nationalrepräsentation anstrebten[119]. Korporative Gedanken – selbst in Form eines »freien Korporatismus«, wie ihn Gunnar Heckscher in Schweden diskutiert hat (260, S. 299) – sind seit den faschistischen Experimenten in Italien, Österreich, Spanien oder Portugal diskreditiert.

Für die Linke immer wieder neue Anziehungskraft dagegen beweist das Rätemodell. Korporatismus wie Rätesystem setzen eine einheitliche Wertordnung aller beteiligten Interessen voraus. Der Korporativstaat geht in der Regel von einer allgemeinen Werthierarchie aus, die meist einer religiös fundierten Soziallehre entspricht (239, S. 130). Nur von ihr aus läßt sich eine Vorstellung von Gemeinwohl deduzieren, die von allen Gruppen geteilt wird und die den Wert und den Umfang der Repräsentation der einzelnen Interessen verbindlich bestimmbar macht. Diese einheitliche Konzeption von Gemeinwohl kann in einer modernen Industriegesellschaft, die die letzten Reste ständisch-hierarchischen Denkens abstreift, nicht mehr er-

119 Heinrich Herrfahrdt: Das Problem der berufsständischen Vertretung von der französischen Revolution bis zur Gegenwart. Stuttgart/Berlin 1921.

wartet werden. Da die einzelnen Interessenten keineswegs irgendwelche »gottgewollten« oder »natürlichen« Grenzen ihres Anspruchs anerkennen, sondern versuchen, soviel für sich im Gruppenkampf herauszuholen, wie angesichts des Widerstands von Gegeninteressen möglich ist, ist der Korporativstaat bisher in keinem freiheitlich-demokratischen System verwirklicht worden. Es geschah dies in der Regel nur unter dem Druck einer autoritären Regierung, die sich nicht selten auf eine Partei stützte, welche sich als nationale Bewegung empfand, von der Faschistischen Partei Italiens bis zur spanischen Falange.

Es hat sich auch unter korporatistischen Ideologien bisher keine Einigkeit erzielen lassen, auf welche Gruppen sich die funktionale Repräsentation stützen soll und wie sich im Kampf einer Vielzahl solcher mehr oder weniger mit Mandat belasteten Interessenvertreter eine Mehrheit bilden soll (271, S. 267). Die funktionale Repräsentation fordert Vetogruppen geradezu heraus, die Bildung eines Mehrheitswillens zu erschweren oder jede Entscheidung mit einem Junktim zu belasten. Die Wirkung eines solchen Systems wäre selbst unter freiheitlichen Voraussetzungen wahrscheinlich vornehmlich eine konservative, die den sozialen Status quo stabilisiert.

Das Rätesystem setzt eine allgemeine Anerkennung gewisser sozialistischer Werte und Lebensformen voraus. Es schließt die Respektierung von Gruppen aus, die Gegner des vergesellschafteten Eigentums sind und nicht an die besondere Sendung der Arbeiterklasse glauben. Wo dies nicht geschieht, beginnt eine politische Spezialisierung der Räte. Die Räte Rußlands in der Revolution von 1905 fanden sich nach der ersten Ernüchterung zum Teil bereit, mit den Produktionsmittelbesitzern und staatlichen Institutionen zusammenzuarbeiten. Sie bereiteten damit die spätere Entwicklung zur funktionalen Begrenzung der Räte auf Betriebsräte mit primär syndikalistischen Interessen und Kampfmethoden vor. Das Rätesystem war in der Regel eine Form der Willensbildung abhängiger und sozial unterdrückter Schichten und war meist auf Arbeiter, Bauern und Soldaten beschränkt. Nachdem das Sowjetsystem in Rußland durch den Oktroi der bolschewistischen Partei seines ursprünglichen Charakters einer pluralistischen Zusammenarbeit der Sozialisten aller Schattierungen beraubt war, die indirekte Wahl aufgegeben wurde und nach 1936 trotz des Namens praktisch ein dem bürgerlichen Repräsentativsystem ziemlich ähnliches Schema herauskam, brauchte nicht einmal für die Schichten ein Sonderrepräsentationsrecht konzipiert zu werden, denen in der sowjetischen Klassenlehre eine gewisse Eigenständigkeit und progressive Rolle zuerkannt wurde: der

Intelligenz (»intelligencija«) und den Angestellten (»služaščie«).

Neben der beschränkten Klassenbasis des Rätesystems wurde mit der Räteidee gemeinhin die radikale Demokratie als Form verbunden gesehen, die sich in der Einrichtung des Abberufungsrechts gegenüber Sowjetdeputierten, dem imperativen Mandat, der Forderung nach ständiger Kontrolle, Unbesoldetheit und Wahl für alle leitenden Positionen ausdrückte. Schließlich war auch die revolutionäre Art der Entstehung Kennzeichen aller Rätesysteme[120]. Soweit die Räte als spontane Organisation der Arbeiterklasse funktionierten (und nicht durch Manipulation einer Partei, welche das Monopol der Definition des sozialistischen Gemeinwohls für sich in Anspruch nahm und alle vom eigenen Dogma abweichenden Schattierungen sozialistischen Denkens ausschaltete), kam es günstigstenfalls zu einem Parallelismus zwischen Rätesystem und bürgerlichem Parlamentarismus, wie in Rußland 1917 in der Zeit der »Doppelherrschaft«.

Die Räteexperimente in Ungarn, in München und an einigen anderen Stellen scheiterten, und der Versuch, in Kronstadt das Sowjetsystem ohne Bolschewiken auf seine ursprüngliche Bedeutung zurückzuführen, wurde im Keim erstickt. Historiker sind oft geneigt, aus der Tatsache, daß es bisher kein frei funktionierendes Rätesystem mit pluralistischer Willensbildung in der Geschichte gegeben hat, zu schließen, daß ein pluralistisches Rätesystem nicht denkbar ist. Fruchtbarer als der Streit, ob im November 1918 ein Rätesystem in Deutschland eine echte Chance der Durchsetzung hatte, wie er in der Literatur von Oertzen, Tormin Kolb, Ritter u. a. geführt worden ist, erscheint daher die Untersuchung der Arbeitsmöglichkeiten eines Rätesystems im Lichte politikwissenschaftlicher Pluralismus-Forschung.

Die Basis-Gruppen-Romantik der neuen Linken hat den Rätegedanken erneut belebt und geht davon aus, daß die historischen Einwände nicht stichhaltig sind. Gewichtiger erscheinen heute die Einwände von der Organisationssoziologie her. Weder theoretisch noch praktisch ist die Frage gelöst, wie die Forderung nach permanenter Aktivität der Mitglieder in allen Fragen sich mit einer arbeitsteiligen Gesellschaft und mit dem Aufbau zentraler Willensbildungsorgane auf nationaler Ebene verträgt. Die Multifunktionalität der Räte ist ihre Stärke bei der Mobilisierung der Menschen auf unterster Ebene, wird aber ihre Schwäche bei der Heranbildung von Fachmännern, die Regierungs- und Kontrollfunktionen sinnvoll überneh-

120 O. Anweiler: Die Rätebewegung in Rußland. 1905–1921. London 1958, S. 6.

men können (90, S. 28). Selbst der Sowjetdeputierte hat der Forderung Lenins (LW, Bd. 25, S. 437): »Die Parlamentarier müssen selbst arbeiten, selbst ihre Gesetze ausführen, selbst kontrollieren, was bei Durchführung herauskommt«, nicht gerecht werden können. Die Erhöhung der Arbeitsfähigkeit der Parlamente in sozialistischen Ländern hat überall zu einer Anlehnung an die Arbeitsteilungs- und Delegationsmechanismen geführt, die der westliche Parlamentarismus verwirklicht hatte.

Selbst wenn jedoch ein arbeitsfähiges Rätesystem eingeführt werden könnte, was nach Überwindung der extremen Organisationsfeindschaft der meisten linken Gruppen nicht auszuschließen wäre, bliebe mit ihm die Option für ein System verbunden, in dem der Anteil einzelner Interessen (nach Ausscheidung aller kapitalistischen Interessentengruppen) langfristig vorherbestimmt werden müßte. Die bloße Aufteilung von Rätesitzen unter Bauern und Arbeiter würde einer komplizierten Gesellschaft nicht gerecht. Sie schließt aber die Fixierung eines Stärkeverhältnisses von Interessen ein, die zwischen den Wahlperioden nicht korrigiert werden kann, es sei denn, das Abberufungsrecht funktionierte demokratisch-pluralistisch, was nach den bisherigen Erfahrungen kaum zu erwarten ist. Das Abberufungsrecht in sozialistischen Verfassungen ist (wenn es nicht bloß toter Buchstabe geblieben ist) immer im Sinne der mächtigsten Gruppe – der organisierten Kommunistischen Partei – ausgeübt worden. Eine differenziertere Aufteilung der Deputiertensitze auf einzelne Interessen würde jedoch das Rätesystem in die gleichen konservativ-statischen Versuchungen führen, dem jeder Korporativstaat bisher erlegen ist.

Während sich die ersten vier Mittel der institutionalisierten Mitwirkung mehr oder weniger bruchlos in das System des repräsentativen Parlamentarismus einbauen lassen, ist dies auf Grund des Ausschließlichkeitsanspruchs weder mit dem Korporatismus noch dem Rätesystem möglich. Die Frage nach der sinnvollsten Form der legalen Mitwirkung von Verbänden wird sich weder zugunsten einer Institution noch für alle Länder in gleicher Weise beantworten lassen. Erst sorgfältiges Studium der Eigenarten des Parlamentarismus, der Parteienstruktur, der Verbändestruktur und der politischen Kultur eines Landes wird Empfehlungen für einzelne Länder möglich machen. Eine wissenschaftlich fundierte Beratung der Gesetzgebung in diesem Punkt steckt noch in den Anfängen. In Großbritannien und Schweden ist sie vergleichsweise in Europa am weitesten fortgeschritten.

Abschließend muß jedoch vor einer Illusion gewarnt werden: Auch das ausgeklügelste System legalisierter Mitwirkung wird die direkten und indirekten Pressure-Methoden nicht gänzlich ausschalten, und im Sinne flexibler Politik und gesellschaftsnaher Planung erhebt sich die Frage, ob die totale Ausschaltung der direkten und schwer kontrollierbaren Einflüsse nicht nur ein Traum ist – und nicht einmal ein schöner. Der Faktor »persönliche Beziehungen« ist in der menschlichen Gesellschaft nicht auszuschalten, selbst wenn die sozialen Startbedingungen aller Gruppen optimal egalisiert würden, wie zu hoffen ist. Persönliche Bekanntschaften und gemeinsame Spezialinteressen werden immer wieder informelle Einflußkanäle schaffen. Selbst in einem totalitären Staat, wo wenig Initiativen außerhalb der Kontrolle der staatlichen Organe existieren, sind die staatlichen Agenturen und Institutionen, die zentralen und lokalen Parteieliten in einem Geflecht von Pressure- und Einflußbeziehungen miteinander verbunden, und auch sozialistische Rätesysteme hatten sich ein Äquivalent für Pressure-group-Tätigkeiten geschaffen und gegen die Intentionen der marxistischen Staatsgründer entwickelt.

IX Innerverbandliche Demokratie

Die Interessengruppen haben eine doppelte Bedeutung für die Demokratie in einem Lande: durch den Grad der innerverbandlichen Demokratie und durch die Rolle der Verbände im Rahmen der pluralistischen Gesellschaft. Je größer die Massenorganisationen in der industriellen Gesellschaft geworden sind, um so größer wird die Tendenz zur Apathie der Mitglieder und um so gefährdeter ist die innerverbandliche Demokratie (179, S. 231).

Viele Staatsbürger sind in Vereinen und Verbänden organisiert. Die innerverbandliche Demokratie ist daher wesentlich für den Lernprozeß von Staatsbürgern. Ohne ein Minimum von Demokratie in den Organisationen unterhalb der staatlichen Ebene kann eine Demokratie auf oberster Ebene auf die Dauer nicht funktionieren. Selbst wenn Verbände nicht primär politische Zwecke verfolgen, muß ihre Willensbildung als politisch relevant angesehen werden, da sich ein Teil der Tätigkeit der Verbände auf die öffentliche Gewalt bezieht, »sei sie nach innen auf ihr Verhältnis zu den ihr Unterworfenen, sei sie nach außen auf ihr Verhältnis zu anderen Staaten gerichtet, oder die die Verfassung der Gesellschaft sei es verändern, sei es durch Machtgebrauch stabilisieren will« (57, S. 307). Das Problem der ständigen Partizipation, das für das Rätesystem nahezu unlösbar erscheint (vgl. S. 188 ff.), ist in geringerem Umfang auch für die Verbände ständig akut. Die Verteidiger einer Fundamentaldemokratie wollen sich daher nicht mit dem verengten Demokratiebegriff von Josef Schumpeter[121] zufriedengeben, der Demokratie auf den »freien Wettbewerb zwischen den Führungsanwärtern um die Stimmen der Wählerschaft« einschränkt, ein Kriterium, das von Anthony Downs und anderen Protagonisten eines ökonomischen An-

121 J. Schumpeter: Kapitalismus, Sozialismus und Demokratie. Bern 1950, S. 452.

satzes zu einer kapitalistischen Theorie demokratischer Politik ausgebaut worden ist, nach der sich der Bürger vornehmlich auf den Konsum der von konkurrierenden Führern angebotenen »policies« beschränkt. Es wird mit Recht befürchtet, daß diese Konzeption elitären Tendenzen im Inneren der Verbände Vorschub leistet, weil der Ursprung der von Parteien und Verbänden angebotenen »policies« allzu dezisionistisch aufgefaßt wird. Auch für den Verfassungsjuristen ist das Problem der innerverbandlichen Demokratie akut geworden im Rahmen des Problems der »Drittwirkung von Grundrechten«. Man beginnt zu erkennen, daß das Individuum »nicht nur gegenüber staatlichen Gewalten, sondern auch gegenüber der Bürokratie der Verbände des Schutzes bedarf« (133, S. 68). Ursprüngliche Schutzfunktionen der Gruppen sind nicht selten in Herrschaftstendenzen umgeschlagen.

Marxistische Analysen des Verbandswesens betonen meist den undemokratischen Charakter der Verbände. Mit Hilfe der Leninschen Theorie über die »Arbeiteraristokratie« versuchte man auch nachzuweisen, daß selbst die Gewerkschaften nur die Interessen einer privilegierten Schicht von Facharbeitern vertreten. Nur vereinzelt garantieren Verbandssatzungen, daß Minderheiten- und Oppositionsstandpunkte in das offizielle Organ des Verbandes aufgenommen werden müssen wie bei der ›American Labor Union‹ (298, S. 36).

In der Regel nutzen die Führer eines Verbandes ein Monopol über die Kommunikationsmittel der Gruppe zu ihren Gunsten aus. Eine neuere amerikanische Studie vergleicht die Rolle des Gewerkschaftsführers sogar mit der eines Priesters in frühen Gesellschaften, da sein »Job« ihn dazu zwinge, eine ganze Reihe von »Mysterien« zu beherrschen und eine relativ unspezifische und charismatische Führungseigenschaft zu entwickeln wie Redner- und Organisationstalent, Verhandlungsgeschick, Patronage, ideologische Qualitäten und Fähigkeit im Umgang mit Drohungen und Belohnungen (329, S. 258). Nicht alle Verbände erfordern jedoch die gleichen Führungseigenschaften. Je nach Vitalität des Interesses, das ein Verband für seine Mitglieder vertritt, nach Größe und Organisationsstruktur wird ein anderer Führertyp in einzelnen Organisationen gefördert (vgl. S. 49 ff.).

Die Techniken der Partizipation können nicht für alle Organisationen die gleichen sein. Die Methode der Urabstimmung zur Ermittlung des Mitgliederwillens – wie sie vor allem in Gewerkschaften angewandt wird – gilt oft als Garantie demokratischer Willensbildung. Aber selbst die Referenden unter den Mitgliedern sind nicht gegen Manipulation der Gruppenführung gefeit (318, S. 18). Die Führung bestimmt, ob eine Urabstimmung stattfindet (da in den meisten Verbandssatzungen keine Vorschrift über obligatorische Urabstimmungen aufgenommen ist) und welche Frage den Mitgliedern zur Abstimmung vorgelegt wird. Auch der Unterschied an Informationen, welche die Führung und die Mitglieder haben, macht selbst bei einwandfreier Anwendung der Referenden eine rationale Entscheidung der Mitglieder nicht leicht. Selbst für die Parteimitglieder in englischen Massenparteien hat R. T. Mackenzie nachgewiesen[122], daß sie wenig mehr seien als eine »hochorganisierte Pressure-group mit einem speziellen Kommunikationskanal direkt zur Führung, zum Kabinett und zur Fraktion«. David Riesman[123] spricht davon, daß die »außengeleitete Gesinnung« der Interessenverbände sich »dominierend auf ihre Mitglieder überträgt«.

Die Verteidiger des Verbandslebens in seiner vorherrschenden Form sind geneigt, die Klagen über den undemokratischen Charakter der Willensbildung in Interessengruppen für übertrieben zu halten. Einmal kann man – vor allem in den Gewerkschaften – auf die Fülle der Informationen und Dienstleistungen hinweisen, die der Verband seinen Mitgliedern bietet: durch Rundschreiben an alle Mitglieder, durch Verbandspublikationen, durch Schulungsabende und Kurse. Die Verbandsleitungen machen gern geltend, daß ihnen die Mitglieder davonlaufen würden, wenn sie das Empfinden hätten, sie würden nicht informiert und an der Willensbildung beteiligt. Dem steht die Beobachtung entgegen, daß auch die Verbandsmitglieder trotz des höheren Interesses für ein Problem, das sich in ihrer Organisationsbereitschaft bereits ausdrückt, immer mehr zu passiven Konsumenten der vom Verband angebotenen Dienstleistungen werden. Zum anderen wird gern darauf hingewiesen, daß, wenn die Interessen der Mitglieder weitgehend die gleichen sind, es unerheblich wird, »wie groß der Teil der Mitglieder ist, der sich aktiv an der Verbandsarbeit beteiligt und für die Berücksichtigung jener für alle Mitglieder gemeinsamen Interessen sorgt« (142, S. 105). Es wird damit ein präformiertes Interesse aller Mitglieder vorausgesetzt und verkannt, daß kein Verband so homogen ist, daß man auf ein einheitliches Interesse schließen kann. Viele Verbände sind sogar von den Interessen gewisser sozial Mächtiger völlig beherrscht (vgl. S. 52 ff.). Das gemeinsame Verbandsinteresse kann sich – wie das vielbeschworene nationale Interesse oder Gemeinwohl – auch erst aus der Diskussion

122 R. T. Mackenzie: British Political Parties. London 1955, S. 585.
123 D. Riesmann: Die einsame Masse. Hamburg 1958, S. 231.

verschiedener Ansichten darüber ergeben. Einige gesellschaftliche Organisationen waren Meister in der organisatorischen Erfassung von besonderen Gruppen und Schichten, die man zu verlieren drohte. Die katholische Kirche zum Beispiel hat in einigen Ländern eine ganze Subkultur für die Arbeiterklasse geschaffen, um eine totale Entfremdung dieser sozialen Gruppe von den Zielen der Gesamtorganisation zu verhindern (226, S. 247).

Neben den zahlreichen allgemeinen Klagen über mangelnde Verbandsdemokratie und der Schilderung ihrer Gefahren für die Demokratie eines Staates, gibt es erst in neuerer Zeit empirische Forschungen über den Grad der Partizipation von Verbandsmitgliedern und die Art der innerverbandlichen Willensbildung. Die Studien von Oliver Garceau über die ›American Medical Association‹ (1941) oder die Arbeit von Lipset und anderen über ›Union Democracy‹ (1956) waren bahnbrechend auf diesem Gebiet. Linke Pluralismustheoretiker sind häufig geneigt, allein bei den Gewerkschaften noch ein Minimum an demokratischer Praxis zu vermuten. Untersuchungen wie die Garceaus (269, S. 45) kamen jedoch zu relativ günstigen Ergebnissen über innerverbandliche Demokratie in einem Verband, in dem durchaus konservativ-bürgerliche Verhaltensweisen überwogen, wie bei der ›Medical Association‹. Garceau sah die Institutionen des Verbandes keineswegs als pervertiert an, die Führungsrotation funktionierte noch, und die Kommunikationskanäle waren soweit offen, daß Proteste und neue Ideen durchaus noch von unten nach oben drangen. Die Eigenarten eines solchen Honoratiorenverbandes, in dem auch nach den Darlegungen Garceaus (269, S. 66) nur wenige dynamische Persönlichkeiten für längere Zeit ihre Erfüllung im Verbandsmanagement sehen und die meisten allenfalls vorübergehend, um ihre berufliche Position zu verbessern und um ihren Namen bekanntzumachen, leitende Verbandsfunktionen anstreben, lassen sich mit bürokratisierten Massenorganisationen schwer vergleichen. Selbst bei ähnlichen Verbänden in anderen Ländern ist die Forschung (151, S. 207) nicht zu ganz so positiven Ergebnissen gekommen. Der deutsche Ärzteverband zeigte sich in vielen Phasen keineswegs an einer breiten innerverbandlichen Diskussion interessiert, und erst als das politische Ringen in eine entscheidende Phase trat, bemühte er sich um verstärkte Unterstützung durch seine Mitglieder.

Alle Generalisierungen über innerverbandliche Partizipation und Demokratie, die man bisher gewagt hat, liefen auf relativ vage Aussagen hinaus wie: je größer das Interesse der Mitglieder an einer Gewerkschaft, um so größer ist ihre Partizipation an der Verbandspolitik und um so stärker sind die Chancen für Verbandsdemokratie. Je mehr sich Arbeiter einer Gewerkschaft außerhalb der Arbeit informell in verschiedenen Freizeitorganisationen assoziieren, um so größer werden Interesse und Partizipation. Je stärker Arbeiter von Menschen außerhalb ihres Beschäftigungsbereichs abgeschnitten sind und physisch isoliert und im Status »marginal« erscheinen, um so wahrscheinlicher ist die Bereitschaft, sich auch in der Freizeit miteinander zu verbinden. Je unregelmäßiger die Arbeitsbeanspruchung, um so mehr Gelegenheit wird geschaffen, in der Arbeitszeit einander näherzukommen. Je mehr Rollen in der Beziehung von Arbeitern untereinander involviert sind, je interessanter die Arbeit ist und je mehr sich die Arbeiter mit ihr identifizieren, um so größer das Interesse und die Partizipation. Je größer die Zahl und Verschiedenheit der Funktionen, die eine Gewerkschaft für ihre Mitglieder erfüllt, um so größer werden Interesse und Partizipation (288, S. 415 f.).

Einige dieser Aussagen erscheinen besonders problematisch, wenn man sie isoliert – etwa der unterstellte Zusammenhang zwischen marginalem Status und indirekter Weckung des Interesses an der Verbandsarbeit durch Erhöhung des Anreizes zu informeller Kommunikation nach Feierabend. Eher das Gegenteil wird von vielen Beobachtungen bestätigt. Die bloße Aufreihung von Einzelfaktoren kann keine hinreichende Erklärung der Partizipation geben, weil einige der Sätze einander ausschließen und damit offenbar für viele Aussagen keine eindeutigen Kausalrelationen unterstellt werden können.

Die Diskussion um die innerverbandliche Demokratie wird in ihrem Sollensteil ebenso undifferenziert geführt, wie die empirische Basis im Seinsteil noch unzureichend ist. Die Extreme sind bis heute einerseits die Annahme einer unveränderlich apathischen »Masse«, die ein Bedürfnis hat, geführt zu werden, und nur vorübergehend der Partizipation unter Anleitung fähig ist. Robert Michels[124] spitzte den Mythos vom »ehernen Gesetz der Oligarchie« in dem Satz zu: »Wer Organisation sagt, sagt Tendenz zur Oligarchie.« Dieser heute als »faschistisch« verdächtigten Aussage steht die ebenso undifferenzierte Forderung nach permanenter und funktionsunspezifischer Partizipation aller Verbandsmitglieder gegenüber, wie sie die neue Linke fordert.

Meist wurden die Regeln der repräsentativen Demokratie, wie sie der Li-

124 R. Michels: Zur Soziologie des Parteiwesens in der modernen Demokratie. Stuttgart 1925, S. 25.

beralismus des 19. Jahrhunderts entwickelt hatte, kritiklos auf das Verbandsleben übertragen. Vermittelnde Vorschläge zur Verbesserung der Verbandsdemokratie wurden nur vereinzelt gemacht. Zu den Vermittlungsvorschlägen gehören etwa die Aufspaltung der groß und unwirksam gewordenen Vollversammlungen in kleine lokale Versammlungen und die Bildung von Subsystemen; die Einführung von Referenden und das Verhältniswahlrecht, die Briefwahl und die Möglichkeit des Panaschierens; die Einführung von »lay boards« zur Kontrolle von solchen Vorständen, die aus professionellen Verbandsleitern bestehen (90, S. 21). Eine besonders in angelsächsischen Ländern verbreitete Auffassung sieht die Kompetitivität – im Idealfall ein Zweiparteiensystem – als das wesentlichste Merkmal der Demokratie an. Aufgrund der Erfahrungen in englischen Kooperativen haben G. N. Ostergaard und A. H. Halsey (179, S. 225) ein Mehrparteiensystem auch für gesellschaftliche Organisationen als Mittel gegen die Herrschaft von Verbandsoligarchien empfohlen. Argumente, die gegen solche Vorschläge eingewandt werden, fußen meist auf einer Berechnung der Kosten an Geld und Zeit, welche die Übertragung parteipolitischer Konkurrenzverhältnisse von der staatlichen auf die Verbandsebene mit sich bringt. Viele Kritiker leugnen sogar generell die Übertragbarkeit auf Grund einer unpolitischen Konzeption der nichtstaatlichen Institutionen. Die Politisierung von privaten Machtzentren wird auch in Amerika nur von einem Teil der Wissenschaftler gebilligt[125].

Die Untersuchung von Lipset und anderen hatte bei der Druckergewerkschaft eine Art Zweiparteiensystem vorgefunden. Neben den weitgehend einmaligen Faktoren, die dieses System in der untersuchten Gewerkschaft geschaffen und erhalten hatten, gelangten die Autoren zu einigen Verallgemeinerungen über die Basis der internen Auseinandersetzungen in Gewerkschaften: Politische Gegensätze, die aus Unterschieden der Ideologie resultieren, erleichtern den Fortbestand permanenter demokratischer Opposition in größerem Maße als bloße Interessenunterschiede. Je homogener eine Gewerkschaft in Einkommen, Status und beruflichem Können ihrer Mitglieder ist, um so wahrscheinlicher wird es, daß politische Spannungen auf ideologischen Wertunterschieden statt auf Interessendifferenzen beruhen. Die Chancen für die erwünschten ideologischen Spannungen zur Aufrechterhaltung von interner demokratischer Verbandsopposition stiegen nach

125 B. P. Bachrach: The Theory of Democratic Elitism. A Critique. Boston 1967, S. 103.

Ansicht der Gruppe um Lipset auch mit dem Umfang, in dem die Funktionen einer Gewerkschaft »instrumental« werden und aufhören, eine vermittelnde Funktion auszuüben, mit der Entwicklung zum Mittelklassenstatus der Organisierten und dem Grad der Variation von ideologisch relevanten sozialen Charakteristika der Mitglieder, die nicht integrierend wirken und nicht als Grundlage für einen Gruppen-Appeal benutzt werden können (288, S. 416 f.). Im Vergleich zur sonstigen amerikanischen Literatur war an diesen Aussagen die positive Bewertung ideologischer Differenzen in Verbänden bemerkenswert. Aber die Gegenüberstellung von »ideologisch« und »an Interessen gebunden« hatte noch manches von dem Schematismus übernommen, den angelsächsische Autoren an dieser vorwiegend im kontinentalen Europa gebräuchlichen Begriffsdichotomie mit Recht kritisiert hatten.

In Partizipationsstudien von Berelson und anderen wurde die These aufgestellt, daß allzu hohe Partizipation Krisen des Systems vermuten lasse. Eine psychologisierende Betrachtung bei D. Riesman und E. Fromm hat ähnliches mit anderer Begründung behauptet: eine überhöhte Partizipation sei Ausdruck pathologischer Bedürfnisse. Naschold (90, S. 52) gelangt auf Grund der Analyse der wichtigsten Literatur zu diesem Thema zu der Ansicht, daß erhöhte Partizipation nicht zwangsläufig zur Steigerung der Organisationseffizienz führt. Er nimmt an, daß beide Faktoren unter bestimmten Bedingungen simultan erreicht werden könnten, wenn er sich auch für diese hoffnungsfrohe These noch nicht auf eindeutige Befunde stützen kann. Die vorliegenden empirischen Studien widersprechen einander. Letztlich muß auch Naschold sich für sein Postulat auf Werte zurückziehen wie: erhöhte Partizipation schafft für das Individuum ein »outside interest«, das die Enge der rein privaten Lebensweise transzendiert und damit die Sinnhaftigkeit des Lebensvollzugs steigert (90, S. 51). Der Autor teilt diese Werte, wagt aber nicht auf die allgemeine Zustimmung derer zu hoffen, die privatere und unpolitischere Steigerungsformen des Lebens bevorzugen. Man kann vorerst nur konstatieren, daß wir über die Korrelation von Partizipation und Effizienz noch zu wenig wissen. Über Verteidigung von Partizipation als Zweck an sich (und nicht nur als Mittel zur Verbesserung innerorganisatorischer Entscheidung) kann man vermutlich wissenschaftliche Aussagen niemals machen.

Relativ breite Einigung ist jedoch für die Erkenntnis zu erzielen, daß die Partizipation in den meisten Verbänden verbessert werden muß. Nascholds (90, S. 57 ff.) Vorschläge zur Subsystembildung bei gleichzeitiger Koppelung der einzelnen Subsysteme und zur Verbesserung der organisationsinternen Informationsverarbeitung, die gewissenhaftere Einbeziehung der System-Umwelt-Beziehungen, die Verarbeitung der Erkenntnisse von Systemtheorie, Kybernetik, Entscheidungstheorie und Organisationssoziologie müssen jedoch zunächst auf die besonderen Probleme einzelner Verbände hin durchforscht werden, ehe sie für die Reform der Organisationsstruktur von Verbänden nutzbar gemacht werden können. Gegen die Gefahr einer »manipulierten Pseudobeteiligung« (90, S. 69) gibt es kein allgemeines Rezept. In Bauernverbänden existiert teilweise eine rege Partizipation, aber die Verbandsveranstaltungen dienen im kleinen Rahmen zumeist unpolitischer dörflicher Geselligkeit und im großen der Demonstration von politischer Macht und der Akklamation. Der relativ geringe Ausbildungsgrad der Landwirte hat schädliche Rückwirkungen auf die Sachkenntnisse außerhalb des dörflichen Horizonts (154, S. 151), ein Dilemma, vor dem viele Massenverbände stehen und das sie im Vergleich zu Intellektuellenverbänden und ideellen Förderverbänden im Ringen um innere Demokratisierung stark benachteiligt.

Wenn Pluralismus nur die Existenz eines unabhängigen Kommunikationssystems außerhalb des Staates bedeutet, dann hat sich – vor allem in Entwicklungsländern – gezeigt, daß Pluralismus die Existenz von autoritären Herrschaftspraktiken nicht ausschließt (226, S. 238 f.). Ohne Internalisierung der demokratischen Spielregeln, ohne Demokratisierung der politischen Kultur eines Systems, in dem die Verbände wirken, bleiben die besten Organisationsmodelle zur Erhöhung der Partizipation technokratische Utopien.

In der bisherigen Literatur über innerverbandliche Demokratie fallen vorwiegend drei Einseitigkeiten auf:

1. Die innerverbandliche Demokratie wird nach abstrakten Modellen zu fördern versucht, die für alle Verbände (und zum Teil für alle Parteien) in gleicher Weise postuliert werden. Selbst Nascholds (90) ausgewogene Studie ist dieser Gefahr nicht ganz entgangen. Das Kompetitionsmodell, das für amerikanische Druckergewerkschaften arbeitsfähig erschien, wird zweifellos nicht auf alle Verbände in allen Ländern übertragbar sein. Ebensowenig läßt sich jedoch seine generelle Unbrauchbarkeit von einem Partizipationsmodell deduzieren. Selbst das Ausmaß der erwünschten Partizipation wird nicht für alle Mitglieder in gleicher Weise angesetzt werden können. Wenn die Apathie-These von Berelson und anderen für politische Verbände etwas Bedenkliches hat, gewinnt sie für gewisse Verbände, in denen die

überwiegende Zahl der Mitglieder nur marginale Interessen wahrnimmt, an Plausibilität. Die Forderung nach ständiger Partizipation ist von »unrentabler Vereinsmeierei und sentimentaler Gesinnungspflege« (148, S. 219) manchmal schwer zu unterscheiden. Das Individuum, das zur Pflege verschiedener, nicht vitaler Interessen und Hobbies in mehreren Verbänden ist, wäre überfordert, wenn es in allen mehr als Konsument der angebotenen Dienstleistungen sein wollte. Verantwortliche und durchsichtige Führung der Verbände wird das Maximum sein, was solche nicht stark interessierten Mitglieder verlangen können. In Gewerkschaften dagegen, die für den Arbeiter zwar nicht mehr die gleiche allumfassende Bedeutung haben wie in der Zeit der frühen Arbeiterbewegung, die aber noch immer die wichtigste Vereinigung sind, in denen die Arbeiter in der Regel organisiert sind, wird die Anforderung des Mitgliedes an die Partizipationsmöglichkeit höher sein müssen als in einem Karnevals- oder einem Kleingärtnerverein.

Je stärker das Ausmaß der Abhängigkeit eines Verbandsmitgliedes vom Verband wird, um so wichtiger werden die demokratischen Postulate.

2. Neben die Gefahr undifferenzierter Demokratisierungsschemen tritt die unreflektierte Übertragung der Erfahrung von Kleingruppen auf große Verbände, die selbst in der soziologischen Forschung immer wieder beklagt wird (68, S. 57)[126]. Noch verhängnisvoller wird dies in der wiederaufgelebten Basis-Gruppen-Romantik, die in der Regel nicht einmal die Ergebnisse der Kleingruppenforschung kennt und selbst im Bereich der Kleingruppen von ziemlich archaischen Vorstellungen ausgeht. Auch wenn das Rätemodell zum Beispiel für eine kleine Gruppe, von der keine sehr spezifischen Dienstleistungen erwartet werden, funktioniert, sagt dieser Erfolg nichts über seine Brauchbarkeit für Massenverbände aus.

3. In sozialen Subsystemen, in denen verschiedene organisierte Interessen miteinander kooperieren müssen, läßt sich die Verbesserung der Partizipation bisher unterprivilegierter Gruppen nicht nach einem abstrakten Demokratie-Modell und mit Mehrheitsbeschlüssen nach der Kopfzahl aller Beteiligten verwirklichen. Für die Partizipation der Arbeiter im Betrieb erscheint heute das paritätische Modell als das brauchbarste; für Universitäten ist dort, wo der Lehrkörper keine Einheit ist, ein drittelparitätisches Partizipationsmodell vorzuziehen. Schulen hingegen werden – je nach Altersstufe der Schüler – differenziertere Formen der Partizipation entwickeln müssen. In funktionsspezifischen Partizipationsmodellen wird es an einigen

126 Vgl. R. T. Golembiewski: The Small Group. Chicago/London 1962, S. 289.

Stellen sogar Negativkataloge für die Mitbestimmung einzelner Gruppen geben müssen: etwa für Laien bei dogmatischen Fragen in Kirchen oder für Schüler und Studenten in wissenschaftlichen Fragen. Aber auch Bereiche des Negativkatalogs lassen sich durch »Konsultativdemokratie« und verstärkte Öffentlichkeit durchaus noch demokratisieren.

Radikale Demokratisierung nach dem Vorbild von Rätekonzeptionen (S. 188 ff.) ist in einer komplexen Gesellschaft auf die Dauer kaum durchführbar. Selbst sozialistische Systeme haben in Betrieben und Organisationen weitgehend nur »konsultative Expertendemokratie« verwirklicht. Gleichwohl hat diese Forderung heute eine Bedeutung, die den bloß organisatorischen Aspekt der demokratischen Willensbildung übersteigt. Im Grunde wird durch die Änderung der Spielregeln vor allem eine Änderung des sozialen Inhalts der bestehenden Organisationen angestrebt. Arbeiterdemokratie wird so synonym mit gesellschaftlichem Eigentum an Produktionsmitteln. Daher lassen sich eine Reihe von Institutionen, die zu radikalen Demokratiemodellen gehören wie imperatives Mandat, Weisungsgebundenheit und verschärfte Fraktionsbildung, als Institutionen einer Transformationsstrategie rechtfertigen, selbst wenn man berechtigte Zweifel über die Funktionstüchtigkeit dieser Einrichtungen in einem in Zukunft sich möglicherweise herausbildenden sozialistischen System hat.

X Interessenpluralismus im Lichte der politischen Theorien der Gegenwart

Die zahlreichen Einzelstudien über Verbände, ihre Struktur, Finanzierung, Adressaten und Methoden hätten nur begrenzten Wert, wenn nicht immer wieder versucht würde, diese Forschungen als Bausteine für eine Theorie der pluralistischen Gesellschaft zu verwenden.

Die theoretischen Ansätze in der Politik sind entweder vorwiegend statische Ordnungsmodelle (in ihrer modernen Form als Systemtheorie) oder dynamische Theorien des sozialen Wandels, die man unter dem Begriff Konflikttheorien zusammenfassen könnte. Karl-Heinz Messelken[127] hat in einer kritischen Analyse beide theoretischen Ansätze als Ausdruck einer spätkapitalistischen Gesellschaft gedeutet, die beide mit der Tendenz, ihre Grundkategorie zu ontologisieren, die Widersprüche ihrer Gesellschaft mit Hilfe der Mittel logischer Systeme zu überspielen hoffen. Die Interessengruppenforschung hat beiden Ansätzen Tribute gezollt.

1. Liberale Pluralismuskonzeptionen

a) Gruppentheorie

Bahnbrechend war der gruppentheoretische Ansatz. Er verstand sich teilweise als Antithese zu anderen Konflikttheorien, welche den Kampf der Klassen oder der Eliten und Massen zum Motor der Geschichte erhoben hatten. Die Gruppentheorie der Politik entstand in Frontstellung gegen älte-

127 K.-H. Messelken: Politikbegriffe der modernen Soziologie. Eine Kritik der Systemtheorie und Konflikttheorie. Köln/Opladen 1968, S. 185.

re Ansätze: gegen den Individualismus der Utilitarier von Bentham bis Mill, gegen den philosophischen Idealismus, wie er in England (unter deutschem Einfluß) von Bosanquet bis Green vertreten wurde, und gegen den Formalismus der älteren Institutionenlehre im Bereich der allgemeinen Staatslehre, wie sie in jurisitschen Fakultäten gelehrt wurde, und gegen den Institutionalismus, wie er selbst in der altliberalen Politikwissenschaft dominierte. Der neue Ansatz führte bei Bentley zu der Übertreibung, daß den Gruppen allein das Monopol politischer Initiative zugeschrieben wurde. Die Regierungsinstitutionen wurden entweder nur noch als Werkzeuge des Gruppenkonflikts gesehen oder selbst als Interessengruppen mit anderen Gruppen auf eine Ebene gestellt. Damit wurde der Begriff Gruppe bei Bentley so allgemein verwandt, daß beinahe jedes Muster sozialen und politischen Handelns als Pressure-group bezeichnet werden konnte (86, S. 244). Die Gruppentheorie ging von der Vorstellung aus, daß sich im Kampf der Gruppen ein Gleichgewicht herausbilde. Rationales Handeln kommt nach ihr nur auf Grund von »selfinterest« zustande. Individuelle Ziele, technologische Trends, soziale Bewegungen und Klassen wurden von der Gruppenanalyse vernachlässigt. Innovatorische Bewegungen, wie der ›Progressivism‹ oder der ›New Deal‹, die sich nicht auf ein einzelnes Gruppeninteresse reduzieren ließen, erschienen Bentley daher irrational. Hale (33, S. 958) sprach angesichts der ethischen Neutralität Bentleys sogar von einem »zynischen Konservatismus« in seiner Haltung, ein Urteil, das nur durch eine gewisse Inkonsequenz Bentleys gemildert werden kann, da er sich keineswegs einseitig konservativer Politik verschrieb. 1924 trat er der Partei La Follettes bei und wurde sogar dessen Wahlkampfleiter in Indiana, wenn er auch als praktischer Politiker keine große Rolle gespielt hat (88, S. 11). Dieser Theorie wird heute in der Regel jeder analytische Wert abgesprochen. Sie konnte auch nicht durch die Immunisierungsstrategie der Behauptung aus dem Schußfeld der Kritik gezogen werden, Bentley habe keine empirische Theorie, sondern eine utopische Theorie angestrebt (32, S. 963), ganz abgesehen davon, daß angesichts von Bentleys Pathos in der Polemik gegen »soul stuff« und seiner Abhängigkeit von der »realistischen Soziologie« diese Aussage auch sachlich problematisch bleibt.

Man hat Bentley sogar eine ganze Reihe von Entlehnungen physikalischer Begriffe nachweisen können (28, S. 944), welche die Vermutung bestärken, daß Bentley glaubte, sich stark an der »Realität« zu orientieren, und der Politikwissenschaft den Charakter einer »exakten Naturwissenschaft« geben wollte. Bentley neigte der Ansicht eines Gelehrten zu, der weder »a grain-spook in the wheatfield nor a brain-spook in the class war« (9, S. 249) dulden wollte und allen bisherigen Theorien eine neue soziale Realität in Form der Gruppe entgegensetzte. Dabei verstieg er sich zu neuen Mystifikationen. Peter Odegard, ein Pionier empirischer Pressure-group-Forschung, wies darauf hin, daß die Gruppenanalyse Bentleys nicht so neu war, wie oft vorgegeben wurde. Neu war nur, daß Bentley glaubte, im Konflikt seiner Aggregate – ähnlich einseitig wie Radikale (etwa Marx) oder Konservative (Calhoun) – die ganze Realität über den politischen Prozeß gefunden zu haben. Die »Spuke«, die Bentley zu bannen suchte, erschienen wieder unter neuem Namen. Mit seiner Gleichgewichtsannahme wurde er trotz des konflikttheoretischen Ausgangspunkts zu einem Konservativen, dessen Annahmen allenfalls für Amerika in einer Epoche ökonomischer Expansion und wachsender Prosperität eine gewisse Brauchbarkeit hatten, aber die bereits bei der Einordnung von neuen Bewegungen, wie dem ›New Deal‹, versagten. Obwohl Bentley in Europa studiert hatte und Einflüsse von deutschen und französischen Soziologen, wie Ratzenhofer, Gumplowicz, Simmel und vor allem Durkheim, nachweisbar sind (88, S. 12 f.), hatten ihn seine ausländischen Erfahrungen nicht zugleich zum Kenner ausländischer politischer Prozesse gemacht. Die Unbrauchbarkeit der Bentleyschen Konzeptionen in »non-American field situations« hat erst La Palombara (55, S. 421 ff.) mit der nötigen Deutlichkeit betont (vgl. S. 75 ff.). Das Bentleysche Handwerkszeug erwies sich an den Nährboden des amerikanischen Pragmatismus gebunden, dem er entsprungen war (63, S. 600 ff.). Bentley wurde nach einem gelungenen Bonmot La Palombaras (224, S. 13) zur »theoretischen Falle«. Bentley erlag jedoch den Versuchungen, die man auch neueren Konflikttheorien nachsagte, daß sie das ontologisiert, was die Individuen auseinanderhält, den Streit[128]. Er übersah dabei die Spielregeln und Integrationsfaktoren, die auch im Interessenkampf die Gruppen noch verbinden (169, S. 2). Andererseits übersah er, daß auch die Harmonie jenes unterstellten Gleichgewichts (wenn sie überhaupt bestanden hat) nur durch die Akzeptierung gewisser Spielregeln durch alle beteiligten Interessen zustande kam. Die Prozesse, die zur Verwerfung jener Spielregeln durch zahlreiche Gruppen führen, kann Bentley mit seinem Werkzeug nicht analysieren – vor Phänomenen wie Black Power oder APO muß es versagen.

128 Messelken, a. a. O. (Anm. 127).

b) Systemtheorie

Die Systemtheorien der Funktionalisten weisen den Interessengruppen als Motor der sozialen und politischen Entwicklung einen bescheideneren Platz an. Sie anerkennen die Gruppen als wichtige (in einigen politischen Systemen ohne organisierte Parteien sogar die wichtigste) soziale Kraft im politischen System, sie weigern sich jedoch, monokausal zu argumentieren. Der komplexe Systemzusammenhang verbietet es dem Funktionalisten, nur nach kausalen Beziehungen Ausschau zu halten. Die vielfache Interdependenz von Gruppen, Parteien, sozialen Bewegungen, Ideologien und anderen Faktoren, die in einer Systemanalyse nebeneinander betrachtet werden können, gestattet keine simplifizierende Isolierung einzelner Faktoren und die Unterstellung von einzelnen Kausalitäten.

Die Systemtheorie betrachtet die Interessengruppen in ihrer Funktion für die Entstehung, Erhaltung und (neuerdings auch) beim Untergang von politischen Systemen, sondert einzelne Funktionen, wie Interessenartikulation und Aggregierung, analysiert die Bedeutung von manifesten und latenten Interessen für positives oder negatives Verhalten gegenüber Politikern und dem politischen Entscheidungsprozeß[129]. Die ältere Auffassung, daß Interessengruppen »dysfunktional« für einen demokratischen Willensbildungsprozeß sind, wird heute kaum noch geteilt (172, S. 161). Die Systemtheorie neigt jedoch nicht nur dazu, die Macht der Verbände mit dem Hinweis auf ihre Funktion zur Erhaltung des Systems zu rechtfertigen. Sie »tröstet« sogar die Aggregate, die es nicht einmal zu einem politisch relevanten Gruppenbewußtsein oder gar zu Macht bringen, über ihre Ohnmacht hinweg, indem sie darauf hinweist, daß solche Aggregate (wie z. B. die Frauen) zwar keine politische Macht qua Gruppenzugehörigkeit besitzen, aber dennoch wichtige Funktionen in der Gesellschaft wahrnehmen. Talcott Parsons[130] bringt diesen Einwand etwa gegen die Elitentheorie von C. W. Mills vor, dem er eine allzu einseitige Interpretation der erstrebenswertesten Güter in der Gesellschaft vorwirft. Dieses Argument wird von der Mehrzahl der Forscher nicht mehr gebilligt. In einer Zeit, da die staatliche Macht sich immer weiter ausdehnt und die politischen Entscheidungen zugleich immer mehr Entscheidungen über alle anderen Lebens- und

129 D. Easton: A Systems Analysis of Political Life. New York/London 1965, S. 217 f.

130 T. Parsons: The Distribution of Power in American Society. World Politics, Okt. 1957 (S. 123–144), S. 133.

Funktionsbereiche implizieren, droht dieser Trost zum blanken Hohn gegenüber den Machtlosen zu werden.

In den Augen der Kritiker der Systemtheorie hat diese sich auch die positive Bewertung der Tätigkeit von Interessengruppen oft zu leicht gemacht. Die Funktionen von Interessengruppen werden in der Systemtheorie oft statisch gesehen, obwohl dies keine unausweichliche Konsequenz dieses Ansatzes ist. Ein statisches Bild des Verhältnisses von Interessengruppen wird vornehmlich dort entworfen, wo die Systemtheorie in den Dienst einer bestimmten Ideologie gestellt ist und wo nur von »Partnerschaft« nicht von Abhängigkeitsverhältnissen oder gar Herrschaftsverhältnissen im sozialen Bereich gesprochen wird. Der Systemtheorie wird vielfach nachgesagt, daß sie ein konservatives Vorurteil impliziere, was für die neuere Entwicklung dieses Ansatzes – vor allem im Bereich der Kommunikationstheorie – nicht mehr haltbar ist. Es ist jedoch nicht zu leugnen, daß Systemtheoretiker noch weit mehr als die Gruppentheorie – als Variante der Konflikttheorie – zu statischen Momentaufnahmen neigten und vor der Erklärung sozialen Wandels versagten. Die Pluralismustheorie im Rahmen systemtheoretischer Ansätze ist schon durch die Unterstellung eines Systemzusammenhangs zwischen sehr heterogenen Größen dazu verführt worden, auch das System der Interessen in einem politischen Gebilde als im Gleichgewicht befindlich zu interpretieren. Die ökonomische Schule der Wohlfahrtsökonomik kam manchen Funktionalisten zu Hilfe. Naschold (151, S. 24 f.) hat darauf hingewiesen, daß Truman oder Lindblom zu der Gleichsetzung: »pluralistisches System = Gleichgewicht = optimale kollektive Rationalität« neigten. Man hat nachgewiesen, daß diese Annahme allenfalls für Zeiten des graduellen »pareto-optimalen« sozialen Wandels zutreffend sein kann, wenn keine Gruppe im Gesamtnutzen benachteiligt ist. Die Gleichgewichtsannahme setzt voraus, daß die Gruppen sich an einen engumgrenzten Kodex politischen Konfliktsaustrags halten, der sich noch dazu weitgehend auf die Verteilungssphäre beschränkt, ohne die Produktionssphäre in Mitleidenschaft zu ziehen, wie H. Albert[131] nachgewiesen hat. Gesellschaft wird damit als kooperative Einheit angesehen und als ein neues Ganzes in ökonomischer Sicht hingestellt, in dem letztlich Interessenharmonie herrscht. Immer wieder zeigt sich, daß selbst in Amerika, wo mit diesem Modell am meisten gearbeitet wurde, periodisch unzufriedene Gruppen auftauchen – D. Riesman spricht von »discontented clas-

131 Hans Albert: Marktsoziologie und Entscheidungslogik. Neuwied 1967, S. 160.

ses« –, die ihren Anteil am Nutzenzuwachs selbst dann als unangemessen niedrig empfinden, wenn sie objektiv gesehen einen relativen Nutzenzuwachs verzeichnen können. Konservative Statusfurcht, isolationistische Affekte in Innen- und Außenpolitik, die Bildung einer Intelligenz, die den neuen rationalen Leistungs- und Konfliktprinzipien hilflos gegenübersteht, ist die Folge[132]. Zu den »discontented classes« sind in Europa in vielen Ländern die Bauern zu rechnen, bei denen Meynaud (56, S. 297) übertreibend von einer allgemeinen Pauperisierung gesprochen hat.

Die Erforschung kollektiven Verhaltens, wie sie Smelser (48) und andere versuchten, gibt heute wertvolle Aufschlüsse über die Formen kollektiven Verhaltens, die von den ökonomisch isolierten Rationalitätshypothesen der Gleichgewichtstheorien abweichen.

Die Funktionen der Interessenverbände sind keineswegs nur systemstabilisierend. Technokratische Gleichgewichtsmodelle, die nicht den politisch ausgehandelten Kompromiß von Parteien und Gruppen, sondern das mit Rechenmaschinen errechnete »optimale« Ergebnis der Wirtschaftsexperten zur Richtschnur politischen Handelns erheben möchten, werden gerade durch die Aktivität der Interessengruppen immer wieder irritiert. Selbst im Bereich der Steuerpolitik haben einzelne Forscher eine Funktion der organisierten Interessen darin gesehen, »systematisch Unordnung zu schaffen« und »die Verwirklichung strenger Ordnungsmodelle zu verhindern« (72, S. 452). Selbst wenn die technischen Möglichkeiten zur Errechnung optimaler wirtschaftlicher und sozialer Politik entscheidend verbessert werden könnten, bestünde die Gefahr, daß die Grundlagen der Berechnung gleichsam von einer ideologisch voreingenommenen Expertenschicht dezisionistisch gewonnen und axiomatisch gesetzt und der Diskussion der Interessenten, die verschiedene Zielvorstellungen haben, völlig entzogen würden. Das wäre nicht nur das Ende der Politik, sondern auch das Ende der Freiheit, für deren Erhaltung noch kein besseres Mittel gefunden wurde als die Schaffung von Reibungsmöglichkeiten und Konflikten.

Mit kritischem Vorbehalt angewandt und in ihren dynamischen Varianten unter dem Einfluß kybernetischer Modelle weiterentwickelt, liefert jedoch die Systemtheorie noch immer brauchbare Modelle zur Einordnung der Gruppenaktivitäten in den Rahmen aller politischen Prozesse im politischen Gesamtsystem[133].

132 D. Riesman – N. Glazer in: D. Bell (Ed.): The Radical Right. Garden City 1964, S. 109.

133 Vgl. F. Naschold: Systemsteuerung. Stuttgart 1969.

Waren die Varianten der liberalen Pluralismustheorie ein Fortschritt gegenüber dem altliberalen Individualismus einerseits und der idealistischen Staatsmetaphysik andererseits, so zeigte sich jedoch in allen Demokratien, daß einige Grundannahmen der bürgerlichen Pluralismuskonzeptionen der Wirklichkeit nicht standhielten.

1. Auch Neopluralisten, die nach dem Zweiten Weltkrieg ihre Theorie in der Polemik mit dem Totalitarismus entwickelten, fanden sich trotz eines gewissen sozialen Impetus – bei Ernst Fraenkel und anderen – im Grunde damit ab, daß die pluralistische Gesellschaft auf radikale Umverteilungsmaßnahmen verzichtete, und setzten ihre Hoffnungen auf die ausgleichende Gerechtigkeit bei der *Verteilung des jeweiligen kollektiven Nutzenzuwachses*, dessen ständige Steigerung in der Zeit des permanenten Konjunkturoptimismus nach dem Zweiten Weltkrieg voreilig unterstellt wurde. Es zeigten sich jedoch auch in der Zeit der Schönwetterperiode der Nachkriegszeit, daß gerade rasches Wachstum zu starken Ungleichheiten im Nutzenzuwachs führen kann, und daß rasches Wachstum nicht mit zunehmender politischer Stabilität gleichzusetzen ist, wie häufig angenommen wurde[134]. Auch die Annahme, daß im pluralistischen Gruppenkampf über die Verteilung des Surplus leichter Einigkeit zu erzielen sei als bei der Verteilung der lebensnotwendigen Güter, ließ sich nicht halten. Nur im Bereich der Notwendigkeit, bei der Verteilung des zur Subsistenz notwendigen, erwiesen sich die Gleichgewichtsannahmen der Systemtheoretiker als brauchbare Hypothesen. In diesem Bereich kooperieren Individuen und Gruppen und teilen bis zu einem gewissen Maß die Früchte ihrer Arbeit. Gerhard Lenski fand jedoch in vergleichenden Untersuchungen ein zweites Distributionsgesetz, nach dem Macht – und damit Ungleichheit der Chancen – die Verteilung nahezu des gesamten Surplus bestimmt[135]. Daher konnte auch der organisierte Kapitalismus trotz seiner verbesserten Umverteilungskapazität nicht verhindern, daß immer wieder neue Ungleichheiten durch ungleichen Nutzenzuwachs entstanden und immer neue Protestgruppen auftauchten, welche den Weg der offenen oder begrenzten Regelverletzung gingen, um ihren Interessen Gehör zu verschaffen, und für deren Entstehung die Pluralismustheorie keine zutreffende Erklärung besaß.

2. Die Pluralismustheorien unterstellten für kapitalistische Demokratien

134 Vgl. M. Olson jr.: Rapides Wachstum als Destabilisierungsfaktor. In: K. von Beyme (Hrsg.): Empirische Revolutionsforschung. Opladen 1973, S. 205–222.

135 G. Lenski: Power and Privilege. A Theory of Social Stratification. New York 1966, S. 44.

die Existenz annähernd gleicher Startbedingungen für alle beteiligten Interessen. Die Idee der *Chancengleichheit* erweist sich jedoch an sich bereits als Widerspruch in sich. Gleiche Chancen für alle setzt letzlich Ungleichheit voraus und bedeutet nur die Chance in einer ungleichen, geschichteten Gesellschaft aufzusteigen[136]. Diese Befangenheit der Annahmen vieler Neopluralisten in den Kategorien formaler rechtlicher Gleichheit hatte keine Entsprechung in der sozialen Realität der Gesellschaft. Die Durchsetzungschancen der Interessen erwiesen sich als unterschiedlich. Die Gruppen der sozial mächtigen Interessenten haben erleichterten Zugang zu den Machthabern (Geschäftsordnung der Ministerien, Personalunionen und Ämterkumulationen), und dank ihrer beherrschenden Stellung auch erleichterten Zugang zu den Massenkommunikationsmitteln. Die Gruppen der Unterprivilegierten haben erst durch Einsatz spektakulärer Mittel des zivilen Widerstands durch eine Art »parasitäre Publizität« (E. Scheuch) diesen Vorsprung der mächtigeren organisierten Interessen auszugleichen vermocht.

3. Der Pluralismus in der parlamentarischen Demokratie war zum Teil nur ein *Binnenpluralismus* im Kreis der Mächtigen. Der Pluralismus zeigte die Tendenz, personalisiert zu werden. Zwar gab es verschiedene Personen und Gruppen, die sich um die Macht bewarben. Aber der Entscheidungsrahmen, gewisse Prioritäten und die allgemeinen Spielregeln werden undiskutiert hingenommen. Hinter dieser Pluralismuskonzeption stand eine elitäre Demokratieauffassung, nach der sich Politikergruppen um die Macht bewerben wie große Konzerne um Marktanteile. Von Schumpeter bis Downs haben gerade Ökonomen diesen Vergleich immer wieder gezogen.

4. Der Pluralismus erwies sich weitgehend als *Bereichspluralismus*. Die Ergebnisse dieses Bereichspluralismus waren vom Rest der Gesellschaft schlicht zu übernehmen (95, S. 58 ff) oder Teile von Staat und Gesellschaft sind vom Pluralismus gänzlich ausgespart. Dies gilt vor allem in den Bereichen, in denen hierarchisch-bürokratische Strukturen vorherrschen. Einen demokratischen Pluralismus mit totaler Öffentlichkeit, wie ihn radikale Fundamentaldemokraten gelegentlich fordern, halten die meisten Verhaltenswissenschaftler für unmöglich. Aber die Partizipationsdebatte hat auch vor den hierarchisch organisierten Bereichen nicht haltgemacht. Es wird heute etwa eine Parlamentarisierung kollegialer Entscheidungen bei stärkerem Mitspracherecht der unteren Stufen der Hierarchie in dem Mo-

136 T. B. Bottomore: Elite und Gesellschaft. München 1966, S. 153.

dell einer »politischen Verwaltungsführung« verlangt[137].

5. Der Pluralismus ist sehr unterschiedlich stark je nach der *gesellschaftlichen Sphäre* entwickelt. Geht man von einer groben Dreiteilung der Bereiche in Produktionssphäre, Distributionssphäre und Legitimationssphäre aus, so gibt es kaum Pluralismus in der Produktionssphäre. Die herrschenden Gruppen sind sich einig darüber – trotz ihrer Konflikte in vielen anderen Bereichen –, daß der Status quo der Besitz- und Produktionssphäre aufrechterhalten werden muß. In der Verteilungssphäre hingegen herrscht ein reger pluralistischer Wettbewerb. Er betrifft allerdings überwiegend nur den jeweiligen Zuwachs. Radikale Umverteilungsmaßnahmen durch Sozialisierung oder Steuerpolitik passieren nur selten die Hürden der Vetogruppen im demokratischen Parlament. Daher ist selbst die Verteilungssphäre stark von bestehenden Machtkartellen geprägt. In der Legitimationssphäre gibt es ebenfalls einen gewissen Pluralismus, der relative heftige Konflikte in weltanschaulichen Randbereichen erzeugte (Kirche-Staat-Verhältnis, Erziehungs- und Bildungspolitik), der aber auch in Fragen der grundsätzlichen Erhaltung des Systems weniger Pluralismus als allzu große Einigkeit der vorherrschenden Gruppen und Parteien erzeugt. Zum Teil werden kleine Protestgruppen noch mit institutionellen Mitteln wie Wahlgesetze, Fünfprozentklauseln, Bestimmungen der Parteienfinanzierung und andere Maßnahmen behindert. Obwohl alle diese Einwände nicht ganz neu sind, war die Konzeption eines unreflektierten relativ altliberalen Gleichgewichtsmodells in der Pluralismustheorie der demokratischen Parteien und Theorien nach dem Zweiten Weltkrieg vorherrschend. Erst mit den schweren Systemkrisen, welche die westlichen Demokratien seit Mitte der sechziger Jahre durchmachten, und unter dem Druck weltweiter Protestbewegungen, wurde diesen Grundannahmen mehr als nur deklamatorische Antithesen eines bürokratischen Sozialismus entgegengehalten, der sich von den theoretischen Lähmungserscheinungen, die der Dogmatismus der Stalin-Zeit hinterlassen hatte, nur mühsam erholte. Die vorherrschende Pluralismustheorie wurde als »Schönwetterkonzept« des kapitalistischen Systems mit einer theoretischen Gegenkonzeption konfrontiert, die unterschiedliche Varianten des Marxismus zum Ausgangspunkt hatten. Ausgangspunkt für alle Pluralismuskritiker war die Erfahrung, daß die kapitalistischen Staaten immer stärker von ihren ursprünglichen Wertvorstellungen abrückten und nicht nur Planungskonzeptionen entwickelten, welche die traditionellen

137 R.-R. Grauhan: Modelle politischer Verwaltungsführung. Konstanz 1969.

wirtschaftlichen Freiheiten beschnitten, sondern mit zunehmender Verstrikkung ins Krisenmanagement auch den Grundbestand der Menschen- und Bürgerrechte immer stärker einengten. Die Legitimation durch hohe Verteilungskapzität wurde mit dem Ende des Schönwettersystems der Wiederaufbauphase nach dem Zweiten Weltkrieg fragwürdig, und die übrigen Integrationsfunktionen des Staates von der massiven Propaganda bis zur Repression wurden auch von westlichen Demokratien wieder stärker in den Aktionsradius staatlichen Handelns einbezogen.

c. Pluralismuskritik

Die Pluralismuskritik hatte unterschiedliche Ausgangspunkte und sah unterschiedliche Entwicklungsmöglichkeiten des pluralistischen Staates. Gemeinsam war allen Ansätzen die Vorstellung einer Depravation des kapitalistischen Systems, ein Prozeß zur Verhärtung und Verschlechterung, der als unabwendbar angesehen wurde, und der der frühbürgerlichen Evolution und Aufklärung entgegengesetzt zu sein schien. Es ist kein Zufall, daß gelegentlich von »Involution« bei diesem Prozeß gesprochen wurde (J. Agnoli)[138]. Diese Depravation konnte nach Ansicht der Kritiker möglicherweise im Faschismus enden, wofür in einigen Ländern das Anwachsen neofaschistischer Protestwählerstimmen einen Anhaltspunkt zu bieten schien. Realistischer waren jedoch andere Prognosen, die neue Formen eines konservativ-autoritären Systems als wahrscheinlicher ansahen als eine offen faschistische Entwicklung (107).

Die wichtigsten Ausprägungen der neomarxistischen Pluralismuskritik waren:
- Theorie der repressiven Toleranz
- Theorie der Machtelite und des militärisch-industriellen Komplexes
- Kritik der Verteilungs- und Sozialstaatlichkeit
- Theorie des staatsmonopolitischen Kapitalismus.

Theorie der repressiven Toleranz

Auf dem Höhepunkt der Protestbewegung hatte die Theorie der repressiven Toleranz zahlreiche Anhänger. Es war die Zeit der noch stark moralisierenden Protesthaltung, die einerseits unter den Erfahrungen von Viet-

138 J. Agnoli – P. Brückner: Die Transformation der Demokratie. Frankfurt/M. 1968.

nam und anderen imperialistischen Rückfällen in archaische Repressionspraktiken gekennzeichnet war, andererseits das Los der Unterprivilegierten, der Marginalen und der Ghettobewohner vor allem in den USA erstmals für eine breite Öffentlichkeit wieder ins Bewußtsein rückte. Diese Pluralismuskritik ging von der Hypothese aus, daß der Pluralismus zum Rechtfertigungskonzept der dominanten Herrschaftsinteressen herabgesunken sei. Die Toleranz, die dem pluralistischen Modell zugrunde liegt, hat für amerikanische Kritiker wie Robert P. Wolff und Herbert Marcuse ihre progressive Funktion eingebüßt, die sie in der frühen bürgerlichen Gesellschaft hatte, und schloß nunmehr im Spätkapitalismus auch Toleranz gegen das »radikal Böse« mit ein, und wurde damit zur Farce gegen Neofaschismus und Neoimperialismus.

Der stark moralisierende Anklagecharakter dieses kulturkritischen Ansatzes war in der weltweiten Protestbewegung von Einfluß, aber er war kaum an sozialwissenschaftlicher Verifizierung seiner Hypothesen durch Detailforschung interessiert, schon weil er die ökonomischen Aspekte der Depravation zugunsten psychologisierender Betrachtungsweise in der Kombination von Gedanken des jungen Marx und von Freud fast ganz außer acht ließ.

Theorie der Machtelite und des militärisch-industriellen Komplexes

Die Theorie der Machtelite bei C. W. Mills hatte zwar die herrschende Elite als in Gruppen strukturiert (Wirtschaft, Militär, Politik) aber dennoch überwiegend einheitlich handelnd gesehen. Obwohl Mills marxistische Verschwörungstheorien ablehnte und die Annahme einer schlichten Verschwörung von »Wallstreet« als vulgärmarxistisch verspottete, hatte die Gruppenanalyse bei ihm allenfalls den Charakter einer Hilfswissenschaft der Elitenforschung. Sie studierte die Kanäle und Institutionen, über die eine begrifflich vorher abgegrenzte und als gegeben angesehene Machtelite »unter anderem« handelt. Neben der Beschreibung der gemeinsamen Sozialisationsmuster und der ähnlichen ideologischen Neigungen der drei Elitensektoren spielten konkrete Einflußstudien für die Ausbreitung der These Mills kaum eine Rolle. Seine Beweisführung ist eher negativer Art. Da sich kaum Entscheidungen finden lassen, die sich gegen die Interessen von Antikommunismus und Machtausweitung des Militärs und der großen Korporationen finden lassen, wird daraus geschlossen, daß die Machtelite sich in den Entscheidungsprozessen jeweils durchgesetzt haben muß.

Die Theorie des militärisch-industriellen Komplexes war weit mehr der konkreten Einflußforschung verbunden, obwohl sie in ihrer Kritik wesentlich schärfer ausfiel als die Kritik der Machtelitentheoretiker von Mills bis Domhoff. Sie ging davon aus, daß die amerikanische Gesellschaft nicht einen militärisch-industriellen Komplex als Machtelitenkonglomerat *enthielt*, sondern ein militärisch-industrieller Komplex *sei* (92, S. 152), der eine große Anzahl von faktionellen Interessen in den Prozeß der Waffenproduktion und der ideologischen Legitimierung von Rüstung und Aggressionen einspannen konnte, für die im einzelnen durch eine wachsende Literatur empirische Belege gesammelt wurden. Dieser Ansatz hatte den Vorteil, die Erkenntnisse der neuauflebenden Imperialismusdiskussion für die Interessengruppenforschung nutzbar zu machen, langfristig jedoch den Nachteil, daß sie allzu einseitig von der kapitalistischen Supermacht USA in ihrer aggressivsten Phase während des Vietnamkriegs ausging, so daß ihre Ergebnisse für andere kapitalistische Länder weniger und möglicherweise auch für die USA nur für einen sehr begrenzten Zeitraum von aufschließender Kraft sind.

Kritik der Verteilungs- und Sozialstaatlichkeit

Die liberale Pluralismustheorie neigt dazu, die staatlichen Institutionen als politisch neutrale Bereiche anzusehen, die von unterschiedlichen – grundsätzlich im Gleichgewicht gedachten – politischen Kräften von außen beeinflußt werden. Damit wurde praktisch gegenüber jeder Kritik des Pluralismus unterstellt, daß die bestehenden Institutionen auch anderen Interessen dienstbar sein könnten als den zur Zeit vorherrschenden, eine Konzeption von Parlament und Regierung, welche die sozialdemokratischen Parteien ebenfalls übernahmen, je mehr sie vom Klassenkampfgedanken abrückten.

Von der marxistischen Pluralismuskritik wurde gerade diese Annahme als Illusion einer scharfen Kritik unterzogen. Sie bezweifelte, daß der Staat im Kapitalismus die Möglichkeit zu umfassender und bewußter Regulierung ökonomischer, sozialer und politischer Prozesse habe, und daß der Staat in seiner Steuerungskapazität auch nur in der Verteilungssphäre »souverän« sei (97, S. 4). Man konnte sich dabei auf eine Polemik von Marx gegen die Vorstellung berufen, »daß die Distribution als selbständige, unabhängige Sphäre neben der Produktion hause«. Die Unabhängigkeit der Distributionssphäre wurde als neue Form des Revisionismus, als »Politizismus« hingestellt, d. h., es wurden nach dieser Auffassung vor allem von den westeuropäischen Sozialdemokraten die politischen Möglichkeiten des Staates gegenüber den ökonomischen Gesetzen, die im Kapitalismus wirken, überschätzt. Diese Kritik versteht sich inhaltlich als Gegenpol zu den vorherrschenden Pluralismusvorstellungen, hat aber theoretisch eine Grundannahme mit ihnen gemeinsam, die Vorstellung der Determiniertheit der politischen Institutionen. Der einzige Unterschied besteht darin, daß unter kapitalistischen Verhältnissen von den Kritikern der »Sozialstaatsillusion« keine Möglichkeit gesehen wird, den Staat zum Instrument progressiver Sozialpolitik zu machen.

Theorie des staatsmonopolistischen Kapitalismus

Die kohärenteste Kritik am Pluralismus kapitalistischer Systeme – die jedoch diese Kohärenz mit dem Preis eines gewissen blutleeren Schematismus bezahlt hat – ist die in sozialistischen Staaten seit Lenin entwickelte Theorie des staatsmonopolistischen Kapitalismus – nicht selten in verkürzter Form als *Stamokap* zum ideologischen Gruppenetikett geworden. Dieser Ansatz geht davon aus, daß im Spätkapitalismus die Krisen und die Zuspitzung wachsender Widersprüche nur dadurch gemeistert werden können, daß der Staatsapparat selbst als zentrale gesellschaftliche Organisation aus der Abstraktion des bloß »ideellen Gesamtkapitalisten«, von dem Engels gesprochen hatte, heraustritt und direkt Aufgaben im Prozeß der Kapitalverwertung übernimmt. Dabei wird nicht mehr unterstellt, daß der Staat grundsätzlich im Interesse der am stärksten monopolisierten kapitalistischen Interessenten tätig wird. Es wird durchaus zugegeben, daß einzelne staatliche Entscheidungen auch gegen mächtige Kapitalisten ausfallen. Der Staat muß gelegentlich einzelne Profitinteressen beschneiden, um das Prinzip einer profitorientierten Wirtschaft in ihrem Systembestand wahren zu können. Auch kritische Analytiker kapitalistischer Staaten (114, S. 29; 108, S. 18) haben auf entscheidende Schwächen dieser Theorie aufmerksam gemacht. Einerseits überschätzt die Stamokaptheorie die Geschlossenheit der staatlichen Instanzen und andererseits unterschätzt sie die Gegensätze der einzelnen Kapitalfraktionen und überschätzt den Handlungsspielraum der Arbeiterorganisationen, deren Organisationseinfluß und Bündnisstrategien mit den Mitteln der Interessengruppenforschung untersucht werden müssen, wenn der beschworene politische Praxisbezug dieses theoretischen Ansatzes nicht zur ideologischen Legitimationsformel herabsinken soll. Zwar werden von Stamokaptheoretikern immer wieder Zugeständnisse an die Notwendigkeit der Untersuchung konkreter Einflußprozesse gemacht, und dabei wird das Wort »Interessengruppen« wenigstens in Anführungsstrichen schon benutzt: »Dieser Widerspruch zwischen der Monopolbourgeoisie und den anderen Schichten der kapitalistischen Bourgeoisie kompliziert sich durch Auseinandersetzungen, in denen sich ›Interessengruppen‹ und ›Strategien‹ der Monopole gegenüberstehen; der ›Bereich‹ einer jeden Gruppe wird vom Akkumulationsprozeß selbst ständig bedroht und in Frage gestellt. Diese Gegensätze und Interessenkämpfe auf nationaler und mehr und mehr auch auf internationaler Ebene äußern sich in der ständigen Aufteilung und Neuaufteilung der Einflußsphäre in sich unaufhörlich bildende und wieder zerfallende Koalitionen« (111, S. 342). Dennoch wird – wie auch marxistische Analytiker gelegentlich monieren (117, S. 205) – der Staat häufig gleichsam als »außerökonomische Potenz« neben oder über die wirtschaftlichen Prozesse gestellt und die Einheitlichkeit staatlichen Handelns einerseits überschätzt. Andererseits werden in einem voluntaristischen Vorgriff auf eine mögliche konfliktreiche Zukunft die Aussichten der Arbeiterklasse und ihrer Organisationen erstaunlich optimistisch angesehen (vgl. Imperialismus heute. Berlin-O. 1967, S. 781 ff.). Die Stamokap-Theoretiker der nach Moskau orientierten Parteien haben aus taktischen Gründen immer wieder eine antimonopolistische Gruppenpolitik befürwortet und selbst kleinbürgerlichen Gruppen gelegentlich Hoffnungen gemacht, vor denen Marx und Engels immer wieder gewarnt hatten (MEW Bd. 22, S. 502, S. 499), etwa wenn sie die »brutale Eliminierung der kleinen und mittleren Unternehmen« anprangern (111, S. 635). Einige Theoretiker des Stamokap scheinen hingegen – unter Rückgriff auf einige positive Bemerkungen Lenins über die Notwendigkeit des Staatsmonopolistischen Kapitalismus (LW 32, S. 342, LAW Bd. 2, S. 300, 790) als Zwischenstufe – dem Prozeß zur wachsenden Hegemonie der Monopole auch einige positive Seiten abgewinnen zu können: »Diese Prozesse liefern dem Kapitalismus ökonomische Waffen völlig neuen Typs, aber auch der demokratischen und revolutionären Bewegung. Und diese kann sie entscheidend gegen die Monopole wenden, wenn sie die Kontrolle des Staates übernimmt. Sie kann sie in den Dienst des Volkes stellen und zur Erbauung einer neuen Gesellschaft nutzen, zum revolutionären Übergang zum Sozialismus auf friedlichen Wegen.«[139] Diese Auffassung mit ihrem paradoxen Sprachge-

139 P. Boccara: Zum staatsmonopolistischen Kapitalismus. Sozialistische Politik. 1971, Nr. 11 (S. 7–21), S. 15.

brauch von »revolutionär« und »friedlich« zugleich – die an sprachliche Kunststücke Kautskys erinnern – wird jedoch im marxistischen Gruppenstreit erbittert als »revisionistisch« bekämpft. Für die empirische Gruppenanalyse und mögliche Veränderungsstrategien der Gruppen, welche die heutigen Spielregeln nicht mehr akzeptieren wollen, bietet diese Konzeption jedoch bessere Ansatzpunkte als eine revolutionstechnokratisch verengte Stamokap-Theorie, für welche die Revolution undiskutierte doktrinäre Prämisse ist, und wo an die Stelle empirischer Gesellschaftsanalyse nur noch eine Organisationsdebatte für eine revolutionäre Gruppe geführt wird, wie klein und aussichtslos ihre Bestrebungen auch immer sein mögen. Generell kann angesichts der heutigen Ausbreitung von globalen *Constraint*-Theorien mit ihren systemontologischen Grundannahmen gelten: Empirische Detailanalysen und Entscheidungsprozesse ohne theoretische Beachtung der generellen »constraints« kapitalistischer Systeme sind »blind«, allgemeine Constraint-Theorien ohne die Anschauung konkreter Einscheidungs- und Einflußanalysen aber bleiben »leer«.

d) Neuansätze zu einer kritischen Theorie der pluralistischen Systempolitik

Trotz dieser fundamentalkritischen Ansätze blieben die raschen Verschärfungen der Widersprüche des Systems aus. Im Gegenteil, die Lernfähigkeit des Systems zeigte sich in der Adaption neuer Varianten der Pluralismustheorie, welche Teile der Kritik verarbeitet hatte.

Die wichtigsten systemstabilisierenden Impulse gingen von dem Versuch aus, umfassende gesellschaftliche und wirtschaftliche Planung mit einer gewissen Autonomie der Subsysteme zu harmonisieren, und den Pluralismus durch Demokratisierung der Willensbildungs- und Planungsprozesse effektiver werden zu lassen.

Die wichtigsten Konzeptionen waren:
- Theorie der pluralistischen Systempolitik
- Theorien des Staatsinterventionismus.

Theorie der pluralistischen Systempolitik

Auch die positivistische Politikwissenschaft hat eingesehen, daß die pluralistische Interessenorganisation moderner kapitalistischer Demokratie zu »schleichender Immobilität« des gesamten Systems (K. Deutsch) führen kann[140]. Neuere Ansätze der Systemtheorie legen daher Wert auf eine »aktive Gesellschaft«, die ein Gleichgewicht von Steuerung durch das politische System und Autonomie der Subsysteme und gesellschaftlichen Gruppen anstrebt (A. Etzioni). Bewußte pluralistische Systempolitik versucht in einigen amerikanischen Theorien heute, die fragmentierte Struktur des Entscheidungsporzesses mit seinen Einzelentscheidungen nach dem Gießkannenprinzip zu durchbrechen. Die ältere Hypothese, daß eine pluralistische Demokratie, die nicht einer Gruppe ein Monopol auf die Definition des Gemeinwohls einräume, keine umfassende Gesellschaftsplanung realisieren könne, sondern nur die »science of muddling through« (Charles Lindblom)[141], eine Technik des Fortwurstelns und der vorübergehenden Harmonisierung einander entgegengesetzter Interessen, wurde als gefährlich für den Bestand des Systems erkannt, da es auf diese Weise zu durchgreifenden Reformen nicht befähigt wird. Die älteren Pluralisten beschränkten sich auf Inputstudien, weil sie von der Gerechtigkeit des politischen Prozesses überzeugt waren, und kümmerten sich kaum um den Output. Es ist kein Zufall, daß Lasswells Ruf nach output-orientierten Analysen materieller Politik (*policy sciences*) unter der Vorherrschaft der gruppenpluralistischen Theorien ungehört verhallte. Wichtige Impulse zur Umorientierung für eine rational-komprehensive Systempolitik kamen von der Indikatorenbewegung, der Systemtheorie und von den Ökonomen, die bei ihren Modellen eines unvollkommenen Marktes schon früher an der Gerechtigkeit des politischen Marktmodells zu zweifeln gelernt hatten. Während die Pluralisten in ihrer Laisser-faire-Periode verharrten (93, S. 144) sahen einige Ökonomen das Problem der »externen Kosten«, die in einem pluralistischen politischen Prozeß meist den Massen der Unterprivilegierten aufgebürdet wurden, während ihre Verursacher unter den privilegierten Interessen zunächst nur die Vorteile in ihren Profiten zu spüren bekamen. Die Theoretiker einer wieder normativ auf das gesellschaftliche Ganze orientierten Systempolitik nahmen keinen Anstoß – wie Christian Bay es einmal formulierte – an einer pluralistischen Gesellschaft, sondern an der üblichen gedankenlosen bürgerlichen Pluralismustheorie, die sich nur schwer – wie Ernst Fraenkel es in den späteren Auflagen seiner Aufsätze zum Pluralismus tat – von der Vorstellung trennen konnten, daß sich soziale Symmetrie und Harmonie als Resultate aus den Gruppenkonflik-

140 K. W. Deutsch: Politics and Government. Boston 1970, S. 54.

141 Ch. E. Lindblom: The Science of Muddling Through. In: R. T. Golembiewski u. a. (Hrsg.): Public Administration. Chicago 1966, S. 293–304.

ten herstellen könne. Gerade weil die Anhänger einer Systempolitik keine Gegner eines echten Pluralismus waren, stießen sie jedoch auf das Grunddilemma, das auch sozialistische Demokratien bisher nicht zufriedenstellend gelöst haben, nämlich auf die Vereinbarkeit von Pluralismus und Planung. Pluralismus wird dabei zunehmend als die Möglichkeit der Mitwirkung bei der Planung verstanden, nicht als Möglichkeit wie im älteren Liberalismus, daß Einzelinteressen ihr Veto einlegen und in regionaler Form (als Vetogruppe in einem Interessenverband) Planungswiderstände aufbauen oder die Implementierung von staatlicher Planung durch Obstruktionspolitik verhindern.

Dies wirft die Frage nach der Möglichkeit auf, Systempolitik und notfalls systemverändernde Politik zu treiben, obwohl jede Planung in westlichen Demokratien aufgrund der ökonomischen Basis der Systeme rasch an die Grenzen selbst für den gutwilligsten Planer stößt. Die meisten westlichen Demokratien realisierten bisher die eine oder andere Variante parametrischer Planung. Die Steuerung durch den Staat wird so vorgenommen, daß der Staat über einzelne Maßnahmen wie Haushaltspolitik, Kreditpolitik, Finanzpolitik, Steuerpolitik, Daten und Richtlinien setzt, die auf die Akteure des kapitalistischen Marktes (Investoren und Konsumenten) verhaltenssteuernd wirken. Hingegen werden auf direkte Eingriffe des Staates in die Gesellschaft und ihre Subsysteme weitgehend verzichtet. Diesem Typ von Planung fehlt es jedoch an Abstimmung von Programmplanung und Ressourcenplanung, die bei der jeweiligen Haushaltsaufstellung – trotz des Bemühens um eine mehrjährige Finanzplanung – auf Grund veralteter Kabinetts- und Ressortstrukturen und einer eingefahrenen Budgetpolitik immer wieder ziemlich unvollkommen ad hoc zu leisten versucht wird. Auch fehlt es dem Staat bisher an einer hinreichenden Analysekapazität. In einer freien Marktwirtschaft ist es bereits nicht ganz einfach, die nötigen Daten von den Betrieben zu erhalten. Parametrische Planung kommt über die »Planung von Marktresultaten« nicht hinaus, und ihre Steuerungsleistung ist weitgehend abhängig vom Wirtschaftswachstum, das gerade erst durch Planung sichergestellt werden soll. Es wird daher heute in der Theorie zunehmend nach umfassender Planung der gesellschaftlichen Produktions- und Reproduktionsbedingungen verlangt (114, S. 14 ff.), wobei jedoch umstritten ist, ob diese unter kapitalistischen Verwertungsbedingungen erreichbar ist.

Während die Vorschläge zur Systempolitik meist von einem systemtheoretischen Ansatz her entwickelt werden – wobei sich in der theoretischen Literatur der Trend abzeichnet, funktional-strukturelle Theorien mit politökonomischen Strukturanalysen zu verbinden, – kommen Staatsinterventionismus-Theorien meist von der dialektisch-kritischen Theorie her und wählen einen politökonomischen Ansatz. Das politisch-administrative System wird dabei jedoch nicht mehr in klarer Abhängigkeit von der ökonomischen Basis gesehen, wie beim orthodoxen Marxismus der Stamokap-Variante. Politik kann unter bestimmten Umständen auf Grund wachsender Ausdehnung der Staatstätigkeit, auf Grund von Planung und zunehmender Verteilungspolitik zur Sicherung der Massenloyalität den Vorrang im Gesamtsystem erhalten.

Staatsinterventionistische Theorieansätze nehmen kein klares Über- und Unterordnungsverhältnis zwischen Politik und Ökonomie an, sondern weisen auf Strukturanalogien zwischen Staat und Ökonomie hin. Der Staat ist dem Kapital analog organisiert, aber zugleich ein Machtzentrum, das den partikularen und begrenzten Interessen einzelner wirtschaftlicher Interessenten und Verbände als eine hoheitlich-fremde und beaufsichtigende Macht gegenübertritt. Der Staatsapparat muß nach dieser Auffassung bestimmte Selektionsleistungen erbringen, um als kapitalistischer Staat zu fungieren. Diese Theorie unterschätzt weniger als die Stamokap-Theorie die Schwierigkeiten des Staates, aus den kurzfristigen einander widerstreitenden und von vielen Gruppen unzureichend artikulierten und organisierten Interessen der pluralistischen Einflußpolitik ein Gesamtinteresse herauszubilden, das man mit Recht als ein »Klasseninteresse« bezeichnen könnte. Der Staat wirkt also wie eine Art Filtersystem zur Einengung des Möglichkeitsspielraums und zum Schutz der mächtigsten Interessen in der Gesellschaft.

Kritiker werfen diesem Ansatz vor, daß er damit den Staat nicht mehr als fiktiven ideellen Gesamtkapitalisten ansieht wie der Marxismus, sondern schon als eine Art »reellen Gesamtkapitalisten«. Dabei taucht ein Widerspruch auf zwischen den ökonomischen Funktionen der planenden Staatsintervention in der Produktions- und Distributionssphäre und der von Offe und anderen zugegebenen Hauptfunktion der Staatsintervention, nämlich der Legitimationsbeschaffung und der Sicherung von Massenloyalität (110, S. 27 ff.). Enthielt die Theorie des Staatsinterventionismus auf diese Weise einige innere Inkonsequenzen, so ist sie doch noch immer nicht schlecht geeignet, die Realität der pluralistischen Entwicklung in westlichen Demokratien zu beschreiben, da sie überzeugend aufzeigt, warum es kapitalistischen Staaten trotz wachsender Kritik durch linke Theorien und Gruppen immer wieder gelingt, zwar nicht die Widersprüche und Krisen des Systems auf die Dauer zu bannen, sie jedoch soweit in den Griff zu bekommen, daß die Krisenursachen sich nicht kumulieren, und die Konflikte zwischen pluralistisch divergierenden Interessen sich nicht zu einem dichotomischen Klassenkonflikt verschärfen, in der die Polarisierung zur klaren Abgrenzung zweier Lager und zur Kündigung der Massenloyalität gegenüber dem Staat führt. Die nicht ganz konsistenten Theorien sind der Fragmentierung des Forschungsgegenstandes meist besser angemessen als der »strukturale Superdeterminismus« (100, S. 214), der sich bei ihren linken Gegner, gelegentlich zeigt. Haben die weitreichenderen und radikaleren Theorien aus einem Guß die größere bestechende Kraft in den Augen der Systemveränderer für sich, so haben die anderen größere Relevanz in den tatsächlichen systempolitischen Auseinandersetzungen, solange es nicht zu einer wirklich umfassenden Krise des Systems kapitalistischer Staaten kommt.

e) Sozialismus und Pluralismus

In der Pluralismusdiskussion haben sich die Fronten heute gleichsam um 180 Grad gedreht. In der Zeit des »Kalten Krieges« wurden sozialistische Gesellschaften überwiegend mit Totalitarismus-Modellen interpretiert. Totalitarismus und Pluralismus schlossen sich dabei aus. In dem neuen Pluralismus der siebziger Jahre sind auch Nichtmarxisten immer stärker dazu übergegangen, Sozialismus und Pluralismus nicht nur als vereinbare, sondern einander sogar voraussetzende Prinzipien anzusehen. Auch die marxistische Soziologie in sozialistischen Ländern selbst rückt zunehmend davon ab, die sozialistische Gesellschaft dogmatisch als konfliktlose Gesellschaft zu definieren. Sowjetische Autoren räumen die Möglichkeit von Konflikten in sozialistischen Gesellschaften ein. Beim Übergang vom Sozialismus zum Kommunismus hofft man jedoch auf das Verschwinden auch der »abstrakten Möglichkeit der Konflikte« (356, S. 103). Schon für den Sozialismus hilft man sich seit Stalin mit dem Begriff der »nichtantagonistischen Widersprüche«. Toleranter gegen den Fortbestand von Widersprüchen ist der Maoismus, was einige Philosophen damit zu erklären versuchten, daß es in der chinesischen Denktradition kaum eschatologische Endzeiterwartungen gegeben habe wie im christlich-vorderorientalischen Kulturkreis[142]. Mao erklärte dazu: »Widersprüche leugnen heißt aber die Dialektik verleugnen ... Auch die Entwicklung der sozialistischen Gesellschaft schreitet durch den Widerspruch zwischen den Produktivkräften und den Produktionsverhältnissen fort. In der sozialistischen und kommunistischen Gesellschaft werden Erscheinungen wie technische Reformen und Reform des gesellschaftlichen Systems notwendigerweise weiter auftreten, da sonst die Entwicklung der Gesellschaft zum Stillstand käme.«[143]

Vor allem in der polnischen Soziologie hat man auch die realen Konflikte in sozialistischen Systemen untersucht (Szczepanski, Wiatr) und westliche Forscher arbeiten zunehmend mit westlichen Pluralismus- und Interessengruppenmodellen auch für sozialistische Systeme (360). Die marxistische Dogmatik sozialistischer Systeme hat – mit Ausnahme Jugoslawiens (339) – jedoch bisher nicht auf den Anspruch der kommunistischen Partei auf die Definition des Gemeinwohls verzichten können und den übrigen Interessengruppen gegenüber der führenden KP nur eine subsidiäre Funktion der Interessenartikulation und -organisation zubilligen wollen. Während kapitalistische Staaten meist den Pluralismus überbetonten und damit die umfassende Planung von Gesellschaft und Wirtschaft als Problem nicht lösten, haben sozialistische Staaten zwar die Planungsfrage gelöst, jedoch den Pluralismus soweit beschränkt, daß auch die demokratischen Postulate des Sozialismus gefährdet waren.

Sozialismus und Pluralismus schließen einander jedoch keineswegs aus, wie in der Zeit des Kalten Krieges meist unterstellt wurde. Allenfalls das Prinzip des demokratischen Zentralismus ist mit Pluralismus kaum vereinbar, weil zwar umfassende Diskussion auf allen Ebenen möglich gemacht wird, jedoch die Entscheidung letztlich bei der Zentrale liegt und für die Subsysteme verbindlich ist. Die rätedemokratische Konzeption des Sozialismus hingegen ist bis heute pluralistisch gesonnen. Sie ist nicht einmal notwendigerweise mit einem Einparteienstaat gekoppelt, sondern bereit, ein Mehrparteiensystem für alle die Gruppen zuzulassen, die auf dem Boden des Sozialismus stehen. Eine solche Konzeption hat keinen eingeschränkteren Pluralismus zur Folge als das Prinzip der »wehrhaften De-

142 H. H. Holz: Widerspruch in China. München 1970.

143 St. R. Schram: Das Mao-System. Die Schriften von Mao Tse-Tung. München 1972, S. 267.

mokratie« westlicher Systeme nach dem Zweiten Weltkrieg, welche die politischen Rechte nur für verfassungstreue und systemkonforme Gruppen einräumten.

Einige Theoretiker haben die Auffassung vertreten, daß der Sozialismus mit dem Pluralismus nicht nur vereinbar sei, sondern daß der Sozialismus sogar als notwendige Vorbedingung eines wirklich dialogischen Pluralismus angesehen werden müsse. »Herrschaftsfreie« Beziehungen zwischen den Gruppen mit unterschiedlicher funktionaler Stellung kann es nach dieser Auffassung erst nach Aufhebung der Klassen in der sozialistischen Gesellschaft geben, weil erst dann die gleichen Startbedingungen für alle Gruppen gegeben sind, die im Kapitalismus fehlen, weil die Produktionsmittelbesitzer einen Machtvorsprung vor den Organisationen der Arbeiter und anderer lohnabhängiger Gruppen besitzen. Allerdings schließt diese Konzeption auch den Verzicht der Kommunistischen Partei auf ein ideologisches Monopol ein. Italienische sozialistische Pluralismustheoretiker wie Lombardo-Radice verlangen daher eine marxistische Wiedergewinnung des »liberalen« Begriffs des bekenntnislosen laizistischen Staates (362, S. 89 ff).

Mit Wachsen des Polyzentrismus im sozialistischen Lager wuchs die Bereitschaft der Anerkennung unterschiedlicher Wege zum Sozialismus. Zwischen der Sowjetunion und der VR China herrscht zwar noch ein scharfer ideologischer Kampf, aber grundsätzlich sind beide Seiten bereit, anzuerkennen, daß die beiden Länder angesichts der unterschiedlichen Entwicklungsstadien, in denen sie sich bei Vollendung der Revolution befanden, nicht den gleichen Weg zum Sozialismus wählen können. Die Sowjetunion hat sich sogar widerstrebend dazu bereitgefunden, den jugoslawischen Weg zum Sozialismus bei aller Detailkritik an einzelnen Einrichtungen (syndikalistisches Mitbestimmungsmodell) seit 1962 als sozialistisch anzuerkennen. Es wächst die Forderung nach »Pluralismus der Modelle« des Sozialismus[144]. Während einige Marxisten sich nicht scheuen, daß von der liberal-demokratischen Theorie geprägte Wort »Pluralismus« zu benutzen, sind andere skeptisch, und versuchen, die neue Qualität eines sozialistischen Pluralismus auch terminologisch herauszustellen. Für einige Wissenschaftler ist der Pluralismus jedoch nicht eindeutig mit dem Zeitalter des Liberalismus identifiziert, sondern eher eine Art Zwischenstadium zwischen dem Liberalismus – einer Epoche, in der die staatlichen Entschei-

144 O. Šik: Der dritte Weg. Die marxistische-leninistische Theorie und die moderne Industriegesellschaft. Hamburg 1972; R. Garaudy: Die Alternative. Ein neues Modell der Gesellschaft jenseits von Kapitalismus und Kommunismus. Wien 1973.

dungen einseitiges Diktat der Produktionsmittelbesitzer waren – und dem Sozialismus, in dem vollständige Selbstbestimmung aller Produzenten verwirklicht werden soll, und daher Pluralismus als Begriff mit den ihn erzeugenden sozialen Umständen – nämlich antagonistischen Konflikten einer Klassengesellschaft – aufgehoben werden (105, S. 104). Für solche Klassifikationen der allgemeinen Stadien einer möglichen Entwicklung des Pluralismus erscheint es jedoch noch zu früh, solange auch im Sozialismus die Autonomie der gesellschaftlichen Kräfte und Gruppen mit der Notwendigkeit zentraler imperativer Planung noch nirgends auf überzeugende Weise gelungen ist. Bisher hat entweder die Verbindlichkeit des zentralen Plans unter dem Pluralismus der Arbeiterräte gelitten, die zum Teil eine relativ enge betriebsbezogene Unternehmenspolitik ohne Rücksicht auf den gesamtwirtschaftlichen Aspekt trieben (wie im Fall Jugoslawiens), oder die Autonomie der gesellschaftlichen Kräfte und die Ansätze zu einem sozialistischen Pluralismus sind vom Prinzip des »demokratischen Zentralismus« erstickt worden. Die Tatsache, daß bisher nur die leninistische Variante sozialistischer Vorstellungen sich historisch durchsetzte und keineswegs zufälligerweise in Ländern mit starkem Entwicklungsdefizit – kann jedoch die theoretische Möglichkeit, Sozialismus und Pluralismus zu vereinen, nicht falsifizieren. Es ist unwahrscheinlich, daß moderne Demokratien, die auf allen Gebieten ungerechtfertigte Disparitäten abzubauen versuchen, ausgerechnet die folgenschwerste Ungleichheit – die Trennung von Kapital und Arbeit – aufrechterhalten wird, schon weil eine Reihe von sonstigen Zielen wie die Demokratisierung aller gesellschaftlichen Subsysteme und Organisationen auf enge Grenzen stößt, wenn die Vormachtstellung des Produktionsmittelbesitzes erhalten bleibt. Die bestehenden sozialistischen Gesellschaften, aber auch die denkbaren Modelle antikapitalistischer Strukturreformen machen es unwahrscheinlich, daß selbst nach Abschaffung des Grundkonflikts ein vollkommener Pluralismus entsteht. Die Möglichkeiten, einen echteren Pluralismus mit mehr als nur formaler Gleichheit der Chancen für alle Gruppen zu schaffen, sind jedoch in einem demokratischen Sozialismus weit stärker vorhanden als selbst im demokratischsten System mit kapitalistischer Wirtschaftsform.

Bibliographie

THEORIE DER INTERESSENGRUPPEN UND DES PLURALISMUS

1) O. GIERKE: Das Wesen der menschlichen Verbände. (Rektoratsrede) Berlin 1902.
2) A. GRABOWSKY: Der Sozialimperialismus als letzte Etappe des Imperialismus. Basel 1939.
3) A. F. BENTLEY: The Process of Government. A Study of Social Pressure. Bloomington 1908, ²1949.
4) E. LATHAM: The Group Basis of Politics. New York 1952.
5) D. STERNBERGER: Der Staat der Gegenwart und die wirtschaftlichen und außerwirtschaftlichen Interessengruppen. Kölner Z. f. Soz., 1952/53, S. 204–214.
6) R. A. DAHL – CH. E. LINDBLOM: Politics, Economics and Welfare. New York 1953 (Paperback 1963).
7) J. H. KAISER: Repräsentation organisierter Interessen. Berlin 1954.
8) J. LA PALOMBARA: The Political Role of Organized Labor in Western Europe. Journal of Politics, 1955, S. 59–81.
9) W. J. M. MACKENZIE: Pressure groups: The »conceptual« framework. Political Studies, 1955, S. 247–255.
10) H. PROESLER – K. BEER: Die Gruppe – the group – le groupe. Systematik soziologischer Grundbegriffe. Berlin 1955.
11) W. BEUTLER – J. STEIN – H. WAGNER: Der Staat und die Verbände. Gespräch veranstaltet vom Bundesverband der deutschen Industrie. Heidelberg 1957.
12) F. BONILLA: When is petition pressure? Public opinion quart., No. 1, 1957, S. 39–48.
13) S. J. ELDERSVELD (Hrsg.): The Comparative Study of European pressure groups. Ann Arbor 1957 (hektogr. Konferenzbericht).
14) F. J. SORAUF: The Public Interest Reconsidered. Journal of Politics, 1957, S. 616–639.
15) H. TEBBERT: Das Problem der berufsständischen Mitwirkung an der Gesetzgebung. Diss. Freiburg 1957.
16) J. WERNER: Die Wirtschaftsverbände in der Marktwirtschaft. Zürich/St. Gallen 1957.

17) C. W. CASSINELLI: Some Reflections on the Concept of the Public Interest. Ethics, Okt. 1958, S. 48–61.
18) H. HUBER: Staat und Verbände. Tübingen 1958.
19) F. ONOFRI: Gruppi di pressione e regime parlamentare. Tempi Moderni, Aug./Sept. 1958, S. 319–351.
20) Syndicalism, Corporativism, Interest Groups and Democracy. Les Cahiers de Bruges, III–IV, 1958.
21) B. C. COHEN: The Influence of Non-Governmental Groups on Foreign Policy Making. New York 1959.
22) E. GROCHLA: Betriebsverband und Verbandbetrieb. Wesen, Formen und Organisation der Verbände aus betriebswirtschaftlicher Sicht. Berlin 1959.
23) W. A. R. LEYS – C. M. PERRY: Philosophy and the Public Interest. New York 1959.
24) G. SARTORI: Gruppi di pressione o gruppi di interesse. Il Mulino, Jan. 1959, S. 7–42.
25) L. C. WEBB: Legal Personality and Political Pluralism. Melbourne/New York 1959.
26) O. BÖNI: Klassen- oder Gruppeninteressen? Rote Revue, Juli 1960, S. 210–212.
27) R. BREITLING: Die zentralen Begriffe der Verbandsforschung. Pol. Vierteljahrsschr., 1960, S. 47–73.
28) R. E. DOWLING: Pressure Group Theory: Its Methodological Range. APSR 1960, S. 944–954.
29) ST. EHRLICH: Grupy interesów a niektóre burzuazyjne demokracje. Studia socjologiczno-polityczne, 1960, Nr. 6, S. 7–29.
30) H. W. EHRMAN: Interest groups on four continents. Pittsburgh 1960.
31) C. FALCONI: La chiesa e le organizzazioni cattoliche in Europa. Mailand 1960.
32) R. T. GOLEMBIEWSKI: The Group Basis of Politics: Notes on Analysis and Development. APSR, 1960, S. 962–971.
33) M. Q. HALE: The Cosmology of Arthur F. Bentley. APSR, 1960, S. 955–961.
34) U. HIMMELSTRAND: Social Pressures, Attitudes and Democratic Processes. Stockholm 1960.
35) J. LA PALOMBARA: The utility and limitations of interest group theory in non-American field situations. Journal of Politics, Febr. 1960, S. 29–49.
36) G. SCHUBERT: The Public Interest. Glencoe/Ill. 1960.
37) R. ZARISKI: Party Factions and Comparative Politics. Some Preliminary Observations. Midwest Journal of Political Science, 1960, S. 27–51.
38) H. W. EHRMANN: Les groupes d'intérêt et la bureaucratie dans les démocraties occidentales. Revue française de science politique, Sept. 1961, S. 541–568.
39) V. E. GULIEV: Nesostojatel'nost' buržuaznych idej o »pljuralističeskoj demokratii«. Sovetskoe gosudarstvo i pravo, 1961, No. 8, S. 83–94.
40) J. MESSNER: Der Funktionär. Seine Schlüsselstellung in der heutigen Gesellschaft. Innsbruck/Wien/München 1961.
41) S. VERBA: Small groups and political behavior. Princeton 1961.
42) W. WESOLOWSKI: Marksistowska teoria panowania klasowego a teoria władzy grup interesów. Kultura i społeczeństwo, 1961, No. 1, S. 67–105.

43) J. Wössner: Die ordnungspolitische Bedeutung des Verbandswesens. Tübingen 1961.
44) E. Bardey: Die Wahrheit über die Verbände. Düsseldorf 1962.
45) C. J. Friedrich (Hrsg.): The Public Interest. New York 1962.
46) M. Hättich: Parlament und Verbände. Civitas, 1962, S. 143–160.
47) J. Messner: Das Gemeinwohl. Osnabrück 1962.
48) N. J. Smelser: Theory of Collective Behavior. London 1962.
49) G. A. Almond: A Comparative Study of Interest Groups and the Political Process. In: H. Eckstein – D. E. Apter (Hrsg.): Comparative Politics. New York/London 1963, S. 397–408.
50) H.-J. Arndt: Politik und Sachverstand im Kreditwährungswesen. Die verfassungsstaatlichen Gewalten und die Funktion von Zentralbanken. Berlin 1963.
51) St. Ehrlich: Les groupes de pression et la structure politique du capitalisme. Revue française de science pol., 1963, No. 1, S. 25–43.
52) Th. Eschenburg: Herrschaft der Verbände? Stuttgart [2]1963.
53) K.-O. Hondrich: Die Ideologien von Interessenverbänden. Berlin 1963.
54) R. Krisam: Die Beteiligung der Arbeitnehmer an der öffentlichen Gewalt. Ideen und Wirklichkeit der Arbeitnehmerkammern sowie der Wirtschafts- und Sozialräte in Europa. Leiden 1963.
55) J. La Palombara: The Utility and Limitations of Interest Group Theory in Non-American Field Situations. In: H. Eckstein – D. E. Apter (Hrsg.): Comparative Politics. New York/London 1963, S. 421–432.
56) J. Meynaud: La révolte paysanne. Paris 1963.
57) W. Abendroth: Innerparteiliche und innerverbandliche Demokratie als Voraussetzung der politischen Demokratie. PVS, 1964, S. 307–338.
58) M. Banaschek: Die Macht der Verbände. Organisationen und Methoden staatsmonopolistischer Machtausübung und Massenverführung. Berlin (O.) 1964.
59) E. N. Buchholz: Interessen, Gruppen, Interessengruppen. Elemente einer wirtschaftssoziologischen Organisationslehre. Diss. Tübingen 1964.
60) L. Coser: The Functions of Social Conflict. Glencoe 1956, 1964.
61) H. Eckstein (Hrsg.): Internal War. Problems and Approaches. New York/London 1964.
62) L. Meynaud: Les consommateurs et le pouvoir. Lausanne 1964.
63) D. G. Smith: Pragmatism and the Group Theory of Politics. APSR, 1964, S. 600–610.
64) H. Thery: Les groupes sociaux: forces vives? Paris 1964.
65) B. Benedict: The Problem of a plural society. New York 1965.
66) P. Hartmann: Interessenpluralismus und politische Entscheidung. Heidelberg/Löwen 1965.
67) J. Meynaud: Les groupes de pression. Paris [3]1965.
68) M. Olson: The Logic of Collective Action. Public Goods and the Theory of Groups. Cambridge/Mass. 1965.
69) H. Schneider: Die Interessenverbände. München/Wien 1965.
70) D. Wood: The parliamentary lobby. Pol. Quart., 1965, S. 309–322.
71) G. Almond – G. B. Powell jr.: Interest Articulation. Interest Aggregation.

Kap. 4 u. 5 in: Comparative Politics. A Developmental Approach. Boston 1966, S. 73–127.
72) CH. BELLSTEDT: Die Steuer als Instrument der Politik. Eine vergleichende Untersuchung der Steuerpolitik in den USA und Deutschland. Berlin 1966.
73) ST. EHRLICH: Die Macht der Minderheit. Wien/Zürich 1966 (poln.: Grupy nacisku. Warschau 1962).
74) R. E. FLATHMAN: The Public Interest. New York/London 1966.
75) H. HÜRTEN (Hrsg.): Organisierte Interessen in Europa. Osnabrück 1966.
76) O. ŠIK: Ökonomie, Interessen, Politik. Berlin (O.) 1966 (aus dem Tschech.).
77) F. G. CASTLES: Pressure Groups and Political Culture. New York/London 1967.
78) ST. EHRLICH: Władza i interesy. Studium strukturzy politycznej kapitalizmu. Warschau 1967.
79) O. KIRCHHEIMER: Privatmensch und Gesellschaft. In: Politische Herrschaft. Fünf Beiträge zur Lehre vom Staat. Frankfurt/M. 1967, S. 92–121.
80) K. LEFRINGHAUS: Interessengruppen als Problem politischer Ethik. Berlin 1967.
81) H. MARCUSE: Repressive Toleranz. In: R. P. Wolff u. a.: Kritik der reinen Toleranz. Frankfurt/M. 1967, S. 91–128.
82) K. VON BEYME: Gesellschaftliche Organisationen – Interessengruppen – Verbände. Sowjetsystem und Demokratische Gesellschaft. Freiburg 1968, Bd. II, S. 972–1000.
83) J. ISENSEE: Subsidiaritätsprinzip und Verfassungsrecht. Eine Studie über das Regulativ des Verhältnisses von Staat und Gesellschaft. Berlin 1968.
84) L. W. MILBRATH: Lobbying. The Encyclopedia of the Social Sciences, Bd. IX. New York 1968, S. 440–446.
85) B. L. R. SMITH: The Politics of Protest: How Effective is Violence? In: R. H. Connery (ed.): Urban Riots. Violence and Social Change. Proceedings of the Academy of Political Science, Vol. XXIX, No. 1. New York 1968, S. 111–128.
86) D. B. TRUMAN: Political Group Analysis. The Encyclopedia of the Social Sciences, Bd. XII. New York 1968, S. 241–245.
87) E. H. BUCHHOLZ: Die Wirtschaftsverbände in der Wirtschaftsgesellschaft. Eine Analyse ihres Dispositions-, Ordnungs- und Selbsthilfesystems als Beitrag zu einer Theorie der Wirtschaftsverbände. Tübingen 1969.
88) W. HIRSCH-WEBER: Politik als Interessenkonflikt. Stuttgart 1969 (hauptsächlich über A. F. Bentley).
89) O. MASSING: Parteien und Verbände als Faktoren des politischen Prozesses. In: G. Kress – D. Senghaas (Hrsg.): Politikwissenschaft. Eine Einführung in ihre Probleme. Frankfurt/M. 1969, S. 324–367.
90) F. NASCHOLD: Organisation und Demokratie. Stuttgart 1969.
91) W. E. CONNOLLY (Hrsg.): The Bias of Pluralism. New York 1969.
92) M. PILISUK – TH. HAYDEN: Is there a Military-Industrial-Complex which prevents Peace? Consensus and Countervailing Power in Pluralistic Systems. In: W. E. CONNOLLY (Hrsg.): The Bias of Pluralism. New York 1969, S. 123–155.
93) C. SCHICK: System Politics and Systems Budgeting. Public Administration Review 1969, S. 137–151.
94) TH. LOWI: The End of Liberalism. Ideology, Policy and the Crisis of Public Authority. New York 1969.

95) W.-D. Narr: Pluralistische Gesellschaft. Hannover 1969.
96) K. O. Hondrich: Wirtschaftliche Entwicklung, soziale Konflikte und politische Freiheiten. Frankfurt/M. 1970.
97) W. Müller – Ch. Neusüss: Die Sozialstaatsillusion und der Widerspruch von Lohnarbeit und Kapital. Sozialistische Politik, 1970, Nr. 6–7, S. 4–67.
98) D. Albers – W. Goldschmidt – P. Oehlke: Klassenkämpfe in Westeuropa. England, Frankreich, Italien. Reinbek 1971.
99) N. Poulantzas: Das Problem des kapitalistischen Staates. Kritische Justiz, 1971, Nr. 2, S. 201–209.
100) R. Miliband: Der kapitalistische Staat: Antwort an Nicos Poulantzas. Kritische Justiz, 1971, Nr. 2, S. 210–226.
101) V. Ronge – G. Schmieg (Hrsg.): Politische Planung in Theorie und Praxis. München 1971.
102) R. Steinberg: Pluralismus und öffentliches Interesse als Problem der amerikanischen und deutschen Verbandslehre. Archiv des öffentlichen Rechts, 1971, S. 465–505.
103) B.-O. Bryde: Zentrale wirtschaftspolitische Beratungsgremien in der parlamentarischen Verfassungsordnung. Hamburg 1972.
104) B. Badura: Bedürfnisstruktur und politisches System. Stuttgart 1972.
105) R. Eisfeld: Pluralismus zwischen Liberalismus und Sozialismus. Stuttgart 1972.
106) E. Mandel: Der Spätkapitalismus. Frankfurt/M. 1972.
107) R. Miliband: Der Staat in der kapitalistischen Gesellschaft. Frankfurt/M. 1972.
108) W.-D. Narr: Notizen zur Frage der Autonomie des politischen Systems. Österreichische Zeitschrift für Politikwissenschaft, 1972, Nr. 2, S. 5–21.
109) F. Nuscheler – W. Steffani (Hrsg.): Pluralismus. Konzeptionen und Kontroversen. München 1972.
110) C. Offe: Strukturprobleme des kapitalistischen Staates. Aufsätze zur politischen Soziologie. Frankfurt/M. 1972.
111) Der staatsmonopolistische Kapitalismus. Frankfurt/M. 1972.
112) J. Habermas: Legitimationsprobleme im Spätkapitalismus. Frankfurt/M. 1973.
113) M. Jänicke (Hrsg.): Herrschaft und Krise. Opladen 1973.
114) F. Naschold – W. Väth (Hrsg.): Politische Planungssysteme. Opladen 1973.
115) F. Scharpf: Planung als politischer Prozeß. In: F. Naschold – W. Väth (Hrsg.): Politische Planungssysteme. Opladen 1973, S. 167–202.
116) R. Steinberg: Die Interessenverbände in der Verfassungsordnung. PVS 1973, S. 27–65.
117) C. von Braunmühl – K. Funken – M. Cogogy – J. Hirsch: Probleme einer materialistischen Staatstheorie. Frankfurt/M. 1973.

Interessengruppen in einzelnen Ländern

Belgien

118) J. Meynaud u. a.: La décision politique en Belgique. Le pouvoir et les groupes. Paris 1965.
119) P. H. Claeys: Groupes de pression en Belgique. Brüssel 1973.

Deutschland:
120) H. GROSS: Unternehmer in der Politik. Düsseldorf 1954.
121) R. BREITLING: Die Verbände in der Bundesrepublik. Meisenheim 1955.
122) TH. ESCHENBURG: Staatsautorität und Gruppenegoismus. Düsseldorf 1955.
123) G. PAPPERITZ: Geschichte und Problematik des Reichswirtschaftsrates. Diss. Mainz 1956.
124) O. K. FLECHTHEIM: Parteien und Organisationen in der Bundesrepublik. Gewerkschaftl. Monatshefte, 1957, S. 259–265.
125) W. HIRSCH-WEBER: Gewerkschaften in der Politik. Köln/Opladen 1958.
126) L. SCHOMERUS: Die organisatorische Eingliederung der Interessenverbände in die Bundesverwaltung. Diss. Heidelberg 1959.
127) W. DONNER: Die sozial- und staatspolitische Tätigkeit der Kriegsopferverbände. Ein Beitrag zur Verbandsdiskussion. Berlin 1960.
128) W. HENNIS: Verfassungsordnung und Verbandseinfluß. PVS, 1961, S. 23–35.
129) TH. NIPPERDEY: Interessenverbände und Parteien in Deutschland vor dem Ersten Weltkrieg. PVS, 1961, S. 262–280.
130) G. SCHULZ: Über Entstehung und Formen der Interessengruppen in Deutschland. PVS, 1961, S. 124–154.
131) V. GRÄFIN VON BETHUSY-HUC: Demokratie und Interessenpolitik. Wiesbaden 1962.
132) E. POHLE: Die Interessenverbände der öffentlichen Hand. Diss. Göttingen 1962.
133) G. WITTKÄMPER: Grundgesetz und Interessenverbände. Köln/Opladen 1963.
134) J. DOMES: Bundesregierung und Mehrheitsfraktion. Köln/Opladen 1964.
135) W. FISCHER: Unternehmerschaft, Selbstverwaltung und Staat. Die Handelskammern in der deutschen Wirtschafts- und Staatsverfassung des 19. Jh. Berlin 1964.
136) R. FRITZ: Der Einfluß der Parteien und Geschädigtenverbände auf die Schadensfeststellung im Lastenausgleich. Diss. Berlin 1964.
137) H. HORN: Der Kampf um den Bau des Mittellandkanals. Köln/Opladen 1964.
138) A. SCHWEITZER: Big Business in the Third Reich. Bloomington 1964.
139) H.-J. VARAIN: Parteien und Verbände. Eine Studie über ihren Aufbau, ihre Verflechtung und ihr Wirken in Schleswig-Holstein, 1945–1958. Köln/Opladen 1964.
140) CH. V. BRAUNSCHWEIG: Der Konsument und seine Vertretung. Eine Studie über Verbraucherverbände. Heidelberg 1965.
141) G. BRAUNTHAL: The Federation of German industry in Politics. Ithaca 1965.
142) G. SCHMÖLDERS (Hrsg.): Das Selbstbild der Verbände. Empirische Erhebung über die Verhaltensweisen der Verbände in ihrer Bedeutung für die wirtschaftspolitische Willensbildung in der Bundesrepublik Deutschland. Berlin 1965.
143) O. STAMMER (Hrsg.): Verbände und Gesetzgebung. Die Einflußnahme der Verbände auf die Gestaltung des Personalvertretungsgesetzes. Köln/Opladen 1965.
144) G. D. FELDMAN: Army, Industry and Labour in Germany. 1914–1918. Princeton 1966.
145) D. NARR: CDU-SPD. Programm und Praxis seit 1945. Stuttgart 1966.
146) Staat und Verbände. Berichte von Gerhard LEIBHOLZ und Günther WINKLER. Veröffentlichungen der Vereinigung der Deutschen Staatsrechtslehrer, Heft 24, Berlin 1966, S. 5–124.

147) F.-U. FACK: Entwicklungstendenzen des industriellen Lobbyismus in der Bundesrepublik. In: Interdependenzen von Politik und Wirtschaft. Festschrift für G. von Eynern. Berlin 1967, S. 245–270.
148) I. GAHLINGS: Die Volksschullehrer und ihre Berufsverbände. Ein Beitrag zur Verbandssoziologie der Lehrerschaft. Neuwied 1967.
149) H.-H. HARTWICH: Arbeitsmarkt, Verbände und Staat. 1918–1933. Berlin 1967.
150) H. JAEGER: Unternehmer in der deutschen Politik. 1890–1918. Bonn 1967.
151) F. NASCHOLD: Kassenärzte und Krankenversicherungsreform. Zu einer Theorie der Statuspolitik. Freiburg 1967.
152) H. J. PUHLE: Agrarische Interessenpolitik und preußischer Konservatismus. Hannover 1967.
153) H. SCHELLHOSS: Apathie und Legitimität. Das Problem der neuen Gewerkschaft. München 1967.
154) P. ACKERMANN: Der Deutsche Bauernverband im politischen Kräftespiel der Bundesrepublik. Die Einflußnahme des DBV auf die Entscheidung über den europäischen Getreidepreis. Tübingen 1970.
155) M. ERDMANN: Die verfassungspolitische Funktion der Wirtschaftsverbände in Deutschland. 1815–1871. Berlin 1968.
156) A. J. HEIDENHEIMER – F. C. LANGDON: Business Associations and the Financing of Political Parties. A Comparative Study of the Evolution of Practices in Germany, Norway and Japan. Den Haag 1968.
157) F. NICKLISCH: Gesetzgebung und Verwaltung durch Verbände? Zschr. f. Rechtspolitik, 1968, H. 2, S. 36–38.
158) D. VON SCHMÄDEL: Führung im Interessenverband. Berlin 1968.
159) P. WALINE: 50 ans de rapports entre patrons et ouvriers en Allemangne. Bd. I: 1918–1945. Paris 1968.
160) C.-P. GERBER – M. STROSBERG: Die Massenmedien und die Organisationen politischer Interessen. Bielefeld 1969.
161) I. D. GROCENKO: Monopolii i krest'janstvo v FRG. Moskau 1969.
162) H. G. WEHLING: Die politische Willensbildung auf dem Gebiet der Weinwirtschaft, dargestellt am Beispiel der Weingesetzgebung. Göppingen 1971.
163) E. SCHMIDT: Ordnungsfaktor oder Gegenmacht? Die politische Rolle der Gewerkschaften. Frankfurt 1971.
164) H. ADAM: Die konzertierte Aktion in der Bundesrepublik. Köln 1972.
165) W. MEISSNER – L. UNTERSEHER (Hrsg.): Verteilungskampf und Stabilitätspolitik. Stuttgart 1972.
166) U. JAEGGI: Kapital und Arbeit in der Bundesrepublik. Frankfurt 1973.
167) H. J. VARAIN (Hrsg.): Interessenverbände in Deutschland. Köln 1973.

England:

168) V. L. ALLEN: Power in Trade Unions. A Study of their Organization in Great Britain. London/New York ²1954.
169) S. H. BEER: Pressure Groups and Parties in Britain. APSR, 1956, S. 1–23.
170) J. D. STEWART: British Pressure Groups. Their Role in Relation to the House of Commons. Oxford 1958.
171) V. L. ALLEN: Trade Unions and Government. London 1960.

172) H. ECKSTEIN: Pressure Group Politics. The Case of the British Medical Association. London 1960.
173) A. POTTER: Organized Groups in British National Politics. London 1961.
174) H. H. WILSON: Pressure Groups. The Campaign for Commercial Television. London 1961.
175) J. BLONDEL: Voters, Parties and Leaders. The Social Fabric of British Politics. Harmondsworth 1963.
176) G. WOOTTON: The Politics of Influence. British Ex-Servicemen. Cabinet Decisions and Cultural Change. 1917–1957. London 1963.
177) S. H. BEER: Modern British Politics. A Study of Parties and Pressure Groups. London 1965.
178) S. FINER: Anonymous Empire. A Study of the Lobby in Great Britain. London ²1965 (dt.: Die anonyme Macht. Köln/Opladen 1960).
179) G. N. OSTERGAARD – A. H. HALSEY: Power in Co-operatives. A Study of the Internal Politics of British Retail Societies. Oxford 1965.
180) A. RANNEY: Pathways to Parliament. London/Melbourne 1965.
181) A. ROTH: The Business of M.P.s. London 1966.
182) A. VILLIGER: Aufbau und Verfassung der britischen Gewerkschaften. Wachstum und Strukturentwicklung der Gewerkschaftsbewegung. Berlin 1966.
183) T. F. CARBERY: Consumers in Politics. Manchester 1969.
184) R. KUDA: Arbeiterkontrolle in Großbritannien. Theorie und Praxis. Frankfurt 1970.
185) N. ROBERTSON – K. J. SAMS (Hrsg.): British Trade Unionism. Selected Documents. Oxford ²1973.

Frankreich:

186) H. BALLREICH: Die Wirtschaftsräte in Frankreich, Belgien und in den Niederlanden. Zschr. f. ausländ. öffl. Recht und Völkerrecht, 1951/52, S. 789–826.
187) PH. WILLIAMS: Pressure Groups. Kap. 20 in: Politics in Post-War France. London/New York ²1955, S. 327–341.
188) H. W. EHRMANN: Organized Business in France. Princeton 1957.
189) J. FAUVET – H. MENDRAS: Les paysans et la politique dans la France contemporaine. Paris 1958.
190) J. MEYNAUD: Les groupes de pression en France. Paris 1958.
191) D. BARDONNET: Le parti radical et les groupes de pression. Kap. V in: Evolution de la structure du parti radical. Paris 1960, S. 225–269.
192) R. GEBERTH: Bundeswirtschaftsrat und Conseil économique. Die französischen Erfahrungen als Hinweis auf die Zweckmäßigkeit deutscher Pläne zur Errichtung eines zentralen Wirtschaftsrates. Diss. Mainz 1960.
193) CH. K. WARNER: The Winegrowers of France and the Government since 1875. New York 1960.
194) J. MEYNAUD: Nouvelles études sur les groupes de pression en France. Paris 1962.
195) B. S. BROWN: Pressure Politics in the 5th Republic. Journal of Politics, Aug. 1963, S. 509–525.
196) R. PRIOURET: Origines du patronat français. Paris 1963.

197) J. FRANCESCHI: Les groupes de pression dans la défense de l'enseignement public. Paris 1964.
198) A. BOCKEL: La participation des syndicats ouvriers aux fonctions économiques et sociales de l'état. Paris 1965.
199) CH. PURTSCHET: Les anciens combattants. Kap. IV in: Le Rassemblement du Peuple Français. Paris 1965, S. 141–174.
200) J. SZOKOLOCZY-SYLLABA: Les organisations professionelles françaises et le Marché Commun. Paris 1965.
201) J. E. S. HAYWARD: Private Interests and Public Policy. The Experience of the French Economic and Social Council. London 1966.
202) J. M. CLARK: Teachers and Politics in France. New York 1967.
203) R. BRICHET: Associations et syndicats. Paris [3]1971.

Internationale Pressure-groups:

204) P. BROULAND: Les syndicats ouvriers et l'Europe des Six. Thèse. Straßburg 1960.
205) J. MEYNAUD: Les groupes de pression internationaux. Lausanne 1960.
206) C. CANBELLE: Les Conseils Economiques Nationaux des Pays de la Communauté Economique Européenne. Brüssel 1962.
207) J. MEYNAUD: L'action syndicale et la Communité Economique Européenne. Lausanne 1962.
208) G. ZELLENTIN: Der Wirtschafts- und Sozialausschuß der EWG und Euratom. Leiden 1962.
209) A. VALENTI: La tutela degli interessi nelle communità europee. Mailand 1963.
210) E. FREISBERG: Die grüne Hürde Europas. Deutsche Agrarpolitik und EWG. Köln/Opladen 1965.
211) F. FISCHER: Die institutionalisierte Vertretung der Verbände in der EWG. Hamburg 1965.
212) N. LOEB: Le patronat industriel belge et la CEE. Brüssel 1965.
213) K. NEUNREITHER: Wirtschaftsverbände im Prozeß der europäischen Integration. In: C. J. Friedrich (Hrsg.): Politische Dimensionen europäischer Gemeinschaftsbildung. Köln/Opladen 1968, S. 358–445.

Italien:

214) E. NOBIS: Il Governo invisibile. Rom 1955.
215) E. ROSSI – E. SCALFARI – L. PICCARDI: Petrolio in gabbia. Bari 1955.
216) C. FALCONI: La chiesa e le organizzazioni cattoliche in Italia. 1945–1955. Turin 1956.
217) F. L. FERRARI: L'azione cattolica e il »regime«. Florenz 1957.
218) J. LA PALOMBARA: The Italian Labour Movement. Ithaca/New York 1957.
219) C. FALCONI: Il pentagono vaticano. Bari 1958.
220) J. LA PALOMBARA: I gruppi di interesse in Italia. Studi politici, Jan.-März 1960, S. 11–35.
221) E. MORANDINI: Anatomia dei consorzi agrari. Rom 1961.
222) J. LA PALOMBARA: Interessengruppen und Gesetzgebung in Italien. Polit. Vierteljahresschrift, 1963, S. 386 ff.

223) Th. Godechot: Les organisations qui soutiennent le parti. Kap. II. in: Le parti démocrate-chrétien italien. Paris 1964, S. 151–178.
224) J. La Palombara: Interest Groups in Italian Politics. Princeton 1964.
225) J. La Palombara: Interest Groups and Economic Planning. Kap. VII in: Italy. The Politics of Planning. Syracuse/New York 1966, S. 123–147.
226) S. H. Barnes: Party Democracy: Politics in an Italian Socialist Federation. New Haven/London 1967.
227) G. Poggi: Catholic Action in Italy. Stanford 1967.

Niederlande:

228) A. L. M. Arnold: Sociale opgang, beknopte geschiedenis van de sociale organisatie in Nederland. Utrecht 1959.
229) J. J. Jong u. a.: Pressie groepen, de invloed der georganiserde groupen op het maatschappelijk en politiek leven. Utrecht 1959.
230) A. D. Robinson: Dutch organized agriculture in international politics. Den Haag 1961.
231) M. Estor: Der Sozial-Ökonomische Rat der niederländischen Wirtschaft. Institution und Funktion eines zentralen und repräsentativen Wirtschaftsrates als Problem der Organisation der Wirschaftspolitik. Berlin 1965.
232) A. Lijphart: The Politics of Accomodation. Pluralism and Democracy in the Netherlands. Berkeley/Los Angeles 1968.

Österreich:

233) H. P. Secher: Representative Democracy or »Chamber State«. The Ambigous Role of Interest Groups in Austrian Politics. Western Pol. Quart., 1960, S. 890–909.
234) A. Karisch: Staat, Parteien und Verbände in Österreichs Wirtschaftsordnung. Wien 1965.
235) Th. Pütz (Hrsg.): Verbände und Wirtschaftspolitik in Österreich. Berlin 1966.

Schweiz:

236) L. Schürmann: Die rechtliche Tragweite der neuen Wirtschaftsartikel der Bundesverfassung. Zürich 1948.
237) H. G. Giger: Die Mitwirkung privater Verbände bei der Durchführung öffentlicher Aufgaben. Bern 1951.
238) E. Gruner: Die Wirtschaftsverbände in der Demokratie. Vom Wachstum der Wirtschaftsorganisationen im schweizerischen Staat. Erlenbach/Zürich/Stuttgart 1956.
239) E. Gruner: Der Einfluß der Schweizerischen Wirtschaftsverbände auf das Gefüge des liberalen Staates. Schweizerische Zeitschrift für Geschichte, 1956, S. 315–368.
240) R. Rubattel: Die Beziehungen zwischen Bund und Wirtschaftsverbänden. Ein Gutachten für den Bundesrat. Bern 1957.
241) A. Antennen: Die Agrarpolitik der landwirtschaftlichen Verbände in der schweizerischen Milchwirtschaft und ihre Stellung in Staat und Wirtschaft. Winterthur 1959.

242) E. GRUNER: Der Einbau der organisierten Interessen in den Staat. Schweiz. Zschr. f. Volkswirtschaft und Statistik, März 1959, S. 59–79.
243) M. PETERMANN: Die Grenzen der Mitwirkung der privaten Verbände bei der Durchführung öffentlicher Aufgaben. Winterthur 1960.
244) J. MEYNAUD – A. KORFF: Les organisations professionelles en Suisse. Lausanne 1963.
245) B. A. JENNY: Interessenpolitik und Demokratie in der Schweiz, dargestellt am Beispiel der Emser Vorlage. Zürich 1966.
246) D. SIDJANSKI: Les groupes de pression et la politique étrangère en Suisse. Schweizer Jahrbuch für Politische Wissenschaft, 1966, S. 28–45.
247) G. KOCHER: Verbandseinfluß auf die Gesetzgebung. Bern 1967.
248) K. MEYER: Verbände und Demokratie in der Schweiz. Olten 1968.
249) J. STEINER: Gewaltlose Politik und kulturelle Vielfalt. Bern/Stuttgart 1970.

Skandinavien:
250) G. HECKSCHER: Folkrörelser och intresseorganisationer. Uppsala 1944.
251) J. WESTERSTÅHL: Svensk fackföreningsrörelse. Stockholm 1945.
252) G. MOREN: Organisasjonene og forvaltningen. Bergen 1958.
253) H. FERRATON: Syndicalisme ouvrier et social-démocratie en Norvège. Paris 1960.
254) O. RUIN: Kooperativa förbundet. 1899–1929. Lund 1960.
255) P. E. BACK: En klass i uppbrott. Den fackliga lantarbetarrörelsens uppkomst och utveckling. Malmö 1961.
256) E. FIVELSDAL – K. D. JACOBSEN: Interesseorganisasjoner og Stortingsvalg. Oslo 1962.
257) H. VALEN: – D. KATZ: The Relation of Parties to Social Organizations. Kap. 10 in: Political Parties in Norway. Oslo 1964, S. 304–330.
258) A. ANKER-ORDING: Betriebsdemokratie in Norwegen. Frankfurt/M. 1966.
259) H. ECKSTEIN: Divison and Cohesion in Democracy. A Study of Norway. Princeton 1966.
260) N. ELVANDER: Interesseorganisationerna i dagens Sverige. Lund 1966.
261) H. WIESLANDER: Organisationerna i det moderna samhället. In: P.-E. Back (Hrsg.): Modern demokrati. Problem och debattfrågor. Lund ^{2}1966, S. 189–210.
262) B. WESTERHULT: Underdåniga påtryckningar. Lund 1969.

USA:
263) P.-H. OGEDARD: Pressure Politics. The Story of the Anti-Saloon League. New York 1928.
264) E. P. HERRING: Group Representation before Congress. Baltimore 1929.
265) E. E. SCHATTENSCHNEIDER: Politics, Pressures and the Tarif. New York 1935.
266) B. ZELLER: Pressure Politics in New York. New York 1937.
267) D. D. MCKEAN: Pressure on the Legislature of New Jersey. New York 1938.
268) K. G. CRAWFORD: The Pressure Boys. New York 1939.
269) O. GARCEAU: The Political Life of the American Medical Association. Cambridge/Mass. 1941.
270) L. OVERACKER: Campaign Finance in the Presidential Election of 1940. APSR, 1941, S. 915 ff.

271) A. Leiserson: Administrative Regulation. A Study in Representation of Interests. Chicago 1942.
272) R. A. Brady: Business as a System of Power. New York 1943.
273) W. McCune: The Farm Bloc. Garden City 1943.
274) J. Gray: The Inside Story of the Legion. New York 1948.
275) O. M. Kile: The Farm Bureau through Three Decades. Baltimore 1948.
276) D. D. McKean: Party Policy and Pressure Politics. Cambridge/Mass. 1949.
277) St. Chase: Democracy under Pressure. New York ^{2}1949.
278) W. B. Graves: Administration of Lobby Registration Provision of the Legislative Reorganization Act of 1946. Washington 1950.
279) F. R. Riggs: Pressures on Congress. A Study of the Repeal of Chinese Exclusion. New York 1950.
280) L. E. Ebersole: Church Lobbying in the Nation's Capital. New York 1951.
281) K. Schriftgiesser: The Lobbyists. New York 1951.
282) J. Turner: Party and Constituency: Pressures on Congress. Baltimore 1951.
283) H. R. Penniman: The Nature and Function of Pressure Groups. Kap. VI in: American Parties and Elections. New York ^{5}1952, S. 94–115.
284) V. O. Key jr.: Politics, Parties and Pressure Groups. New York ^{3}1953.
285) V. A. Mund: Government and Business. New York ^{2}1955.
286) R. A. Horn: Groups and the Constitution. Stanford 1956.
287) A. Kornhauser – H. L. Sheppard – A. J. Mayer: When Labor Votes. A Study of Auto Workers. New York 1956.
288) S. M. Lipset – M. A. Trow – J. S. Coleman: Union Democracy. The International Typographical Union. Glencoe/Ill. 1956.
289) G. Resch Cook: The Relationship between Political Parties and Pressure Groups. Master's Thesis. University of North Carolina 1956.
290) H. L. Wilensky: Intellectuals in Labor Unions. Glencoe/Ill. 1956.
291) D. Blaisdell: American Democracy under Pressure. New York 1957.
292) D. B. Truman: The Governmental Process. Political Interests and Public Opinion. New York ^{4}1957.
293) L. D. Epstein: Politics in Wisconsin. Madison 1958.
294) L. W. Milbrath: The Political Party Activity of Washington Lobbyists. Journal of Politics, 1958, S. 339–352.
295) E. E. Schattschneider: The Pressure Groups. Kap. VIII in: Party of Government. New York 1942, ^{8}1958, S. 187–205.
296) Ch. R. Wright – H. H. Hyman: Voluntary Association Memberships of American Adults: Evidence from National Sample Surveys. Am. Sociol. Review, 1958, S. 284–294.
297) B. Zeller: The Regulation of Pressure Groups and Lobbyists. The Annals, Sept. 1958, S. 94–103.
298) L. Bromwich: Union Constitutions. New York 1959.
299) R. E. Lane: The Group Life of Political Man. Kap. IV in Political Life. Why People get involved in Politics. Glencoe/Ill. 1959, S. 185–274.
300) D. R. Matthews: Senators and Lobbyists. Kap. 8 in: U.S. Senators and their World. New York 1960, S. 176–196.

301) L. W. MILBRATH: Lobbying as a Communication Process. Public Opinion Quart. 1960, S. 32–53.

302) E. C. BANFIELD: Political Influence. New York 1961.

303) H. S. KARIEL: The Decline of American Pluralism. Stanford 1961.

304) P. W. CHERINGTON – D. A. HALL: The Business Representative in Washington. New York 1962.

305) J. C. WAHLKE: The Legislator and the Interests: Pressure Group Roles. Kap. 14 in: J. C. Wahlke – H. Eulau – W. Buchanan – C. F. LeRoy: The Legislative System. New York/London 1962, S. 311–342.

306) R. R. ALFORD: Party and Society. The Anglo-American Democracies. Chicago 1963.

307) JOSEPH R. GUSFIELD: Symbolic Crusade, Status Politics and the American Temperance Movement. Urbana 1963.

308) L. W. MILBRATH: The Washington Lobbyists. Chicago 1963.

309) S. C. PATTERSON: The Role of the Lobbyist. The Case of Oklahoma. Journal of Politics, 1963, S. 72–92.

310) R. LANE: Lobbying and the Law. Berkeley/Los Angeles 1964.

311) M. MEYERSON – E. C. BANFIELD: Politics, Planning and the Public Interest. New York/London (1955), 1964.

312) L. DION: Les groupes et le pouvoir politique aux Etats-Unis. Quebec/Paris 1965.

313) D. F. HADWIGER – R. B. TALBOT: Pressures and Protests. The Kennedy Farm Program and the Wheat Referendum of 1963. San Francisco 1965.

314) H. ZEIGLER: Interest Groups in American Society. Englewood Cliffs 1965.

315) B. R. BERELSON – P. F. LAZARSFELD – W. N. MCPHEE: Social Institutions. Kap. 3, in: Voting. Chicago/London (1954), [5]1966, S. 37–53.

316) J. DEAKIN: The Lobbyists. Washington 1966.

317) A. HEARD: The Costs of Democracy. Chapel Hill (1960), 1966.

318) A. HOLTZMANN: Interest Groups and Lobbying. New York/London 1966.

319) N. R. LUTTBERG – H. ZEIGLER: Attitude, Consensus and Conflict in an Interest Group: An Assessment of Cohesion. APSR, 1966, S. 655–666.

320) A. M. SCOTT – M. A. HUNT: Congress and Lobbies. Image and Reality. Chapel Hill 1966, [2]1968.

321) P. BACHRACH: The Theory of Democratic Elitism. Boston 1967.

322) R. DAHL: Pluralist Democracy in the United States. Conflict and Consent. Chicago 1967.

323) C. KERR: Unions and Union Leaders of their own choosing. New York 1967.

324) V. O. KEY: Pressure Groups. Kap. 20 in: Public Opinion and American Democracy. New York 1967, S. 500–531.

325) V. LANGBEIN: Die rechtliche Regelung des Lobbyismus in den Vereinigten Staaten. Hamburg 1967.

326) TH. LOWI: The Public Philosophy. Interest Group Liberalism. APSR, 1967. S. 5–24.

327) R. H. MAHOOD: Pressure Groups in American Politics. New York 1967.

328) K. HINDELL – M. SIMMS: How the Abortion Lobby worked. The Pol. Quarterly, 1968, S. 269–282.

329) G. TYLER: The Political Imperative. The Corporate Character of Unions. New York/London 1968.
330) A. ETZIONI (Hrsg.): The Semiprofessions and their Organizations. Teachers Nurses, Social Workers. New York/London 1969.
331) D. R. HALL: Cooperative Lobbying. The Power of Pressure. Arizona 1969.
332) R. AXELROD: Conflict of Interest. A Theory of Divergent Goals with Applications to Politics. Chicago 1970.
333) E. S. MALECKI – H. R. MAHOOD: Group Politics. A New Emphasis. New York 1972.

Entwicklungsländer:

334) G. J. BLANKSTEN: Groups in Latin America. APSR, 1959, S. 106–127.
335) G. LENCZOWSKI: Oil and State in the Middle East. Ithaca 1960.
336) M. WEINER: The Politics of Scarcity. Public Pressure and Political Response in India. Chicago 1962.
337) L. W. PYE: The Non-Western Political Process. In: H. Eckstein – D. E. Apter (Hrsg.): Comparative Politics. New York/London 1963, S. 657–664.

Gesellschaftliche Organisationen und Interessen in sozialistischen Ländern:

338) A. V. MICKEVIC: Rasširenie roli obščestvennych organizacii v period rasvernutogo strojtel'stva kommunizma. Sov. gos. i pravo, 1959, No. 9, S. 24–33.
339) J. DJORDJEVIC: Interest groups and the political system of Yugoslavia. In: H. W. Ehrmann: Interest groups on four continents. Pittsburgh [2]1960, S. 197–228.
340) A. J. LUK'JANOV – B. M. LAZAREV: Sovetskoe gosudarstvo i obščestvennye organizacii. Moskau 1960.
341) V. A. PERTCIK: Narodnye družiny. Irkutsk 1960.
342) M. G. BAJMACHANOV: O metodach osuščestvlenija obščestvennymi organizacijami peredannych im funkcii gosudarstvennych organov. Sovetskoe gosudarstvo i pravo, 1961, No. 6, S. 27–37.
343) B. S. MANKOWSKI: Die Erhöhung der Rolle der gesellschaftlichen Organisationen beim Aufbau des Kommunismus. Gesellschaftswissenschaftliche Beiträge, 1961, No. 11, S. 1229–1259.
344) Ot socialističeskoj gosudarstvennosti k kommunističeskomu obščestvennomu samoupravleniju. Sbornik statei. Moskau 1961.
345) Meždunarodnye obščestvennye organizacii. Moskau 1962.
346) J. J. WIATR: Grupy i role społeczne. In: Społeczeństwo. Warschau 1964, S. 95–163.
347) M. G. BAJMACHANOV: O perechode funkcii gosudarstvennych organov k obščestvennym organizacijam. Alma Ata 1965.
348) C. A. JAMPOL'SKAJA: Obščestvennye organizacii i razvitie sovetskoj socialističeskoj gosudarstvennosti. Moskau 1965.
349) K. K. KAMILOW: Učastie narodnych mass v upravlenii sovetskoj gosudartsvennosti. Taschkent 1965.
350) J. KOLAJA: Workers' Councils: The Yugoslav experience. London 1965.
351) S. I. PLOSS: Conflict and decision-making in Soviet Russia. Princeton 1965.

352) G. Skilling: Interest Groups and Communist Politics. World Politics, 1965/66, S. 435–451.
353) P. Gelard: Les organisations de masse en Union Soviétique. Paris 1966.
354) W. Maltusch: Materielles Interesse als Motiv. Berlin (O.) 1966.
355) J. Mond – R. Richter: Writers and Journalists as a Pressure Group in Eastern Europe. Polish Review, 1966, No. 4, S. 92–108.
356) G. M. Štraks: Social'noe edinstvo i protivorečija socialističeskogo obščestva. Moskau 1966.
357) K. von Beyme: Gesellschaftliche Organisationen und Interessenpluralismus in der Sowjetunion. In: R. Löwenthal – B. Meissner (Hrsg.): Sowjetische Innenpolitik. Stuttgart 1968, S. 39–48.
358) J. Schwartz – W. R. Keech: Group Influence and the Policy Process in the Soviet Union. APSR 1968, S. 840–851.
359) V. V. Kravčenko: Obščestvennye organizacii SSSR na meždunarodnoj arene. Moskau 1969.
360) G. Skilling (Hrsg.): Interest Groups in Soviet Politics. Princeton 1971.
361) C. A. Jampol'skaja: Obščestvennye organizacii v SSSR. Moskau 1972.
362) U. Bermbach – F. Nuscheler: Sozialistischer Pluralismus. Texte zur Theorie und Praxis sozialistischer Gesellschaften. Hamburg 1973.

Register

Agnoli, J. 212
Allen, V. L. 64, 133 f.
Almond, G. 84, 117 f.
Anarchismus 78, 167
Anhörungsverfahren 96, 109, 123, 170–172, 188
Anomische Gruppen 75, 94, 163 f.
Anti-Saloon League 34, 59, 71, 125, 151, 155
Arbeiteraristokratie 64, 74, 194
Arbeiterkontrolle 67
Arbeitgeberverbände 62–67, 72, 109, 112, 117, 121, 150, 157
Aristoteles 14
Ärzteverbände 42 f., 48, 61, 108, 109, 111, 144, 196
Außenpolitik 89 f.
Außerparlamentarische Opposition 48, 73, 141, 155, 167, 169, 205
Ausschüsse (im Parlament) 93, 104–106, 173–176
Australien 55, 71 f., 114 f., 176

Bachrach, P. 18
Banfield, E. 161, 162
Bauernverbände 25, 37, 41, 47, 56, 57, 74, 100, 102, 108, 111, 112, 113, 114, 126, 127, 136, 147, 150, 201, 208
BDA 43, 157
BDI 43, 110, 143, 157
Beiräte 62, 89, 115, 176–178
Belgien 29, 48, 164, 182
Bell, D. 42
Bentley, A. F. 16, 29, 80, 110, 204 f.
Berelson, B. R. 199, 200 f.
BHE 53, 126, 127 f., 129
Black Power 85, 166, 205
Breitling, R. 49 f.
Buchholz, E. N. 30, 31
Budget 87 f.
Bürokratie 59 ff., 73, 90, 110, 116–120, 158 f., 168, 176 f., 210 f.

Calhoun, J. C. 17, 205
Closed shop 55, 64, 65
Cole, G. D. H. 11, 29

DAG 156
Dahrendorf, R. 30
Demokratie (innerverbandliche) 45 f., 130, 178, 193–202, 210, 224
Deutsch, K. W. 120, 217 f.
DGB 43, 45, 54, 58, 116, 129, 141, 142, 171
Disclosure 107, 145 f.
Duverger, M. 68, 127, 141

Easton, D. 84, 206
Ebert, Th. 168
Eckstein, H. 12, 58, 86
Ehrlich, St. 10, 33, 36, 146
Ehrmann, H. W. 178
Einfluß 95, 160 f., 173

Eldersveld, S. J. 91, 133
Eliten 50, 73 f., 81, 118, 164, 203, 213 f.
Elvander, N. 117
Engels, F. 165, 215, 216
England 16, 23 f., 50, 55, 67 f., 69, 86, 88 f., 93, 104, 110, 112, 117, 130, 131–134, 135, 136, 148 f., 177, 188, 191, 195
Entscheidungsprozeß 44 f., 90, 159, 206
Entwicklungsländer 67, 73–76, 89, 118
Eschenburg, Th. 10, 110, 141
Etzioni, A. 19, 218
Europäische Gemeinschaft 68, 85, 90, 158 f.
Experten 171, 176–178, 202, 208

Föderalismus 50, 71 f., 78, 91, 116
Förderergesellschaften 12, 142 f.
Fraenkel, E. 175, 209, 218
Frankreich 35 f., 68 f., 84, 85, 88, 103, 104 f., 117, 126, 136, 138, 148, 165, 179–181, 187
Frauen, Frauenverbände 54, 113, 121, 206
Führung in Verbänden 59 f., 167, 194

Garceau, O. 196
Geheimbünde 24
Gemeinwohl 14–20, 188, 195
Gewalt 163–167
Gewerkschaften 31, 45, 47 f., 54 f., 56, 59, 60, 62–67, 78, 80, 91, 93, 97, 117, 121, 126, 129, 131–138, 141 f., 145, 149, 150, 152, 165, 177, 184, 186, 194, 197
Gleichgewichtsmodelle 76, 204 f., 207, 211
Grundrechte 62, 64, 70, 194, 212
Gruner, E. 26, 70

Habermas, J. 20, 220
Handwerkerverbände 37, 41, 150
Hearings 62, 93, 104, 109, 118, 173–176
Hegel, G. W. F. 15
Holtzman, A. 10
Hondrich, K.-O. 43 f., 49

Ideelle Förderverbände 32–36, 58, 91, 148 f., 151, 155
Ideologie 39–44, 63, 72, 87, 157, 199, 206
Indien 74 f., 76, 135
Inkompatibilitätsbestimmungen 139
Intellektuelle, Intellektuellenverbände 36, 45, 59, 141
Interessen 14–20, 28, 77, 78, 84, 195 f.
Internationale Organisationen 157–159
Italien 36, 54, 84, 85, 88, 90, 105, 110, 117, 118, 133, 136–138, 139, 140, 150, 152, 176, 182, 187, 188, 189

Japan 143
Jugendorganisationen 78
Jugoslawien 222, 224
Justiz 62, 71, 106, 107, 109, 120–125

Key, V. O. 33, 125, 152
Kirchen 33, 35, 40, 47, 50, 72, 76, 81, 102, 137, 153, 196, 202
Klassen, Klassenkampf 20, 31, 37 f., 49, 72, 77, 128, 204, 207, 214, 220
Konflikt 16, 81, 83 f., 164, 203, 205
Konkordanzsystem 75, 83–86, 103
Konzerne 37, 50, 210
Konzertierte Aktion 115, 186 f.
Korporatismus 176, 178 f., 188–190
Korruption 59, 82, 93, 145, 161 f.
Kriegsopferverbände 59, 91, 111
Kritische Theorie 166, 220

La Palombara, J. 60, 68, 75 f., 99, 117, 118, 130, 137, 138, 205
Laski, H. 29, 68
Latente Interessen 30, 53, 74
Lehmbruch, G. 83
Lenin, W. I. 78, 194, 216
Lenski, G. 209
Lijphart, A. 182
Lindblom, Ch. 19, 218
Lipset, S. M. 86, 198

Lobbyismus 12, 22, 40, 51, 68, 81 f., 91–110, 155, 159, 173
Lobby Regulation 18, 34, 106–110, 155, 170
Logrolling 103

Manipulation 49, 162, 200
Marcuse, H. 166, 213
Marx, K. 32, 64, 77, 205, 213, 214, 216
Meynaud, J. 11, 208
Milbrath, L. 92, 96, 97, 173
Miliband, R. 212
Militär 75, 214
Mills, C. W. 206, 213 f.
Mitbestimmung 64, 66, 202

Naschold, F. 42 f., 196, 199 f., 207
Nationalismus 78
Nationalisierung 88 f.
New Deal 65, 131, 204
Niederlande 75, 84, 86, 102, 126, 133, 158, 182–184, 187
Norwegen 134, 135, 136, 142, 143, 150, 152, 176

Odegard, P. 34, 205
Offe, C. 20, 220
Öffentliche Meinung 47, 155–157
Organisation von Gruppen 49–52, 168 f.
Ostergaard, G. N. 198
Österreich 45, 84, 86, 136, 176, 184–186, 188
Overlapping memberships 85

Parlamentarismus 82, 84, 91–93, 174, 176, 179, 187, 188, 191
Parsons, T. 206
Parteienfinanzierung 141–146, 151 f., 211
Patronage 112–114, 119, 194
Petition 21, 82, 93–96
Planung 75, 88 f., 116–120, 134, 186, 211 f., 219, 222, 224
Pluralismus 16, 76, 81, 120, 130, 190, 203–224

Polen 81, 222
Policy sciences 218
Politische Kultur 52, 83–86, 191
Politisches Mandat 44–49
Potter, A. 12
Poujadismus 126, 127
Protestbewegung 73, 87, 133, 164 f., 167, 211, 212 f.
Pressure 11, 38, 87, 166 f.
Primärgruppen 28
Pseudogruppen 27
Pye, L. 73

Quasigruppen 30

Rätesystem 78, 188–192, 193, 201, 222
Referendum 154 f., 194 f., 198
Regierung 50, 72, 74, 92, 99, 110–115
Repräsentation 23, 188 f.
Revolution 165, 166, 216 f.
Riesman, D. 195, 199, 207

Saint-Simon, H. de 180
Schattschneider, E. E. 139
Schmölders, G. 40 f., 56 f.
Schumpeter, J. 193, 210
Schweden 54, 63, 68, 90, 96, 99, 100, 101, 102, 104, 112, 115, 117, 127, 135, 136, 154, 156, 170, 172, 174, 188, 191
Schweiz 26, 52, 70, 86, 89, 102, 116, 126, 154, 163, 170 f., 173, 188
Shotgun pressure 82, 94
Sowjetunion 78–83, 168, 189 f., 221 f., 223
Sozialdarwinismus 16
Sozialismus 12, 76–83, 130 f., 155, 189–192, 202, 211, 215 f., 221–224
Spanien 126, 188, 189
Sportverbände 78
Staat 81 f., 210, 215–221
Staatsmonopolistischer Kapitalismus 215–217
Stammer, O. 106
Stände 21, 77, 127
Status 56, 127, 208

Streik 64, 165, 166
Studentenverbände 45, 111, 124, 141, 166, 168
Syndikalismus 59, 127, 165, 189
Systemtheorie 203, 206–208

Tarifpartner 33, 62–67, 187 f.
Truman, D. 29, 207

Union shop 55, 64
USA 24, 33 f., 35, 41, 51, 52, 55 f., 58 f., 60, 63, 64 f., 69 f., 71, 84, 85, 92 f., 94–103, 104, 106–110, 113 f., 118 f., 121–125, 129, 130 f., 139 f., 143–146, 147, 151 f., 153, 154, 155, 161 f., 166, 168, 173 f., 176, 178, 214

Verbraucherverbände 37, 57, 112
Vertriebenenverbände 53, 113, 127, 129
Veteranenverbände 138
Vetogruppen 18, 87

Wahlen 21 f., 78, 95 f., 146–155
Weber, M. 12 f., 28, 49, 59
Weinbauverbände 42
Wirtschaftsräte 178 f.